Production
Operations
Management

Core Concepts and Major Issues

생산경영

핵심 개념과 주요 과제

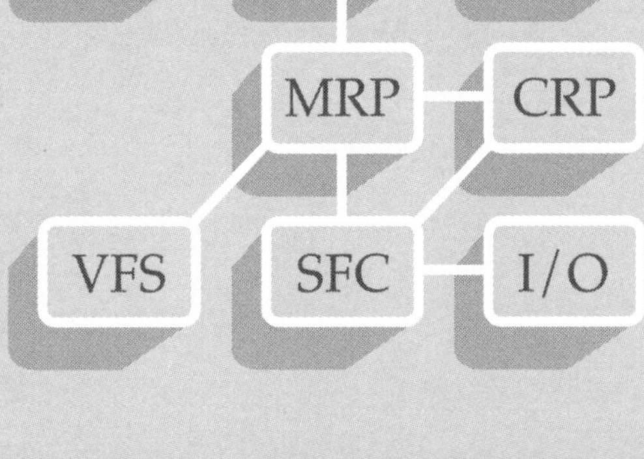

강성룡
손기형

도서출판
청람

■ 머리말

생산은 제조기업의 핵심 기능으로 일찍부터 경영관리자들의 주된 관심사였고, 오늘날 경영학 발전의 토대가 된 부문이기도 하다. 즉 경영학의 역사를 논할 때 빠짐없이 등장하는 과학적 관리법, 시간 및 동작연구, 포드시스템 등은 생산경영에서 비롯된 대표적인 개념 및 기법들이다. 이런 배경에서 생산경영은 경영학의 여러 기능분야 가운데 역사가 오래된 영역 가운데 하나라고 할 수 있다.

이처럼 생산경영은 전통적으로 중요시되어 왔을 뿐만 아니라, 현대산업사회에서도 다른 기능분야와 긴밀한 연관관계를 유지하면서 실질적인 부가가치를 창출하여 고객에게 제공하는 기업의 본원적 기능을 수행하므로 그 중요성이 강조되고 있다. 그러나 일부에서는 생산경영을 공장현장 활동을 다루는 공학의 한 분야로 착각하는 경우도 있으며, 심지어 제조기업의 지원부서 실무자들 중에서도 생산은 자기 담당업무와 직접적 관련이 없는 분야로 여기는 경우도 종종 볼 수 있다.

그 배경은 생산경영을 다루는 교재에서 제조기업의 업무프로세스에 관한 기본구도가 제시되고 그 체계에 입각하여 관련 개념 및 기법들이 상호 연계되어 서술되기보다, 생산라인의 기술적 과제 등이 다른 전략 및 운영 차원의 과제들과 혼재되어 다루어지는 경향에 일부 기인한다고 볼 수 있다. 더구나 근래에 발간된 대부분의 교재들이 생산운영관리 또는 운영관리 등의 제목을 사용하면서 제조기업의 활동뿐만 아니라 서비스기업의 운영활동도 포함하여 기술하고 있어, 처음 생산경영을 접하는 학부학생들이나 제조기업의 실무자들 입장에서는 오히려 개념이해 과정에 혼란을 겪을 수도 있는 것이다.

이에 본 교재에서는 그 구성을 단순화하여 제조기업의 생산경영을 중심으로 핵심적인 개념과 주요 과제들을 제1편과 제2편으로 나누어 체계적으로 기술하기로 한다. 군더더기를 최소화하고 꼭 필요한 내용을 중심으로 린(lean)하게 구성하였다. 대부분의 경영대학 교과과정을 보면 서비스운영관리 과목이 별도의 강좌로 개설되는 경향을 보이므로 서비스관련 내용은 제외한 것이다.

구체적으로 본 교재의 제1편에서는 생산경영의 기본개념을 체계적으로 기술하고 있다. 먼저 생산전략의 개념에서 시작하여 제품개발 및 프로세스설계 등과 같은 장기적 의사결정과 관련되는 사항들을 다루면서 생산부문과 다른 기능영역들과의 상호연계성을 강조하고 있다. 이어서 수요예측, 생산계획, 자재계획 및 설비능력계획 등의 계획기능과 생산현장관리 및 원부자재의 구매 등과 같은 실행과제들은 생산계획 및 통제의 기본체계(MPCS framework)를 바탕으로 관련 개념과 기법들의 상호연계성이 이해되도록 서술하고 있다. 그리고 제2편에서는 제조기업의 경영혁신과 관련하여 중요시되고 있는 ERP, SCM, 린(lean)생산체제, 셀제조시스템, 제약이론 및 6시그마 경영혁신 등의 내용을 담고 있다. 그리하여 제조기업의 실무자들이 경영혁신 과정에서 참고할 수 있는 주요 과제에 대한 설명도 곁들이고 있다.

본 교재는 총 14개의 장으로 구분되어 있어, 학부생들을 대상으로 한 생산경영 과목에서 매주 한 장씩 한 학기 동안 다룰 수도 있고, 필요한 경우에 선택적으로 강의요목을 잡을 수 있도록 구성하였다. 또한 이 교재는 제조기업의 실무관리자 교육을 위한 자료로도 활용될 수 있고, 아울러 다른 참고자료들과 함께 대학원생을 대상으로 한 생산계획 및 통제에 관한 과목에서도 활용될 수 있을 것이다.

본 교재를 작성하면서 여러 차례의 교정과정을 거쳤지만 부분적으로 오자 및 문맥의 오류가 발견될 수 있을 것이다. 교재 발간 후에도 지속적으로 검토하면서 이러한 오류부분은 바로잡아 나갈 것이다.

마지막으로 이 교재가 완성될 수 있도록 지원과 격려를 아끼지 않은 저자의 가족들과 출판과정의 여러 가지 어려움을 해결하는데 적극적으로 도와주신 도서출판 청람의 경영진 여러분께 감사의 말씀을 드린다.

연구실에서

저자 씀

■ 차례

Part 1 생산경영의 핵심 개념

Chapter 01 서 론

Chapter 02 생산전략

Chapter 03 제품개발 및 제조프로세스

Part 2 생산경영의 주요 과제

Chapter 09 전사적 자원관리시스템

Chapter 10 공급사슬관리

Chapter 14 6시그마 경영혁신

Part 1 생산경영의 핵심 개념

Chapter 01

서 론

Production Operations Management

1-1 제조업의 중요성과 생산기능의 의의

어느 나라든 국민경제의 핵심부분은 제조업이다. 그리하여 최근 격변하는 세계경제여건하에서 국가경쟁력을 향상하기 위한 방안으로 여러 나라들이 제조기업의 중요성을 재조명하고 있다. 예를 들면 미국의 경우 1980년대 후반 이후부터 제조업의 역할을 다시금 강조하는 연구들이 나타나기 시작하여(예를 들면 'Manufacturing Matters,' Cohen & Zysman, 1987) 최근 금융위기 이후 제조업의 르네상스 또는 'Made in U.S.A' 등을 슬로건으로 내세우면서 예전에 해외로 나갔던 공장들이 회귀하는(re-shoring) 경향을 보이고 있다(WSJ, 2014).

우리나라의 경우에도 [표 1-1]에서와 같이 국민계정 생산구조에서 최근 제조업이 차지하는 비중이 30%를 상회하고 있다. 특히 수출의존도가 높은 우리나라에서는 제품생산을 담당하는 제조기업 경영의 효과성과 효율성이 국가경쟁력 수준향상에 지대한 영향을 끼친다고 볼 수 있다. 왜냐하면 우리나라 전체 수출액의 대부분이 생산활동의 산출물인 공산품이 차지하고 있기 때문이다. 2013년 무역협회 통계자료에 의하면 수출액의 97.8%(http://stat.kita.net)가 공산품인 것으로 나타나고 있다.

표 1-1 국민계정 생산구조 추이(2010년 기준)

구분	2010년	2011년	2012년	2013년	2014년
농림어업	2.5	2.5	2.5	2.3	2.3
광공업	30.9	31.6	31.2	31.2	30.5
(제조업)	(30.7)	(31.4)	(31.0)	(31.0)	(30.3)
전기, 가스, 수도	2.2	2.0	2.1	2.3	2.8
건설	5.1	4.8	4.8	4.9	4.9
서비스	59.3	59.1	59.5	59.3	59.4

자료: 한국은행 경제통계시스템(http://ecos.bok.or.kr)

이처럼 국민경제에서 중요한 위치를 차지하는 우리나라 제조업이 최근에 저성장의 어려움을 겪고 있다. 이에 정부에서도 우리 경제의 재도약을 위하여 다시금 제조업의 혁신을 강조하고 나선 것이다. 즉 한국경제를 살리기 위해 '제조업 혁신 3.0' 이라는 전략을 발표하여, 과거 경공업 중심의 수입대체형 제조업혁신 1.0 또는 조립 · 장치산업 중심의 제조업혁신 2.0에서 이제는 융합신산업 중심의 선도형 제조업으로 혁신해 나가야 한다고 강조하고 있다(전자신문, 2014; 한국경제, 2014).

이는 제조기업의 경영활동이 국부창출의 핵심적 역할을 수행한다는 것을 인식하고, 제조업이 살아야 국민경제가 산다는 점을 강조한 것으로 평가할 수 있다. 본 교재는 바로 이러한 중요성을 지닌 제조기업의 생산활동에 관한 기본체계와 주요 전략과제에 관한 내용을 담고 있다.

물론 제조기업의 조직도를 보면 여러 기능부서들이 존재하지만, 그 중에서도 생산부문은 라인조직에 해당하며 고객을 위한 가치를 창출하여 기업목적을 달성하는 데 중추적인 기능을 수행하고 있다. 제조기업의 생산부서는 [그림 1-1]에서 보듯이, 공급업체로부터 투입되는 원부재료 등의 자재와 인력, 에너지 및 자본을 활용하여 생산공정의 가공 · 처리 프로세스를 거쳐 고객에게 판매되는 제품을 산출해내는 기능을 수행한다. 생산 이외의 다른 기능부서들은 생산활동을 지원하거나 보완하는 역할을 수행한다고 볼 수 있다. 구체적으로 보면 마케팅 기능은 시장조사 등을 통하여 생산부서에서 무엇을 만들어야 고객의 가치를 증대시킬

그림 1-1 생산기능과 다른 부문의 관계

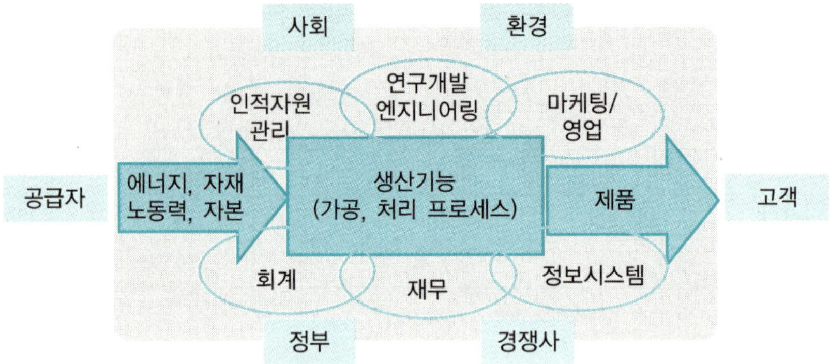

자료: Schroeder(2000), pp. 14-15 종합정리함.

수 있을지를 연구하고, 아울러 생산활동을 통해 만들어진 물품을 판매하여 수익을 실현하는 기능을 수행한다. 한편 재무부서는 생산활동에 필요한 자원을 확보하는 데 요구되는 자금을 조달하고 운용하는 역할을 하며, 인적자원관리부서는 생산활동에 필요한 기술을 지닌 인력을 어떻게 확보 · 훈련 · 배치하고 보상할 것인지를 관리하는 부서이다. 그리고 회계부서는 생산 및 제반 관리활동에서 발생한 비용이 얼마이고 고객에게 판매하여 실현된 이익이 얼마인지 등을 재무적 단위로 정보를 기록 · 관리하면서 분석하는 기능을 수행한다. 끝으로 정보시스템부서는 이러한 제반 경영활동에 관련된 정보를 수집하고 분석하는 데 정보기술을 동원하여 지원해주는 기능을 수행한다. 이처럼 생산기능은 제조기업의 목적을 달성하는 데 필요한 가치를 창출하는 핵심적 역할을 수행하고, 다른 기능부서들은 이러한 활동이 원활하게 이루어질 수 있도록 지원하면서 보완해주는 역할을 한다고 볼 수 있는 것이다.

따라서 생산을 위한 계획을 수립하고, 그 계획을 실행하고, 그 과정 및 성과에 대하여 평가하여 다음 계획과정에 반영하는 생산경영과 관련이 되는 개념, 기법 및 제약요인 등에 대해서 이해하는 것은 경영관리자는 물론 일반 조직구성원들에게도 필수적인 사항이라고 할 수 있다. 그리하여 회사 전체 업무기능들 간의 관계를 이해함으로써 자기 담당업무의 효과성과 효율성을 개선하는 데 기여할 수 있게 되는 것이다.

이러한 가치창출기능은 제조기업에서만 수행되는 것이 아니라, 서비스업종의 경영활동에서도 적용이 되는 개념이라고 할 수 있다. 그래서 많은 교재들에서 생산관리뿐만 아니라 서비스운영관리를 함께 기술하는 경향을 띠고 있다(예를 들면 양종택 등, 2007; Krajewski & Ritzman, 1993; Stevenson, 1990; Schroeder, 2010; Reid & Sanders, 2013 등).

그러나 공통되는 점들을 함께 다루어 생산운영관리의 개념을 확장하는 측면도 있으나, 경험이 많지 않은 독자들에게는 오히려 개념의 혼동을 야기하는 경우도 있는 것이 사실이다. 특성이 다른 서비스업에 관련되는 내용을 포함함으로써 생산관리의 본질적인 체계 이해에 혼선이 일어나는 것을 예방하기 위하여 본 교재에서는 제조기업의 생산활동을 중심으로 기술하고 있다. 서비스운영관리에 관한 사항은 별도의 독립된 교재들이 존재하므로 이들을 참고할 것을 권장하며, 이하에서는 순수하게 제조기업의 생산경영 체계와 주요 전략적 과제들에 대하여 다루기로 한다.

1-2 생산경영의 정의

생산경영은 제조기업의 라인조직인 생산부문의 경영활동이다. Reid & Sanders(2013)는 생산경영은 기업에서 없어서는 안 되는 핵심 기능(core function)이며, 재화를 산출하는 데 필요한 자원을 계획(plan)하고, 조직화(organize)하고, 조정(coordinate)하며, 통제(control)하는 관리기능이라고 정의하고 있다. Schroeder(2000)도 생산경영은 부를 창출하는(wealth creator) 기능을 수행하며, 경영관리자의 역할은 생산시스템의 활동과 회사 내 다른 기능부서 및 대외적 환경요소들과의 상호관계를 계획하고 통제하는 것이라고 정의하고 있다. 즉 생산활동과 대내·외적 다른 기능 및 요소들과의 상호접점에 관한 의사결정기능을 수행한다고 하였다. 또한 Krajewski and Ritzman(1993)도 생산경영은 투입물을 완제품으로 만들어 내는 변환과정을 시스템적으로 지휘하고 통제하는 것이라고 하였고, Stevenson(1990)도 생산경영은 재화를 생산하는 데 관련되는 자원을 생산적으로 활용하기 위한 의사결정을 하며 시스템을 이끌어가는 것이라고 기술하였다.

이러한 정의들에 담긴 내용들을 정리해보면, 생산경영은 제조기업에서 원자재 등의 투입물을 완제품 또는 판매가능한 형태의 산출물로 변환시켜 가치를 창출하는 핵심적 기능(function)을 수행하는 것이다. 여기서 말하는 변환과정은 앞의 [그림 1-1]에 표현된 바와 같이 투입자원들이 가공 · 처리 프로세스를 거치면서 산출물로 변화되는데, 여러 관련기능 및 환경요소들과 연계하여 시스템적(system)으로 이루어지는 활동이다. 또한 성공적인 생산경영은 이러한 연계시스템을 통하여 부가가치가 제대로 창출되도록 관련되는 물적 · 인적 · 재무적 자원들을 조화롭게 계획하는 의사결정(cross-functional decisions)을 하고, 계획을 실행하며, 그 결과를 평가하여 다음 계획과정에 반영하는 과정이라고 할 수 있다. 따라서 생산경영의 정의에는 Gaither(1992)가 기술한 바와 같이 기능, 시스템 및 의사결정에 관한 내용이 포함되는 것으로 정리할 수 있다.

우선 기능적인 측면의 생산경영은 기업경영의 여러 영역 가운데 제품을 창출해내는 제조부문의 기능을 말한다. 앞의 [그림 1-1]에서 가운데 부분에서 회사 내 다른 기능과 구분되어 표시된 것이 이러한 기능적 측면을 나타낸다. 이러한 생산기능을 관장하는 부서 또는 조직의 명칭은 회사에 따라서 다양하게 표현될 수 있다. 예를 들면 제조부문, 공장, 생산부, 설비보전부, 생산관리부, 품질관리부, 재고 및 물류관리부, 공급사슬관리부 등이 포함되며, 이들 영역에 대한 관리를 책임지는 관리자도 계층 및 담당업무의 세부영역에 따라 여러 호칭으로 나타날 수 있다. 호칭이 어떠하든 이들 관리자집단이 총체적으로 기업의 제품을 생산하는 기능을 수행하고 있는 것이다. 이처럼 생산기능을 기업 내 다른 기능부서인 마케팅, 재무, 회계, 인사, 정보시스템 등의 기능과 구분하는 것은 기능별 책임영역을 명확히 하고 의사결정 사항들을 분석하는 데 편리하도록 한 것일 뿐이고, 실질적인 기업의 경영활동은 각 기능부서들이 독립적으로 수행되기보다 다른 기능조직들과 연계되어 시스템적으로 수행되는 것이 일반적이다.

다음, 생산경영의 시스템적 측면은 생산기능 자체의 프로세스뿐만 아니라, 회사 내 다른 기능부서와 연계하여 의사결정이 이루어지며 대외적으로도 공급업체와 고객, 그리고 정부, 환경, 지역사회 및 경쟁사 등의 외부적 이해관계자들과도 조화를 이루면서 수행되어야 함을 의미한다. 이러한 특성은 [그림 1-1]에서 생산시스템의 변환과정을 둘러싼 여러 요소들과의 상호관계가 표시된 부분을 의미한다. 이는 개별단위 요소들이 각기 독립적으로 구분되고 있으나 서로 유기적인 관련성을 지니면서 시스템 전체의 목적을 수행하는 데 기여한다는 시스템이론이 적용된 것이다. 이와 같은 시스템적 접근은 생산기능이 여러 관련기능 및 외부적 요소들과 연계된 것으로 인식하면서 관련기능 및 요소들의 변화를 지속적으로 모니터링하면서 필요한 대응방안을 마련하는 데 도움을 주는 분석적 틀을 제공해 준다.

마지막으로 의사결정의 측면은 생산관리자가 수행하는 의사결정의 계층구분과 다른 기능분야의 의사결정 사항과의 연계적 관계에 대한 내용을 의미한다. 생산경영과 관련되는 의사결정사항의 구체적 유형들을 예시해보면 다음과 같다. 우선 어떤 제품을 생산할 것이며, 언제, 얼마나 만들 것인지를 결정해야 한다. 그리고 그러한 제품을 생산하기 위해 어떤 원재료를 언제, 얼마나 주문해야 할 것인가를 결정해야 한다. 또한 원재료 및 제품의 품질수준이 설정되어야 하고, 이들의 재고수준은 어느 정도 유지할 것인지도 명시해야 한다. 또한 생산설비 및 제조공정의 입지, 규모 및 배치방법 등도 결정되어야 하고, 생산프로세스 가운데 병목공정이 어디인지, 어떻게 관리할 것인지 등의 스케줄링도 이루어져야 하며, 생산인력의 교육훈련 및 동기부여에 대한 기획업무도 이루어져야 한다.

이와 같은 의사결정사항들은 그 포괄범위 및 계층 구조적 수준에 따라 일반적으로 [그림 1-2]에서 나타낸 것과 같이 전략적, 전술적, 운영적 의사결정 등 세 단계로 구분되어진다. 전략적 의사결정은 장기적으로 회사에 영향을 미치며 그 파급범위도 넓은 것이 특성이며 일반적으로 고위경영층의 책무로 구분되는 것으로 생산제품의 선택, 설비투자 및 입지선정, 회사 전반에 관련된 경영방침 등을 포괄한다. 다음 계층의 전술적 의사결정에는 상위의 전략적 의사결정사항보다는 범위가 상대적으로 좁은 특성을 지니는 것으로 재무적 자원의 할당, 설비선정 및 활용, 총괄적 소요인력, 생산율 및 재고수준의 결정 등이 포함된다. 끝으로 가장 낮은 계층에 있는 운영적 의사결정은 설비 및 인력활용스케줄, 생산율의 조정, 설비고장의 조치, 결품관리, 재고보충 및 품질관리 등과 같은 상세하고 세부적인 사항들이 다루어진다.

그림 1-2 의사결정의 계층구조

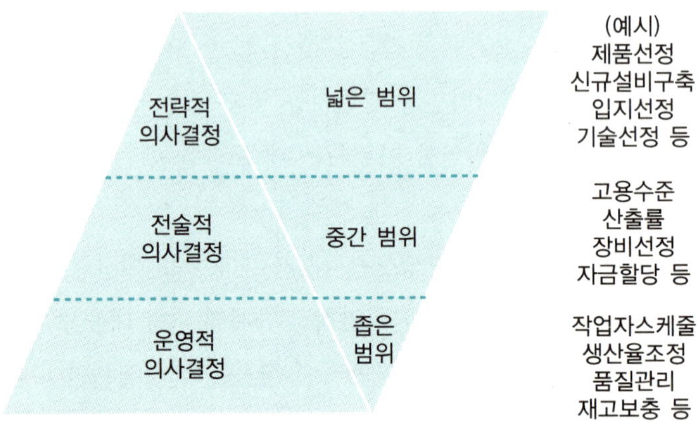

자료: Stevenson(1990), p.13.

이러한 의사결정사항들은 생산기능의 독자적인 결정으로 이루어지기보다는 다른 관련기능들과 연계하여 통합적으로 이루어지는 것이 바람직하다. 즉 연계적 의사결정은 생산기능만이 아니라 다른 기능영역들을 관통하는(cross-functional) 시스템적 사고(systems thinking)를 통하여 이루어지는 것이다. 예를 들면 신제품개발을 위하여 생산, 마케팅, 연구개발 및 원가관리 등의 기능부서에서 관련자들이 모여 연계적인 프로젝트팀(cross-functional team)을 구성하여 운영하는 사례를 자주 볼 수 있다. 이 경우 각 기능의 참여자들은 회사 전체 전략을 고려할 뿐만 아니라 공통된 방법론 등을 활용하도록 훈련을 받는 것이 일반적이다. 아래 [표 1-2]는 마케팅, 재무 · 회계, 인적자원관리 및 정보시스템 등의 기능과 생산부문의 의사결정사항들과의 연계성을 예시한 것이다.

Ⅰ 표 1-2 Ⅰ 연계적 의사결정의 예시

기능영역별	주요 의사결정사항	생산기능과 연계
마케팅	• 고객구분 및 요구사항 파악 • 시장규모 • 유통채널 • 가격결정 • 신제품 도입	• 품질설계 및 관리 • 공정유형 선정 및 설비능력 • 재고유지 품목 및 규모 • 품질, 설비능력 및 재고 • CFT 참여
재무 · 회계	• 가용자본 • 제조공정 효율성 • 순현재가 및 현금흐름 • 공정원가 또는 개별원가제도 • 효율성 등 관리지표 측정	• 재고수준, 자동화, 공정유형 및 설비능력 • 공정유형 및 흐름, 부가가치 결정 • 자동화, 재고 및 설비능력 • 공정유형의 선택 • 원가시스템의 현장 활용
인적자원관리	• 종업원 기술수준 • 종업원수, 전일제 또는 파트타임 • 종업원교육훈련 • 직무설계 • 팀워크	• 공정유형 선택 및 자동화 • 설비능력 및 스케줄 결정 • 품질개선 • 공정 및 제조기술의 선정 • 모든 생산활동
정보시스템	• 사용자 요구사항 결정 • 정보시스템 설계 • 소프트웨어 개발 • 하드웨어 구입	• 생산업무를 지원하는 시스템 • 업무간소화 및 의사결정지원 • 설비, 품질, 재고 및 스게줄 결정지원 • 자동화 지원 및 소프트웨어 운용

자료: Schroeder(2000), p.12.

1-3 ››› 생산경영의 발전과정

생산경영은 그 역사가 오래 전부터 시작되어 오늘날과 같은 경영학 발전의 기틀을 이루었다. 그래서 생산경영의 역사가 곧 경영학의 역사와 같다고 볼 수 있다. [표 1-3]에서 요약된 바와 같이 산업혁명 이후 여러 가지 개념, 사상 및 도구의 발전에 힘입어 생산관리, 나아가 경영학의 체계가 형성되었다고 볼 수 있다.

❙ 표 1-3 ❙ 생산관리의 발전과정 요약

개념	연대	비고
산업혁명	1700년대 후반	노동력 대신 기계의 힘으로 생산하도록 한 혁신
과학적 관리법	1900년대 초반	직무설계의 기술적 측면에 대한 분석 및 측정 개념이 도입되고, 이동식 조립라인 기술이 개발되고, 대량생산이 가능하게 됨
인간관계론	1930–60년대	작업자 동기부여 및 직무만족 등 직무설계에서 인간적 측면에 대한 이해가 강조됨
경영과학	1940–60년대	생산문제를 풀기 위한 계량적 기법의 발전
컴퓨터시대	1970년대	대량 데이터처리 가능 및 계량적 분석기법의 확산
JIT, TQM	1980년대	적시생산체제, 전사적 품질관리의 강조
BPR, ERP, SCM	1990년대	프로세스 재설계, 전사적 자원관리시스템, 공급사슬관리 개념의 확산
EC, 글로벌경영	2000년대	인터넷기술의 발전 등으로 전자거래 및 글로벌경영의 확산
빅데이터, 스마트공장	2010년대	빅데이터, 센서, 로봇 및 유·무선 네트워크 등의 융합으로 스마트공장의 실현

자료: Reid &Sanders(2013), p.12의 연장 및 보완

1. 산업혁명

먼저, 1700년대 후반에 시작된 산업혁명으로 제품생산방식에 큰 변화가 일어났다. 산업혁명 이전에는 가내수공업 형태로 기술자에 의해 각기 독특한 특성을 지닌 물건들이 만들어졌으나, 산업혁명으로 기계의 힘을 이용하여 재화를 생산하는 공장의 개념이 등장하게 된 것이다. 이 혁명은 1764년 James Watt에 의한 증기기관의 발명에서 인간의 노동력을 대체할 수 있는 새로운 동력원이 제공된 데서 비롯되었다. 이러한 증기기관의 발명으로 철도 등 교통수단이 발전하여 재화의 유통이 광범위하게 확산될 수 있었던 것이다.

이어서 1776년에는 Adam Smith의 『국부론』에서 분업(division of labor)의 개념이 소개되어 나중에 조립라인의 발전에 기틀이 되는 이론적 바탕이 제공되

었다. 분업개념에 따르면 생산활동을 소규모의 요소과업으로 나누어 각기 전문화된 작업자에 의해 반복적으로 수행되도록 함으로써 효율성이 증대되고 대량생산이 가능하게 된다는 것이었다. 그 후 1790년에는 Eli Whitney에 의해서 부품호환성(interchangeability of parts)이라는 개념이 소개되어 부품의 표준화(standardization)가 가능하게 되고, 개별생산체제에서 대량생산체제로 이행이 가속화되었던 것이다.

2. 과학적 관리법

그 후 1900년대 초에 과학적 관리의 시대가 전개되었다. 즉 1911년 F. W. Taylor가 『과학적 관리법(The Principles of Scientific Management)』을 발간하였는데, 여기서 작업자의 생산성은 과학적 법칙에 의해 좌우된다고 주장하였다. 또한 그는 이러한 법칙은 경영자가 관찰 · 측정 및 분석함으로써 밝혀진다고 하여 경영자와 작업자의 역할이 구분된다고 주창하였다. 대표적인 관찰, 측정방법으로 작업자의 활동을 관찰하여 표준시간을 설정하는 데 활용하는 시간연구법(time study)을 주장하였다. 이러한 과학적 관리법을 기술과 결합하여 Henry Ford가 자동차 생산공장에 이동조립라인(moving assembly line)을 도입하였으며 분업개념과 부품호환성을 응용하여 대량생산(mass production)의 개념을 실현하였다.

3. 인간관계론

1930년대에 이르러 작업자의 생산성에 영향을 미치는 요소로 경제적인 요인 이외에 사회 · 심리적인 측면을 강조하는 인간관계론(human relations movement)이 대두하였다. 이는 1927년부터 1932년 사이에 E. Mayo, F. J. Roethlisberger 등이 Western Electric의 Hawthorn 공장에서 환경변화가 조립라인 작업생산성에 미치는 영향에 대한 실험을 실시한데서 비롯되었다. 과학적 관리법에서는 작업의 기술적이고 물리적인 측면이 중요하다고 접근하였으나, 인간관계론에서는 행위론적인 측면도 매우 중요하다는 점을 주장하였다. 이러한 생산의 사회 · 심리적 특성이 직무설계 및 종업원 동기부여에 대한 관리에 많은 변화를 초래하게 된 것이다.

4. 경영과학

이렇게 기술적인 측면 또는 인간관계론적 측면 등을 강조하는 것과는 달리 생산관련 문제를 해결하는 데 계량적 기법을 개발 · 활용하는 경영과학이라는 접근방법이 개발되었다. 예를 들면 1913년에 F. W. Harris가 재고관리를 위한 수학적 접근법으로 경제적 주문량(EOQ: economic order quantity) 모형을 개발하였는데, 이 개념이 오늘날까지도 응용되고 있다. 그 뒤에도 1931년 W. A. Shewhart에 의해 샘플링검사(sampling) 및 관리도(control chart) 등을 활용한 통계적 품질관리가 소개되었고, 1934년에는 L. H. Tippett이 워크 샘플링을 도입하여 작업측정에도 통계이론이 응용되었다. 이러한 계량적 접근의 발전은 제2차 세계대전 중에 군수 및 무기시스템 개발 등을 위해 쓰이던 다양한 계량적 기법들이 응용되면서 활기를 띄게 되었다. 그 대표적인 예가 선형계획법(LP: linear programming)이라고 할 수 있다. 그 외에도 수요예측, 재고관리, 프로젝트관리 등을 위해 다양한 계량적 모델이 개발되어 오늘날에 이르기까지 응용되고 있다.

5. 컴퓨터기술

경영과학자들에 의해 개발된 계량적 기법들은 1970년대 컴퓨터시대의 등장으로 그 적용이 한층 더 활발하게 이루어질 수 있었다. 컴퓨터기술의 발전으로 데이터처리가 용이해졌고, 따라서 대량의 데이터처리가 필요한 수요예측, 스케줄링 및 재고관리 등에 많은 영향을 미치게 된 것이다. 이 무렵 개발된 컴퓨터시스템 가운데 대표적인 것은 자재소요량계획(material requirements planning)이다. MRP에서는 컴퓨터의 데이터처리 기능을 활용하여 생산에 필요한 각종 자재의 소요량과 소요시기의 산정과 관련 품목들의 주문 또는 생산스케줄의 생성이 가능하게 되었던 것이다. 그 후 컴퓨터 성능의 지속적인 향상은 제조자원관리시스템(manufacturing resource planning) 및 전사적 자원관리시스템(ERP: enterprise resource planning)의 발전이 가능하게 되어 오늘날 생산관리활동에 지대한 영향을 미치게 되었다.

6. 적시생산체제 및 전사적 품질관리

이어서 1980년대에는 최소재고로 대량생산이 가능한 적시생산체제(just in time manufacturing)가 선풍을 일으켰다. 이는 일본 제조업체들에 의해 개발 · 보급된 개념으로 필요한 때에(right time), 필요한 품목이(right part), 필요한 양만큼(right quantity), 필요한 장소에(right place) 공급이 되도록 하는 흐름생산을 강조한 생산체제이다. 이러한 적시생산체제는 생산현장관리뿐만 아니라, 조직구성원들의 적극적인 참여를 바탕으로 각종 낭비를 제거하기 위해 지속적인 개선활동을 전개함으로써 조직의 효율성을 향상시키는 린(lean) 경영철학으로 발전하여 오늘날에도 여러 회사에서 강조되고 있는 개념이다.

아울러 1980년대에 품질이 경쟁력의 주요 결정요소임을 강조하게 되었고, 전사적 품질관리운동(TQM: total quality management)이 활발하게 전개되었다. TQM에서는 조직구성원 전체가 품질개선에 참여하여 제품결함을 제거하여 경쟁력을 향상시킬 것을 강조하였다. 이러한 전사적 품질관리운동은 오늘날 6시그마 경영혁신 개념으로 발전하여 영향을 미치고 있다.

7. 비즈니스 프로세스 재설계

1990년대에 들어서서 품질을 향상시킬 뿐만 아니라, 업무의 효율성도 증대시키고 비용도 감축하기 위한 비즈니스 프로세스 재설계(BPR: business process re-engineering)가 활발하게 추진되었다. 이는 M. Hammer(1990)에 의해 주창된 것으로 단순히 기존 업무를 자동화한다던지 하는 방법이 아니라, 왜 그렇게 업무를 수행하는지 또는 그렇게 수행하는 배경에는 무슨 가정이 있는지 등을 분석하면서 프로세스 자체를 재설계하여 효율성과 효과성을 향상시키고자 하는 접근방법이다. 이러한 BPR은 ERP 등과 같은 정보시스템의 활용과 함께 확산된 경영혁신활동이다.

8. 공급사슬관리

BPR에 이어 1990년대에 많은 관심을 끌었던 것은 공급사슬관리(SCM: supply chain management)의 개념이다. SCM은 공급업체에서 시작하여 제조업체 및 고객에 이르는 물자, 정보 및 재무적 흐름을 관리하는 것으로, 공급사슬에 포함된 모든 이해관계자들이 비용감축, 품질향상 및 납기단축을 위해 함께 노력하여야 함을 강조한다. 이러한 SCM 성공을 위해서도 정보기술의 발전이 큰 도움이 되었다. 즉 정보기술의 도움으로 공급사슬 전체의 재고관리, 정보관리 및 이해관계자 간의 협업적 관계관리가 가능하게 된 것이다.

9. 전자상거래 및 글로벌경영

2000년대에 들어서서는 인터넷을 포함한 정보기술의 발전으로 전자상거래(EC: electronic commerce)가 확산되게 되었다. 인터넷을 통하여 협력업체, 제조업체 및 유통업체 간의 정보교류 및 거래가 효율적으로 이루어지고, 고객과의 접촉 또한 훨씬 신속하게 이루어질 수 있게 된 것이다. 이러한 전자상거래에는 B2B, B2C 및 C2C 등의 개념이 포함된다. B2B(business-to-business)는 제조업체와 원부자재를 공급하는 협력업체 간의 거래를 말하며, B2C(business-to-customer)는 온라인 소매거래와 같은 기업과 고객 간의 거래를 의미하고, C2C(customer-to-customer)는 인터넷 경매사이트에서 일어나는 고객과 고객 간의 거래를 나타낸다.

이처럼 인터넷을 포함한 정보기술의 발전으로 외주거래(outsourcing)가 지역적인 제한을 받지 않고 전 세계 어디든 실시간으로 여러 관계자들이 공동작업을 용이하게 수행할 수 있는 환경이 되었다. 이렇게 됨에 따라 글로벌경영의 개념이 새로운 차원에서 논의되어야 하는 상황에 이르게 된 것이다.

10. 빅데이터 기술과 스마트공장

2010년대에 와서는 정보기술의 급속한 발전이 지속되어 생산관리기능에 많은 변화를 야기하고 있다. 특히 빅데이터(big data)는 기존의 데이터베이스의 역량을 넘어서서 정형적인 데이터뿐만 아니라 비정형적인 데이터까지 포괄하는 방대한 데이터를 분석하고 가치를 추출하는 기술이다. 예를 들면 공정이 복잡하고, 공정성과의 산포가 크거나 제조공정의 제약요건이 존재하는 경우에 제조공정에 관련된 실적 및 실시간 데이터에 고급 통계분석기법 등을 적용하여 수율을 극대화할 수 있는 최적해를 모색할 수 있게 된다.

이처럼 빅데이터 기술을 이용하여 상호의존적이며 항목 간 연관성이 높고 복잡한 구조를 이루는 제조공정을 상세하게 분석함으로써 실시간으로 스마트한 의사결정이 가능하게 되어 경쟁력을 향상시킬 수 있게 된 것이다. 빅데이터 기술을 적용하여 혜택을 기대할 수 있는 영역은 기존 제조공정의 개선뿐만 아니라, 제품 및 원부자재 불량요인 추적, 공급계획, 협력업체 실적평가, 제품에 대한 수요예측, 에너지 효율 향상, 신제조공정의 시뮬레이션 및 검정, 대량고객화 등을 들 수 있다. 이와 같은 빅데이터 기술과 센서, 로봇, 유·무선 네트워크 등이 융합되어 스마트 제조공장이 실현될 수 있게 된다.

1-4 》 이 책의 구성

이 책은 크게 2편으로 이루어져 있다.

제1편에서는 생산경영의 핵심개념들을 다룬다. 즉 제1장 서론에 이어 제2장에서는 생산경영 의사결정 계층구조의 최상단에 해당하는 전략적 의사결정에 대하여 서술한다. 이어서 제3장에서 제품개발 및 제조프로세스에 대한 내용을 담고 있다. 제4장부터 제8장까지는 의사결정 계층구조의 중간 및 하단에 속하는 전술적, 운영적 의사결정과 관련되는 내용들을 MPCS(manufacturing planning and control system)의 구조에 의거하여 차례대로 서술하고 있다. 제4장에서 MPCS의 구조와 수요관리를 기술하고, 제5장에서는 생산계획관련 내용으로 판매 및 생산계획, 기준생산계획과 최종조립계획 등에 대해서 기술한다. 다음 제6장에서는 재고관리를 독립적 수요항목과 종속적 수요항목으로 나누어 설명하고, 제7장에서는 설비능력관리에 관한 내용을 자원소요계획, 개략적 설비능력계획, 상세 설비능력계획 및 투입/산출분석 등의 계층적 구조에 따라 구분하여 기술하고 있다. 그리고 제8장에서 생산현장 및 협력업체 관리에 대하여 설명한다.

제2편에서는 최근 제조기업의 경영혁신과정에서 중요시되는 주요 전략과제들을 제9장에서 제14장에 걸쳐 다루고 있다. 제9장에서 ERP, 제10장은 SCM, 제11장은 린생산체제, 제12장에서는 셀(cell)제조시스템, 제13장에서 제약이론(TOC), 그리고 마지막 제14장에서 6시그마 경영혁신에 대하여 기술하고 있다.

| 토론과제 |

1. 제조업의 중요성과 생산경영의 의의에 대하여 토론해보시오.
2. 생산부문과 다른 부문기능의 연계적 관계를 설명하시오.
3. 생산부문의 의사결정 계층구조를 설명하시오.
4. 생산경영의 시스템적 측면을 토론해보시오.
5. 생산경영의 발전과정에 대해서 토론해보시오.

참고문헌

양종택 · 강성룡 · 김지대 · 김성홍(2007), 생산운영관리, 법문사

전자신문(2014. 11. 24)

한국경제(2014. 9. 12)

한국무역협회(http://stat.kita.net)

한국은행 경제통계시스템(http://ecos.bok.or.kr)

Chase, R. B. and F. R. Jacobs(2011), *Operations and Supply Chain Management*, 13th ed., McGraw-Hill.

Cohen, S. S. and J. Zysman(1987), *Manufacturing Matters*, Basic Books Inc.

Gaither, N.(1992), *Production and Operations Management*, The Dryden Press.

Hammer, M.(1990), "Reengineering work: Don't Automate, Obliterate," *Harvard Business Review*, pp.104-112.

Heizer and Render(1993), *Production and Operations Management*, 3rd. ed., Allyn and Bacon.

Noor, A.(2013), "Putting big data to work," *Mechanical Engineering*, October, pp.33-37.

Reid, R. D. and N. R. Sanders(2013), *Operations Management: an Integrated Approach*, 5th ed., Wiley.

Schonberger, R. J. and E. M. Knod, Jr.(1994), *Operations Management: Continuous Improvement*, Irwin.

Schroeder, R. G.(2000), *Operations Management*, Int'l. ed., McGraw-Hill.

TATA Consultancy Services(2013), "Manufacturing: Big Data Benefits and Challenges," http://sites.tcs.com.

Walker, C.(2014), "Applying big data power to the shop floor: the next industrial revolution," *Focus*, October. pp.46-49.

WSJ(2014), "Will the US see a major manufacturing revival?"

Chapter 02 생산전략

Production Operations Management

이 장에서는 제1장의 [그림 1-2]에 표시된 계층구조에서 상단에 있는 넓은 범위에 걸친 전략적 의사결정에 대하여 기술한다.

2-1 경영전략과 생산전략

생산전략(operations strategy)은 기업의 장기적 경영전략을 지원하기 위한 생산기능의 설계와 운영에 관련되는 방침과 계획이라고 볼 수 있다. 즉 생산전략을 통해 경영전략(business strategy)과 생산기능이 연계된다. 그래서 생산관리의 구체적 내용을 기술하기에 앞서 경영전략 및 생산전략에 관해 간략히 살펴볼 필요가 있다.

1. 경영전략

경영전략은 기업의 장기계획으로 크게 3가지 측면이 고려되어 수립된다. 첫번째는 해당 기업이 어떤 비즈니스에 종사하는가(회사의 미션)를 이해하는 것이 필요하다. 둘째는 시장을 분석하고 이해하는 과정(환경분석)이 요구된다. 그리고 세 번째는 해당기업의 강점(핵심역량)을 파악하는 것이 필수적이다.

회사의 미션설정은 기업이 어떤 업에 종사하는가, 고객이 누구이며 특성은 무엇인가, 회사가 어떤 가치를 추구할 것인가를 정확하게 정의하는 것이다. 환경분석은 기업 외부에 대한 분석으로 시장, 경제, 사회 및 정치적 환경에 대하여 고찰하는 과정이다. 이러한 환경분석을 통하여 회사 비즈니스에 위협적인 요소가 무엇이며 기회를 제공하는 것은 무엇인지를 파악하게 된다. 그리고 세 번째의 핵심 역량(core competency) 규명은 회사의 강점에 대하여 이해하는 과정이다. 핵심 역량의 예로 종업원의 탁월한 기술, 유연한 생산기술, 정보기술 및 지식 등을 들 수 있다. 이러한 핵심 역량 또는 강점을 최대한 활용하는 비즈니스전략을 구사하는 회사가 성공하는 기업이 될 수 있는 것이다. 아울러 이와 같은 비즈니스전략 수립은 끊임없이 수정 · 보완이 이루어지는 지속적인 과정으로 이해할 필요가 있다. 경영환경이 변하면 회사의 비즈니스전략을 수정하여 회사 미션의 가치 속에서 강점을 활용하면서 경쟁력을 유지하도록 방안을 강구해야 할 것이기 때문이다.

2. 생산전략

경영전략이 수립되면 회사 내 각 부문별로 기능전략이 수립된다. 즉 생산전략, 마케팅전략, 재무전략, 인적자원관리전략 등이 기능별 전략의 예이다. 기능별 전략의 일환인 생산전략은 비즈니스전략을 지원하면서 경쟁력을 유지하기 위한 경쟁우위요소(competitive priorities)를 규명하는 것이다. 그러므로 생산전략은 회사의 경영전략에 부합하는 생산부문의 장기적 목표 또는 과업을 설정하고 이를 달성하기 위한 대안을 선택하여 주어진 자원을 효율적으로 배분하기 위한 의사결정이라고 할 수 있다.

2-2 》 생산전략과 다른 기능전략

이러한 생산전략은 [그림 2-1]에 나타낸 바와 같이 수직 · 상방의 경영전략뿐만 아니라, 수직 · 하방의 생산하부구조와 일관성을 유지하여야 한다. 생산전략은 제품 및 생산공정, 작업자의 특성, 생산계획 및 통제시스템과 같은 의사결정의 내용과 조화를 이루어야 한다. 제품과 제조공정의 특성 및 작업자의 특성과 생산전략에서 고려되는 경쟁요인의 우선순위가 조화를 이루어야 한다는 내용을 뒷부분에서 제품 및 제조공정 매트릭스(matrix)구조를 이용하여 설명할 것이다. 아울러 생산계획 및 통제와 같은 운영적 의사결정도 생산전략과 조화를 이루어야 한다. 생산계획과 통제시스템의 구조에 대해서는 이어지는 장들에서 설명될 것이다.

그림 2-1 생산전략과 경영전략 및 타 기능전략

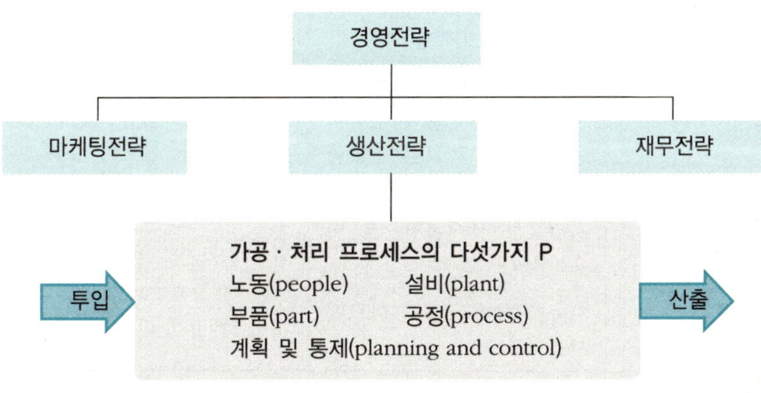

자료: Chase and Aquilano(1995), p.5.

생산전략은 수직 상 · 하방의 일관성은 물론이고, [그림 2-1]에서 나타낸 것처럼 수평적으로도 마케팅전략, 재무전략, 또는 인적자원관리전략 등 타 부문의 전략과도 조화를 이루면서 경쟁 및 환경요소와도 균형을 이루어야 한다. 그렇게 되어야 전사차원의 경영전략이 효과적으로 추진될 수 있는 것이다. 예를 들면 생산부문과 마케팅/영업부문 간에는 전통적으로 [표 2-1]에 열거한 바와 같이 상충되는 견해를 보이고 있는데, 이러한 상충관계를 극복하고 조화를 이루기 위해서는 기능 간 연계 팀(cross-functional team)을 구성하여 접근하는 것이 바람직할 수 있다.

▮ 표 2-1 ▮ 생산과 마케팅의 상충관계

문제영역	생산부문	마케팅부문
설비능력계획과 장기수요예측	왜 수요예측을 정확하게 못 하나?	왜 설비능력이 충분하지 못한가?
스케줄링과 단기수요예측	현실성 있는 고객주문과 판매예측이 필요하다	신속히 대응해야 하는데 우리의 리드타임은 형편없다
납기와 유통	모든 것을 재고로 보유할 수 없다	팔 물건은 왜 재고가 없는가?
품질보증	왜 생산하기 힘들고, 고객 유용성이 낮은 선택사양을 제공해야 하나?	왜 적정한 가격에 적절한 품질을 유지하지 못하나?
제품라인의 폭	제품이 다양하여 한번 라인 타는 시간이 짧아 경제성이 없다	고객이 다양한 제품을 원하고 있다
원가관리	저렴한 원가로, 다양성을 유지하며, 사양변경에 신속히 대응하면서 양질의 제품을 신속하게 산출할 수 없다	우리 제품은 원가가 높아 시장경쟁이 떨어진다
신제품 도입	불필요한 설계변경으로 비용이 높다	신제품 도입은 생명선과 같다
부가서비스 (수선, 부품)	제품이 설계된 것과 다르게 사용되고 있다	서비스비용이 너무 높다

자료: Shapiro(1977), p.105.

2-3 생산전략관련 주요 경쟁요인

생산전략에서 중요한 것은 기업경쟁력을 향상시키기 위해 생산기능이 어떤 능력에 우선순위를 부여할 것인지를 결정하는 것이다. 일반적으로 우선순위를 정할 때 고려하는 주요 경쟁요인에는 비용(cost), 품질(quality), 시간(time 또는 delivery), 유연성(flexibility) 등이 포함된다.

1. 비용(cost)

이는 경쟁사보다 상대적으로 저렴한 가격에 제품을 공급하거나 같은 가격이라도 원가를 저렴하게 공급하는 것을 의미한다. 그리하여 높은 이윤을 얻고자 하는 것이다. 이러한 비용측면의 우위를 점하려면 생산부문에서는 노무비, 재료비 및 설비비용 등의 비용감축 노력에 초점을 맞추게 된다. 폐기되는 원부재료 등의 낭비를 줄이고 생산성을 증대시키기 위해 조직구성원들을 교육시키거나 자동화를 모색하는 방침 등이 여기에 해당한다. 일반적으로 저비용생산에 우선순위를 부여하는 회사들은 제품의 특성이 다양하지 않고 단순하며 제품종류도 많지 않으며 이들 제품을 생산하는 제조공정은 최대한 효율성을 확보할 수 있도록 설계하는 경향을 띈다.

2. 품질(quality)

고객들은 제품품질을 보고 구매하게 됨에 따라 최근 품질에 우선순위를 부여하는 기업들이 늘고 있다. 기업의 경쟁요인으로서 품질을 이야기할 때 흔히 두 가지 차원을 고려해야 한다. 그 첫 번째는 고성능 설계에 관한 것으로 제품특성이 우수하거나 내구성이 길거나 또는 고객서비스가 탁월한 것 등이 이에 해당한다. 이를 고객의 요구사항을 반영한 설계품질(design quality)이라고도 한다. 두 번째는 제품의 일관성으로 제품설계사양과 일치하도록 얼마나 잘 만들어 내느냐 하는 측면이다. 이는 공정품질(process quality)이라고 하며 결함이 없이 가공 · 제조할 수 있도록 공정을 설계 · 관리하는 것을 중시한다. 품질을 경쟁요인으로 우선순위를 부여하는 기업은 설계품질뿐만 아니라 공정품질도 뛰어나야 한다.

3. 시간(time 혹은 delivery)

이는 시간을 기반으로 한 경쟁(time based competition)과 관련되는 개념이다. 오늘날 대부분의 기업들은 양질의 제품을 가능한 한 짧은 시간 내에 제공하기 위해 노력한다. 고객들은 요구사항에 대해 보다 신속한 대응을 요구하기 때문이다. 시간을 경쟁우위로 내세우는 기업은 이와 같은 신속한 납기(delivery time)뿐만 아니라, 약속시간에 맞추어 믿을 수 있도록 납품(on-time delivery 또는 delivery dependability)하여야 한다. 또한 최근에는 작업준비시간(set-up time), 제조리드타임(lead time) 및 신제품개발시간(time-to-market)의 단축도 중요한 경쟁요소로 강조되고 있다.

4. 유연성(flexibility)

최근에는 고객의 요구사항 및 기대수준 등이 자주 변하므로 이러한 변화를 재빠르게 수용할 수 있는 능력인 유연성이 중요한 경쟁요인으로 대두되고 있다. 유연성에도 여러 차원이 있을 수 있지만 여기서는 크게 3가지 차원으로 나누어 살펴보기로 한다. 먼저 제품 유연성(product flexibility)을 들 수 있는데, 이는 고객이 요구하는 제품을 다양한 종류로 제공하는 능력을 말한다. 이러한 유연성을 효율적으로 확보하기 위해 자동화장비 등을 활용한 유연생산시스템(FMS :

flexible manufacturing system)의 도입이 최근에 활발하게 이루어지고 있다. 두 번째는 양적 유연성(volume flexibility)으로 수요변동에 따른 생산 공급량을 유연하게 조정할 수 있는 능력을 의미한다. 세 번째는 시간 유연성(time flexibility)으로 수요시기를 고객이 요구하는 대로 조절해 줄 수 있는 능력을 의미한다. 이처럼 유연성이 뛰어난 기업들은 고객요구사항이나 상황변동에 민첩하게 대응할 수 있는 능력(âgility)을 갖추게 되는 것이다.

일반적으로 유연성을 강조하는 전략을 취하면 저비용을 추구하는 전략과 상충된다고 볼 수 있다. 고객화된 제품을 다양하게 생산하여 공급하자면 상대적으로 자원을 더 많이 소모하므로 비용이 증가할 수 있다는 것이다. 아울러 유연성을 강조하는 전략은 시간을 단축하는 전략과도 상충될 수 있는데, 고객화된 제품을 생산하자면 상대적으로 리드타임이 장기화될 수 있기 때문이다. 한편 유연성을 강조하는 기업에서는 일반적으로 제조공정에서 범용설비가 활용되며 작업자들의 기술수준이 높은 경향을 보인다. 그 이유는 고객이 요구하는 다양한 특성의 제품을 소량으로 생산하여 대응해야 하기 때문이다.

여기서 설명한 경쟁요인의 우선순위 설정의 기본전제는 이들 요인들은 서로 상충관계(trade-off)를 지닌다고 여기는 것이다. 예를 들면 고품질을 유지하자면 좋은 자재와 기술자를 활용하여야 하므로 고비용이 불가피하다고 보는 것이다. 아울러 유연성과 다른 요인들과의 상충관계도 앞에서 언급하였다. 그러나 경쟁요인들 간에는 반드시 상충관계만 존재하는 것이 아니라, 누적적인 관계에서 어느 한 요인에 대한 경쟁력이 확보되면 다른 차원의 경쟁요인을 추가적으로 확보하기가 용이해진다고 보는 견해도 있다.

2-4 ››› 제품 및 제조공정의 특성과 생산전략

생산전략은 생산현장의 변환프로세스를 구성하는 제품(product)과 제조공정

(process)의 특성과 조화를 이루어야 한다. 제품의 특성은 수명주기(product life cycle)의 도입기, 성장기, 성숙기 및 쇠퇴기의 단계를 따라 수평축에 표시하고, 제조공정의 특성은 혼잡흐름의 단속적 공정(job shop)에서 연속적인 흐름공정(flow shop)으로 구분하여 수직축에 표시한 제품제조공정 매트릭스(product-process matrix)를 활용하여 [그림 2-2]와 같이 생산전략의 경쟁요인들과 연관시켜 고려해 볼 수 있다.

[그림 2-2]의 수평축은 왼쪽에서 오른쪽으로 갈수록 수명주기의 도입기에서 다양한 제품을 소량으로 생산하는 체제에서 성숙기에 이르러 소수의 제품을 대량으로 생산하는 체제로 이어지는 특성을 보이고 있다. 따라서 오른쪽으로 갈수록 표준화의 정도가 높아지고, 왼쪽으로 갈수록 고객화의 정도가 높아지는 특성을 지니게 된다.

[그림 2-2]의 수직축에는 단속적이면서 개별적인 생산공정에서 반복적인 흐름생산체제로 이어지는 특성을 보이고 있다. 위로 갈수록 범용설비를 이용하여 노동집약적인 공정특성을 보이며, 아래로 갈수록 전용설비를 이용한 자본집약적인 특성을 지닌다. 따라서 위로 갈수록 자동화의 정도가 낮고, 재공품의 수준이 높으며, 제조시스템 내에서 경과하는 시간이 장시간인 특성을 지니고, 아래로 갈수록 설비자동화의 정도가 높아지고, 재공품의 수준이 적고 제조리드타임이 짧아지는 특성을 보인다. 그러므로 위로 갈수록 유연성은 높아지고 비용도 높아지는 반면, 아래로 갈수록 유연성이 낮아지고 비용도 낮아지는 특성을 지니므로 경쟁요인의 우선순위도 다르게 되는 것이다.

이와 같은 제품과 제조공정 특성의 조화로운 결합은 매트릭스의 대각선을 따라 이루어지는 것이 바람직하다고 할 수 있다. 즉 좌 · 상 방향에서 우 · 하 방향으로 이어지는 대각선상에 대부분의 기업들이 위치하게 된다. 여기서 좌 · 상 영역에는 주로 고객의 주문에 의해 생산이 이루어지는 주문생산체제(MTO : make-to-order)를 갖게 되며, 맞춤양복을 대표적인 예로 들 수 있다. 한편 우 · 하 영역에는 수요예측에 의거 제품을 미리 생산하여 완제품재고를 보유하면서 고객수요에 대응하는 계획생산체제(MTS: make-to-stock)를 유지하는 것이 일반적인데, 기성복을 대표적인 예로 들 수 있다. MTO와 MTS의 중간 형태라고

그림 2-2 **제품제조공정 매트릭스와 생산전략**

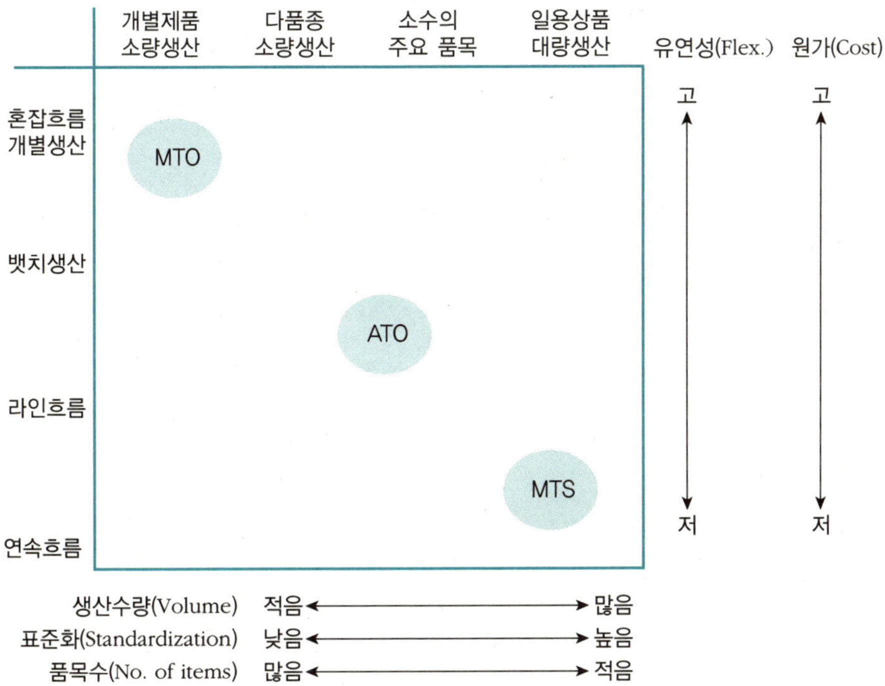

자료: Reid and Sanders(2013), p.67, Meredith and Shafer(2002), p.161, Schroeder(2000), p.96 및 Schmener(1984), p.163의 내용을 종합함.

볼 수 있는 조립생산체제(ATO: assemble-to-order)는 대각선의 중간부분에 위치하게 되는데, 자동차산업이 대표적인 예가 될 수 있다. 즉 엔진, 변속장치 등의 주요 부분품은 수요예측에 의거 계획적으로 생산해 두고 구체적 사양이 확실한 고객주문이 들어오면 최종적으로 완제품을 조립하는 형태인 것이다.

| 토론과제 |

1. 기업의 경영전략과 생산전략 간의 수직적 연관성을 토론해보시오.
2. 생산전략과 회사 내 각 기능별 전략과의 수평적 연계관계에 대해 토론해보시오.
3. 생산전략에서 고려되는 주요 경쟁요인을 예시하고 상호관계를 토론해보시오.
4. 생산전략과 제품 및 공정특성과의 관계를 토론해보시오.
5. MTO, MTS 및 ATO의 전략적 특성을 제품제조공정 매트릭스를 이용하여 비교 · 설명하시오.

참고문헌

안영진 · 유영목 · 홍석기(2005), 생산운영관리, 박영사

양종택 · 강성룡 · 김지대 · 김성홍(2007), 생산운영관리, 법문사

Chase, R. B. and N. J. Aquilano(1985), *Production and Operations Management*, 4th. ed., Irwin.

Meredith, J. R. and S. M. Shafer(2002), *Operations Management for MBAs*, 2nd. ed., Wiley.

Reid, R. D. and N. R. Sanders(2013), *Operations Management*, 5th. ed., Wiley.

Schmener, R. W.(1984), *Production/Operations Management: Concepts and Situations*, 2nd. ed., SRA.

Schroeder, R. G.(2000), *Operations Management: contemporary concepts and cases*, Int'l ed., McGraw-Hill.

Shapiro, B. P.(1977), "Can marketing and manufacturing coexist?" *Harvard Business Review*, Sep.-Oct., pp.104-114.

Chapter 03 제품개발 및 제조프로세스

앞의 제1, 2장에서 기술한 바와 같이 기업은 제품의 산출을 통해 고객에게 가치를 전달하고 그 대가로 이윤을 실현하는 것이 본원적인 기능이다. 그러므로 기업의 경영전략에서 업을 정의하면서 무엇(what)으로 고객에게 가치를 전달할 것인지, 그리고 그것을 어떻게(how) 만들 것인지 결정하여야 한다. 이는 생산해야 하는 제품(product) 및 그 제품을 제조하는 프로세스(process)와 관련되는 것으로, 기업의 가치창출 과정에서 핵심적인 역할을 수행하는 생산부문의 전략적 의사결정과 직결되는 사항인 것이다.

제품개발에 관한 사항은 마케팅 또는 연구 · 개발기능에서도 주요 과제로 상세히 다루어지는 영역이므로 본 교재에서는 생산부문의 의사결정, 특히 제조프로세스 유형 및 선택과 관련되는 사항을 중심으로 간략히 기술하고자 한다.

3-1 ››› 제품개발

1. 제품개발의 필요성

제조기업의 존재이유를 실현하기 위해서는 고객의 요구사항을 충족시킬 수 있는 제품을 개발하여야 한다. 고객으로부터 환영받지 못하는 제품은 시장에서 도태될 것이고, 나아가 기업의 존재 자체를 위협하게 되는 것이다. 특히 요즘처럼 고객의 요구사항이 다양해지고, 기술발전이 급속하게 이루어지며, 또 글로벌 시장을 무대로 경쟁이 치열한 상황하에서는 고객이 원하는 양질의 신제품을 신속히 출시하는 기업이 경쟁우위를 점하며 새로운 시장개척에도 유리한 입장을 취할 수 있는 것이다.

2. 제품개발과정

제품개발은 [그림 3-1]에 나타낸 것처럼 일반적으로 4단계의 과정을 거치고, 이어서 제품을 가공 · 처리하기 위한 제조프로세스의 선정 단계로 이어진다.

그림 3-1 제품개발과정

자료: Meredith and Shafer(2002), p.104 및 Reid and Sanders(2013), p.56.

먼저 제품에 대한 아이디어는 고객, 시장조사, 영업사원 또는 연구개발 실험실 등 다양한 원천으로부터 얻어질 수 있다. 여기서 고객의견 등 시장의 요구에 의한 것들은 시장유인적(market-pull)이라 하고, 내부 연구개발 실험에 의해 나오는 기술우위에 바탕을 둔 것을 기술선도적(technology-push)이라 한다.

이외에도 아이디어는 경쟁사 또는 협력업체로부터 얻을 수도 있다. 시장선도기업의 제품과 자사품의 차이를 분석하는 벤치마킹(bench-marking)을 통해 아이디어를 얻을 수도 있고, 경쟁사 제품들을 구입하여 분해 · 연구하는 역엔지니어링(reverse engineering)의 과정에서 제품개발의 아이디어가 나오기도 한다. 협력업체도 제품개발의 초기단계부터 조기에 참여시킴으로써(ESI: early supplier involvement) 제품경쟁력을 향상시키는 기업도 늘어나고 있다.

검토 및 선정단계(product screening)에서는 제품개발에 대한 아이디어가 시장에서 성공할 수 있을지 그 타당성을 평가한다. 검토 및 선정단계의 활동은 일반적으로 생산, 마케팅 및 재무부서 등에서 참여하는 팀(cross-functional team)에 의해 이루어진다. 생산부서 입장에서는 기존의 기계설비로 생산할 수 있는지, 아니면 추가적 투자가 필요한지, 부품조달은 가능한지 등을 검토한다. 한편 마케팅 입장에서는 시장수요의 규모가 얼마나 될지, 장기적 제품의 잠재력은 어떠할지 등을 고려하게 된다. 그리고 재무기능에서는 신제품을 위해 필요한 투자가 얼마나 될지, 투자수익률은 어떠할지 등을 검토하게 된다. 이 경우 손익분기점분석(BEP: break-even-point) 또는 투자회수율(ROI: return on investment)기법 등이 활용된다.

아이디어가 선정되면 제안된 제품이 수행해야 할 기능적 성능과 어떻게 만들어질 것인지 등의 일반적인 특성을 예비설계 및 검사단계에서 성능사양 및 기술사양으로 전환하게 된다. 이 단계에서 일반적으로 프로토타입(prototype)을 만들어 검사하면서 필요하면 프로토타입을 재조정하는 일이 이루어진다. 프로토타입은 최종제품을 단순화하여 진흙, 목재 등을 이용하여 만들거나 컴퓨터 시뮬레이션으로 만들어진 것을 의미한다.

마지막으로 최종설계단계에서는 구체적인 제품의 사양이 결정된다. 앞의 예비설계에서 개략적으로 설계하는 것과 다르게 최종설계에서는 전체적이고 상세한 설계도가 작성되고 구체적 기술사양 및 필요정보 등이 명시된다. 이 단계에서 고객이 요구하는 기능 또는 성능을 제품에 반영되도록 하는 상세한 기능설계(functional design)가 이루어진다. 아울러 제품의 모양, 색상, 포장 등 외형과 이미지에 대하여 명시하는 산업디자인(industrial design)이 이루어져 기능설계를 보완한다. 또한 기능 및 외형에 관한 설계뿐만 아니라 생산에 필요한 설비 및 공정, 작업, 부품 등이 명시되는 생산설계(production design)도 함께 이루어져 생산과 연결되도록 하는 것이다.

3-2 제품개발관련 고려사항

제품개발과정을 통하여 관심을 기울어야 할 것은 고객요구사항을 충족시키는 제품의 성능에 관한 사항뿐만 아니라, 개발된 제품은 종국적으로 생산과정을 통해 가치가 창출될 수 있어야 하므로 개발비용, 제품원가, 품질 및 개발속도 등도 함께 고려되어야 한다. 이 절에서는 제품개발과 관련하여 최근 관심을 끌고 있는 대표적 개념 또는 기법들에 대하여 기술하고자 한다.

1. 동시공학(CE: concurrent engineering)

앞절에서 제품개발과정을 4단계로 나누어 기술하였으나, 이러한 개발과정의 업무들이 반드시 각 단계별로 순차적으로 이루어져야 하는 것은 아니다. 실제로 서로 다른 부서에서 온 사람들로 구성된 제품개발팀을 운영하면서 전 · 후 단계의 활동이 중첩적으로 수행되는 사례들이 발표되고 있다.

이처럼 제품개발 초기에 다기능 팀을 운영하여 제품디자인, 마케팅, 생산 등과 관련되는 과제들을 동시에 고려하도록 하는 접근법을 동시공학(concurrent engineering)이라고 한다. 각자 자기 부서의 입장에서 개발관련 업무를 수행하면 다른 부문의 업무내용에 대한 이해가 부족하여 불필요한 일들이 이루어져 비효율적일 수 있는데, 초기부터 함께 모여 동시에 논의함으로써 개발관련 중복적인 활동 및 낭비를 감축하여 비용을 절감할 수 있다는 장점이 있다. 아울러 단계별 활동이 중첩적으로 동시에 수행되므로 개발에서 출시에 이르는 시간(time-to-market)이 단축되는 장점이 있다. 미국 공군연구에 의하면 동시공학을 적용하여 개발 리드타임을 약 40% 단축할 수 있었다고 한다(Carter and Baker, 1992).

2. 제조용이성설계(DFM: design for manufacturability)

제품개발은 경제적인 생산으로 이어져야 가치가 창출될 수 있다. 따라서 제품은 제조하기에 용이하고 비용이 절감될 수 있도록 설계되어야 한다는 것이 제조용이성설계의 개념이다. DFM에서는 부품을 최소화하는 등 단순화설계를 권장한다. 단순할수록 만들기 쉽고, 비용도 적게 들며, 품질도 향상될 수 있기 때문이다. 아울러 DFM에서는 표준화설계도 강조되고 있다. 공용부품 또는 부품호환성을 증대시켜 다양한 제품을 저비용으로 생산하도록 하자는 것이다.

이러한 관점에서 시작된 DFM에서 더욱 나아가 DFS(design for serviceability), DFL(design for logistics) 등의 개념으로 확산되어 최근에는 DFX라고 하여 다양한 측면의 변수(X)를 고려하면서 설계가 이루어지도록 함이 바람직하다고 여겨지기도 한다.

3. 모듈러설계(modular design)

DFM에서 강조하는 단순화설계를 실현하는 방안 가운데 하나가 모듈러설계 기법이다. 모듈러설계에서는 기본적 부품을 상호 호환성이 있는 모듈로 개발하여 고객으로 하여금 선택하도록 함으로써 생산비용(cost)을 감축하면서 고객의 다양한 요구사항에 대응할 수 있도록 유연성(flexibility)을 제고할 수 있게 된다. 예를 들면 자동차산업에서 5가지 엔진, 2가지 트랜스미션, 2종류의 인테리어를 모듈로 설계하면 총 9가지를 관리하면서 고객들이 원하는 사양을 선택하도록 하면 총 20가지(5×2×2)의 다양한 제품을 조립해서 제공할 수 있게 되는 것이다.

4. 품질기능전개(QFD: quality function deployment)

제품개발의 성공 여부는 고객의 요구사항과 회사가 수용할 수 있는 능력이 어떻게 조화를 이루느냐에 달려 있는 것이다. QFD는 성공적인 제품개발을 위한 도구로 고객의 요구사항을 만족시키면서 동시에 그 기능을 수행할 수 있는 생산능력이 확보되도록 검정하는 접근방법이다. 즉 QFD는 마케팅전략과 설계전략을 연결시켜주는 유용한 도구라고 할 수 있다. 이처럼 QFD는 고객이 요구하는 품질특성을 제품기능에 반영하는 체계적인 기법으로 품질의 집(house of quality)이라고 불리기도 한다. 그 배경은 다음 [그림 3-2]에서 나타낸 것처럼 일련의 격자형태의 표(matrix)를 활용하여 고객 요구특성과 기술적 요건을 상호 연계시켜 검토하도록 하는 구도가 마치 집 모양을 닮았다는 데서 유래된 것이다.

그림 3-2 품질기능전개(QFD)

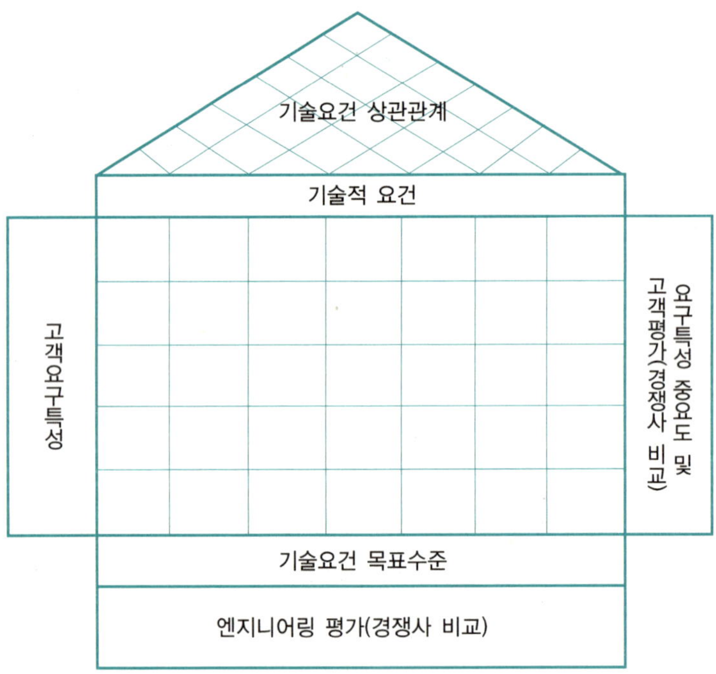

자료: Meredith and Shafer(2002), p.119 요약

5. 컴퓨터지원설계(CAD: computer-aided design)

CAD는 제품설계에 컴퓨터 그래픽기능 등을 사용하는 시스템이다. 설계 엔지니어가 컴퓨터 화면에서 설계도를 그려 기하학적으로 다각적으로 검토 · 조정이 가능하며, 라이브러리에 저장되어 있는 대체 도면을 추출 · 조정하여 활용함으로써 도면작성의 효율성을 증대시킬 수 있다. 또한 그래픽 기능뿐만 아니라, 설계변경에 따른 공학적 계산과정 및 비용분석도 컴퓨터의 도움을 받아 용이하게 수행할 수 있다. 이처럼 제품설계 과정에 컴퓨터 기능을 활용함으로써 개발속도 및 유연성을 증대시킬 수 있는 것이다. 아울러 CAD시스템이 CAM(computer-aided manufacturing)과 연계되어 공정에 필요한 설비나 도구들을 시뮬레이션하기가 용이한 장점도 얻을 수 있게 된다.

3-3 ››› 제조프로세스의 유형

앞에서 언급하였듯이 제품개발과 그 제품을 생산하는 프로세스의 유형 및 특성 등에 관한 논의는 독립적으로 이루어질 수가 없다. 이 절에서는 프로젝트, 잡샵(job shop), 흐름생산라인, 연속적 프로세스, 셀시스템 등 다섯 가지의 프로세스 유형으로 구분하고 각 유형의 특성을 살펴보기로 한다.

1. 프로젝트(project)

프로젝트는 고객이 요구하는 사양에 정확하게 맞추어 한 개의 산출물을 만들어 내는 형태이다. 대표적인 예로 건설공사, 조선업 등을 들 수 있다. 프로젝트를 통하여 나오는 산출물은 각기 다르므로 고객화의 정도가 매우 높은 특성을 지닌다.

프로젝트활동은 일반적으로 한 곳에 고정되어 이루어지는 경우가 많다. 그래서 프로젝트는 고정위치(fixed position) 프로세스라고도 한다. 또한 프로젝트는 여러 과업들이 서로 선행 또는 후행관계로 연결되어 일정기간 내에 완료되어야 하므로 스케줄링이 특히 중요시 되는 특성을 지닌다. 대표적인 프로젝트 스케줄링 기법으로 PERT/CPM 등이 사용된다.

2. 잡샵(job shop)

잡샵은 다품종 소량생산에 사용되는 것으로 소량의 제품이 고객주문 또는 제품사양 등에 의해 뱃치(batch)를 형성하여 생산되는 경우에 사용된다. 그래서 잡샵을 뱃치 프로세스(batch process)라고도 한다. 생산물량은 적고 고객화의 정도는 높은 수준이다. 예로 기계설비제작소를 들 수 있다.

잡샵은 [그림 3-3]과 같이 동일한 기능을 수행하는 설비들이 동일한 곳에 배치되어 있고 작업 대상물은 뱃치(batch)를 이루어 공정순서(routing)에 따라 설비들을 찾아 이동하는 단속적이고 복잡한 흐름(intermittent and jumbled flow)을 취한다. 이런 연유로 잡샵을 공정별 설비배치(process layout) 또는 기능별 배치(functional layout)라고도 한다.

그림 3-3 공정별 설비배치

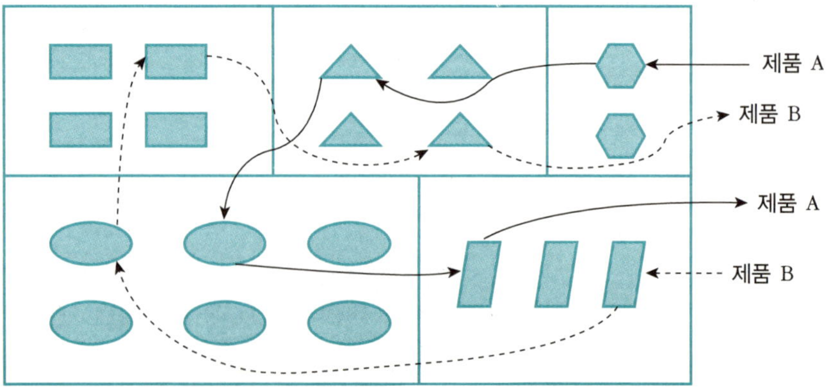

이러한 잡샵에서는 다품종 소량생산을 위하여 범용설비가 사용되므로 경제적인 설비투자가 이루어지며, 다양한 수요를 충족시킬 수 있는 유연성이 확보되는 이점이 있다. 또한 같은 기능을 수행하는 설비들이 동일한 위치에 배치되므로 특정 설비가 고장으로 작동 불가능 시 또는 과부하 시 대체설비 활용이 가능하다는 이점이 있고, 같은 공정을 담당하는 작업자들도 한 곳에 배정되므로 서로 기술전수가 용이하다. 특히 범용설비를 이용하여 서로 다른 제품을 가공 · 처리하기 때문에 높은 수준의 기술을 요하므로 기술전수가 용이한 것이 큰 이점이 될 수 있다. 아울러 작업자들이 다른 제품을 취급하므로 작업권태가 적으며 직무만족도가 높은 장점을 지닌다.

반면에 잡샵은 범용설비를 사용하므로 작업물이 달라질 때마다 작업준비시간(set-up time)이 필요하여 전용설비를 사용하는 경우보다 리드타임이 길고, 고임금의 기술자를 필요로 하므로 상대적으로 단위당 비용이 높은 것이 단점이다. 또한 작업흐름이 혼잡스러워 스케줄링이 용이하지 않은 단점이 있고, 뱃치를 이루어 작업장을 이동하므로 재공품이 쌓여 리드타임이 길어지는 단점이 있다.

3. 흐름라인(flow line)

흐름생산라인은 [그림 3-4]와 같이 제품별로 필요한 설비들이 순서대로 배치되는 형태를 취한다. 이는 제품을 기준으로 전용설비가 배치되므로 제품별 배치

그림 3-4 흐름라인

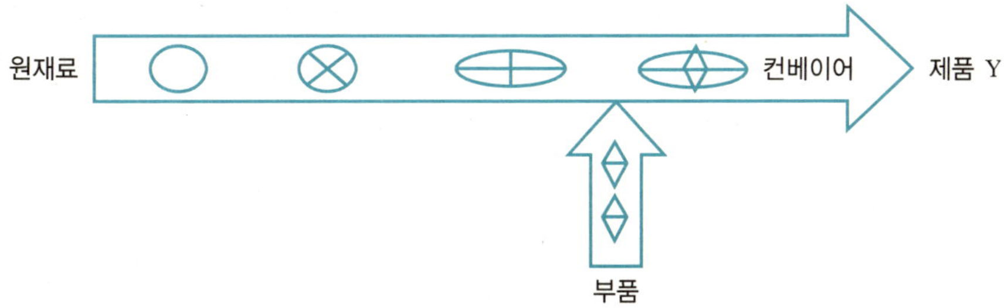

(product layout)라고도 불리며, 소품종 대량생산에 적합한 형태이다. 대표적인 예가 자동차나 가전제품의 조립라인을 들 수 있다.

흐름라인은 표준화된 제품을 전용설비를 이용하여 대량으로 생산하므로 고정비가 분산되어 생산단가가 저렴한 장점이 있다. 또한 공정순서가 동일한 흐름(flow)을 따라 이루어지고 일정한 속도로 설정된 라인(paced line)의 움직임을 따라 반복적으로 작업물이 흐르게 되어 중간 정체가 최소화되므로 앞에서 살펴본 잡샵의 경우보다 시스템 통제가 용이하고 납기준수의 신뢰성이 높은 장점을 지닌다. 아울러 흐름라인에서는 전용설비에 의해 작업이 수행되므로 작업자들의 기술수준은 낮아 인건비가 저렴한 이점을 지닌다.

반면 흐름라인은 소품종 대량생산이므로 유연성이 낮은 단점을 지니고 있다. 제품사양이 미미하게 변하더라도 큰 설비변경이 요구되는 것이다. 작업자들이 단순업무를 반복적으로 수행하므로 작업권태를 쉽게 느끼며 직무만족도가 저하되는 어려움도 있다.

4. 연속적 프로세스(continuous process)

연속적 프로세스는 앞의 흐름라인과 유사하지만, 차이점은 흐름라인에서는 작업물이 이산적(discrete)인 반면에 연속적 프로세스에서는 작업물의 분리가 불가능하게 연속적(continuous)이라는 것이다. 그러나 연속적 프로세스도 흐름라인처럼 표준화된 제품을 대량으로 생산하는 특징은 비슷하다. 대표적인 예로 화학제품, 석유제품 등을 들 수 있다.

일반적으로 연속적 프로세스는 단일 투입원료를 사용하여 파이프라인을 따라 이동하면서 화학적 변환을 거쳐 다수의 산출물을 생성해낸다. 따라서 공정순서가 고정되어 있어 통제가 용이하지만, 반면 설비투자가 자본집약적이어서 초기에 막대한 투자가 이루어져야 하는 어려움을 갖고 있다.

5. 셀시스템(cellular system)

셀시스템은 잡샵의 특성을 지닌 환경에서 흐름생산의 이점을 추구하기 위해 개발된 설비배치 형태이다. 잡샵의 장점인 유연성을 유지하면서 흐름생산이 지니는 효율성의 이점을 얻고자 하는 것이라고 볼 수 있다.

셀시스템은 집단기술(group technology)의 개념을 활용하여 외형이나 공정 순서 등이 유사한 특성을 지니고 있는 제품들을 동일한 군(part family)으로 묶어서 가공처리에 필요한 서로 다른 기능의 기계설비(machine group)들을 흐름라인처럼 전용라인으로 활용할 수 있도록 셀 내에 배치하는 방법이다. 이 경우 [그림 3-5]와 같이 U자 형태를 취하는 경우도 자주 볼 수 있다.

셀시스템은 제품군별로 셀이 구분되어 가공 · 처리되므로 잡샵보다 작업물의 흐름이 단순화되는 이점이 있다. 또한 유사한 제품들이 군(family)으로 묶여서 셀 내에서 처리되므로 작업준비시간이 단축되는 이점을 지닌다. 따라서 재공품이 감축되는 효과를 얻을 수 있다. 아울러 자재이동도 줄어들어 잡샵에 비하여 리드타임이 단축되는 장점을 지닌다. 그 외에도 유사 제품군에 대하여 유사한 작업을 반복적으로 수행하기 때문에 자동화의 기회가 증대되고 설계표준화의 가능성도 높아지는 효과를 얻을 수 있다.

반면에 셀시스템은 기계설비를 셀별로 구분 · 배치함으로 인하여 잡샵에 비하

그림 3-5 셀시스템

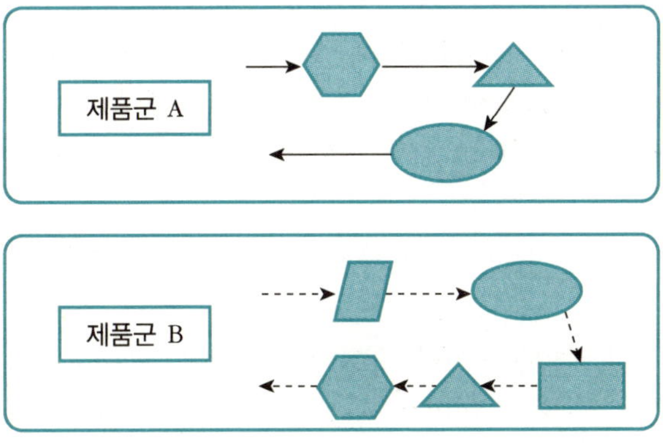

여 상대적으로 유연성이나 설비가동률이 저하될 우려가 있다. 아울러 각 셀별로 전용 기계설비그룹이 구분되므로 설비부하의 불균형이 일어날 수도 있으며, 추가적 설비투자가 필요할 수 있다는 점이 단점으로 지적되기도 한다.

| 토론과제 |

1. 제품개발 과정을 단계별로 구분하여 설명하시오.
2. 동시공학(CE)의 개념을 설명하시오.
3. 제조가능성 설계(DFM)의 내용을 설명하시오.
4. 모듈러설계(modular design)의 개념과 이점을 설명하시오.
5. 품질기능전개(QFD)의 내용을 설명하시오.
6. 컴퓨터지원디자인(CAD)의 개념을 설명하시오.
7. 잡샵과 흐름라인의 특성을 비교 · 설명하시오.
8. 셀시스템의 특성과 장 · 단점을 설명하시오.

참고문헌

강성룡(2000), 셀시스템 구축을 통한 부품조립 공정의 혁신에 관한 사례연구, 한국생산관리학회지, 제10권 제3호, pp.69-82.

안영진 · 유영목 · 홍석기(2005), 생산운영관리, 박영사

양종택 · 강성룡 · 김지대 · 김성홍(2007), 생산운영관리, 법문사

Carter, D. E. and B. S. Baker(1992), *Concurrent Engineering: the Product Development Environment for the 1990s*, Addison-Wesley.

Chase, R. B. and N. J. Aquilano(1985), *Production and Operations Management*, 4th. ed., Irwin.

Medith, J. R. and S. M. Shafer(2002), *Operations Management for MBAs*, 2nd. ed., Wiley.

Reid, R. D. and N. R. Sanders(2013), *Operations Management*, 5th. ed., Wiley.

Schmener, R. W.(1984), *Production/Operations Management: Concepts and*

Situations, 2nd. ed., SRA.

Schroeder, R. G.(2000), *Operations Management: contemporary concepts and cases*, Int'l ed., McGraw-Hill.

04 Chapter MPCS의 기본구조와 수요관리

Production Operations Management

앞의 제2장과 제3장에서 설명된 전략적인 의사결정에 관련된 사항에 이어서, 제4장에서는 후속적인 전술적, 운영적 의사결정 사항의 기본구조로 생산계획 및 통제시스템(MPCS: manufacturing planning and control system)의 기본구조에 대하여 살펴보고, 그 구조에서 출발점을 이루고 있는 수요관리에서 대하여 구체적인 내용을 기술하기로 한다.

4-1 MPCS의 기본구조

MPCS는 [그림 2-1]의 하단에서 제조기업의 주요 인프라 가운데 하나인 계획 및 통제시스템으로 생산전략과 조화를 이루어 운영되어야 하는 의사결정사항들의 체계를 의미한다. 이는 제조기업이 경쟁력을 실현하기 위해서 갖추어야 할 필수요건으로 인식될 만큼 중요성을 지니는 것이다.

MPCS의 기본적인 구조는 [그림 4-1]과 같이 요약되는 것으로, 시장의 수요를 충족시키고 경영전략 및 생산전략을 실현하기 위해서 원재료, 부품 및 완제품 등을 포괄하는 물자의 흐름 및 전환과정을 효율적으로 관리하고, 이를 위해 소요되는 인적자원 및 기계설비 등의 자원을 효과적으로 활용하는 데 필요한 의사결정

사항들을 체계화한 구조이다. [그림 4-1]에 나타낸 것처럼 일반적 제조기업의 경영자가 의사결정을 하는 것을 지원해주기 위해 11개의 블록으로 구분된 활동들이 상호 연계되어 이루어지는 구조를 보여주고 있다.

여기서 좌상단의 수요관리는 시장수요 및 고객주문 등 수요 부분을 나타내고, 가운데부분은 수요에 대응하기 위한 물자계획과 관련된 활동들을 체계화한 것이고, 오른쪽부분은 이러한 물자의 공급을 위해 요구되는 설비능력 등의 자원공급계획과 관련된 활동들의 계층구조를 도시한 것이다. 또한 이 그림의 하단에 점선으로 구분한 것을 보면 점선 위는 계획(plan)을 의미하고, 점선 아랫부분은 그 계획의 실행(execution)을 의미한다. 그리고 점선 윗부분의 계획관련 활동들의

그림 4-1 MPCS의 기본구조

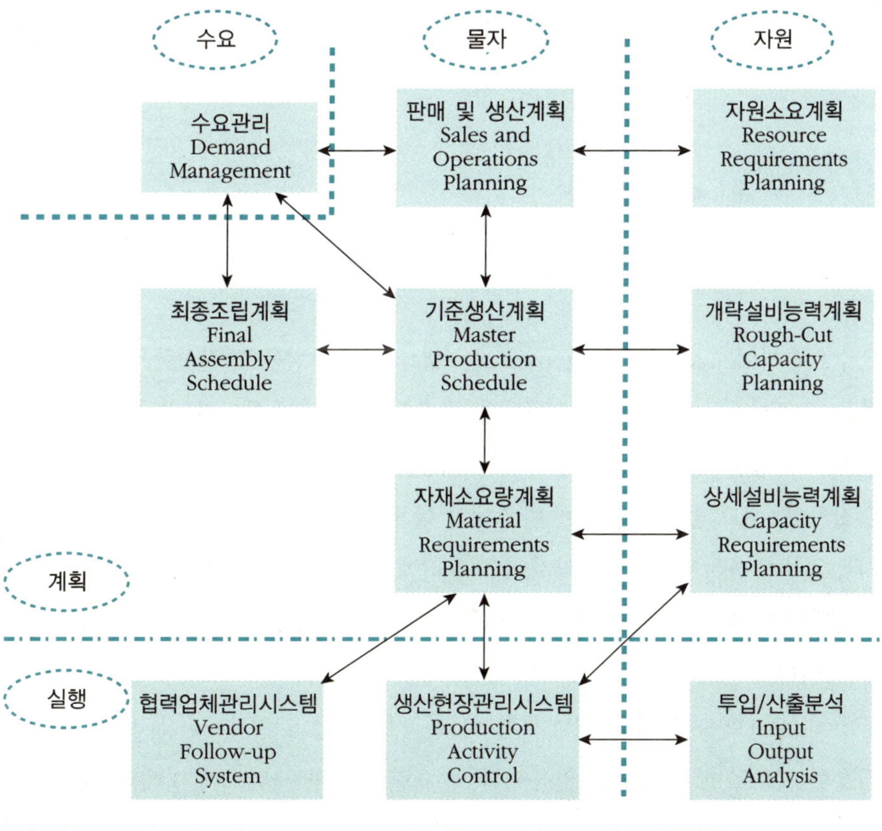

자료: Wemmerlov(1984), p.61, Chapman(2006), p.12 및 APICS(2005) 종합

계층구조를 보면, 뒤에서 설명하겠지만, 위로 올라갈수록 계획대상물이 제품군 또는 전체 제품 등으로 총괄적으로 묶여지고, 계획기간의 길이(planning horizon)가 장기적이고 계획시간단위(time bucket)가 커진다.

반대로 계층구조의 아래쪽으로 내려올수록 계획대상물의 측정기준이 제품군에서 개별제품, 나아가 그 제품의 구성요소인 부품 또는 원재료 등으로 점차 세분화된다. 아울러 계획기간의 길이도 단기로 줄어들고, 계획시간단위도 분기 또는 월단위에서 주단위 또는 일단위로 세분화되는 특성을 지니고 있다. 이러한 특성을 고려하여 [그림 4-1]의 틀을 세분화된 구도(dis-aggregation framework)라고도 한다.

아래 4-2절에서 MPCS의 시발점인 수요관리에 대하여 먼저 살펴보고, 이어지는 장들에서는 MPCS를 이루는 세분화된 항목들을 하나씩 차례로 상세하게 설명하기로 한다.

4-2 수요관리

수요관리(demand management)는 생산과 마케팅을 연결하는 고리 역할을 하는 프로세스로서, 고객이 요구하는 수요와 이를 충족시키기 위한 생산 · 공급능력의 균형을 위하여 필요한 정보를 제공하는 기능을 수행한다. 즉 고객정보를 수집하고, 재고 및 생산계획에 반영해야 할 물량 등의 정보를 수집하고 관리하는 기능을 수행하는 것이다. 따라서 수요관리에 포함되는 주된 내용은 수요예측, 공급납기약속, 주문처리, 고객서비스, 서비스자재관리, 물적 유통 및 고객접촉활동 등이다.

특히 수요예측에 의한 판매계획정보는 생산부문의 자재 및 설비능력계획을 좌우할 정도로 매우 중요한 활동이다. 수요란 제품과 서비스에 대해서 시장의 고객이 필요로 하는 물량으로, 이에 대한 예측정보는 장기적으로 공정설계 및 생산능력 결정에 활용되며, 단기적으로는 생산계획의 수립, 재고통제 및 고객서비스 개선에 필요한 기초자료로 활용된다. 그래서 이 장에서는 수요관리 항목 가운데 수요예측(demand forecast)을 중심으로 기술하기로 한다. 그리고 예측 및 고객 주문정보를 토대로 고객수요에 대응하기 위한 유통소요계획(DRP: demand requirements planning)의 개념에 대해서 간략히 설명하고 이에 대한 자세한 내용은 제6장 재고관리부분에서 기술하기로 한다.

1. 수요변동의 유형

수요예측은 과거 실적 데이터를 이용하여 미래의 기대치를 추정하는 기법이다. 따라서 수요를 예측하기 위해서는 과거 실적 데이터에서 나타나는 수요변동의 형태에 대한 이해가 필요한 것이다. 일반적으로 수요변동은 [그림 4-2]에서 보듯이 추세변동, 계절변동, 순환변동 및 임의변동 등으로 나누어진다.

그림 4-2 수요변동 유형

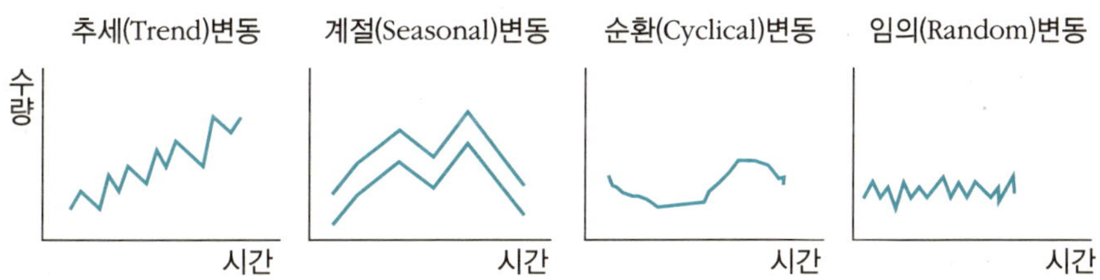

추세변동(trend pattern)은 과거 실적 데이터가 시간이 경과함에 따라 점차 증가하거나 점차 감소하는 경향을 보이는 경우를 말한다. 이 증가 또는 감소의 형태는 선형(linear)이거나 비선형(non-linear)으로 나타날 수 있다.

계절변동(seasonal pattern)은 일정한 시간간격으로 동일한 변동이 반복되는 형태를 말한다. 이는 수요실적이 계절성 요소(분기, 월, 주, 일, 시간 등)에 영향을 받는 경우에 나타나는 변동이다. 예를 들면 난방용 전기제품이 12월, 1월에 많이 판매되고, 그런 현상이 해마다 반복될 때 계절성이 있다고 볼 수 있다. 그런데 계절성은 봄, 여름, 가을, 겨울 등의 자연적 계절변동만을 의미하는 것은 아니다. 예를 들면 판매실적을 일별로 집계했을 때, 특정 요일(예: 주말)에 판매실적이 높게 또는 낮게 나타나는 형태가 반복되면 주간 간격으로 계절성을 보이는 것이다.

순환변동(cyclical pattern)은 불경기, 회복기, 호경기, 쇠퇴기 등과 같은 경기순환 사이클에 영향을 받는 변동형태를 말한다. 또는 도입기, 성장기, 성숙기, 쇠퇴기 등과 같은 제품수명주기를 따라 수요변동이 일어나는 경우도 순환변동형태를 취한다. 이러한 순환변동은 계절변동과 달리 변동시간 간격 또는 물량변동의 규모 등이 일정하지 않고 크게 달라지는 특성을 지니고 있다. 따라서 그 예측이 상대적으로 어려운 것으로 평가되고 있다.

끝으로 임의변동(random pattern)은 설명이 되지 않는 변동이며 말 그대로 임의로 움직이므로 예측할 수가 없는 부분이다. 이는 앞에서 설명한 추세, 계절성 및 순환변동 등의 요소들로 설명이 되지 않고 남는 부분이라고 볼 수 있다. 따라서 대부분의 예측기법에서는 설명이 되지 않는 임의적 변동을 최소화하기 위해 고심한다.

2. 수요변동의 요인

수요변동은 앞에서 기술한 다양한 형태의 변동들이 혼합되어 나타난다. 이러한 수요변동을 야기하는 요인은 [그림 4-3]에 요약된 것처럼 매우 다양하다. 수요변동에 영향을 미치는 변수에는 기업 내부적 요인도 있고, 외부적 요소들도 있다.

기업 내부적 요인은 일반적으로 경영활동과 관련된 의사결정을 통하여 이루어지는 것으로 일반적으로 경영자가 통제할 수 있는 것들이다. 즉 제품설계, 품질, 판매노력, 광고, 가격정책 등이 수요의 증감에 영향을 미친다. 한편 수요에 영향을 미치는 외부적 요인으로는 경기변동, 제품수명주기, 고객의 구매계획,

경쟁사의 가격정책, 세금, 환경규제 등을 들 수 있으며, 이들은 경영자의 통제 밖에 있는 것들이다.

수요예측은 앞에서 기술한 수요변동 형태(pattern)와 수요에 영향을 주는 다양한 변수들과의 관계성(relationship)을 파악하여 향후 수요를 추정하는 데 활용하는 것이다.

그림 4-3 | 수요변동 요인

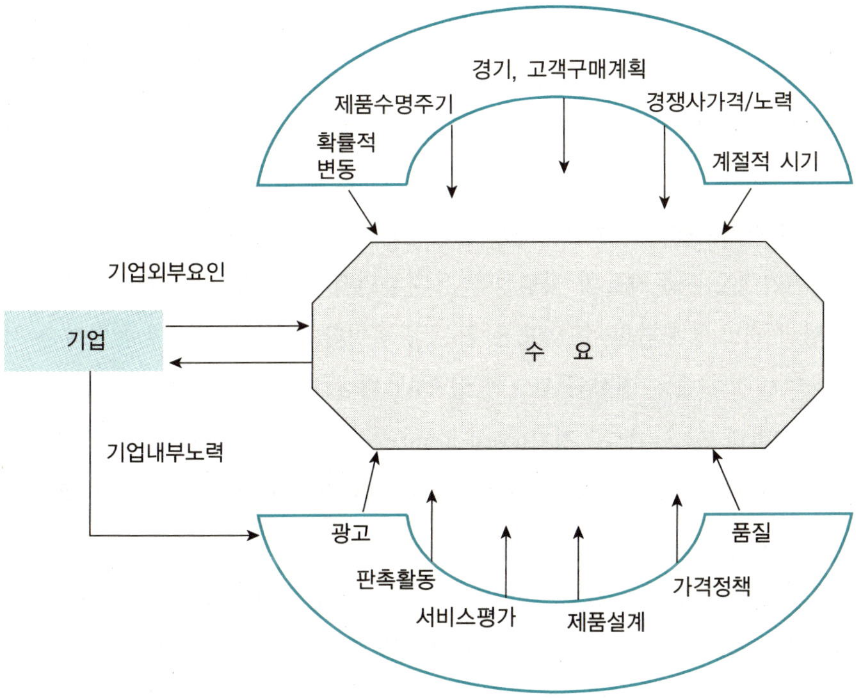

자료: Dilworth(1989), p.92.

3. 수요예측기법

수요예측을 지원하기 위해서 여러 가지 기법들이 개발되어 있으므로 예측정보의 활용목적에 맞게 선택하여 활용하여야 한다. 우선 수요예측기법을 크게 정성적 예측기법(qualitative forecast)과 계량적 예측기법(quantitative forecast)으로 나누어 이해할 필요가 있다.

1) 정성적 예측기법

정성적 기법은 질적 예측기법이라고도 하며, 예측자의 지식, 경험 및 직감 등을 활용하여 주관적인 판단이 이루어지는 것이므로 판단예측기법(judgemental forecast)이라고 부르기도 한다. 이 접근방법은 과거실적 데이터가 없는 신제품에 대한 수요예측, 미래 기술예측 또는 여러 정황요인들을 고려한 장기전략예측 등의 경우에 주로 활용하는 기법이다. 정성적 기법에는 델파이기법, 임원합의방법, 시장조사법 및 제품수명주기법 등이 포함된다.

(1) 델파이기법(Delphi method)

델파이기법은 전문가들의 익명성을 유지하면서 여러 명의 전문가집단으로부터 합일된 전망에 도달할 수 있도록 하는 방법이다. 이 접근방법에 참여하는 전문가들은 일정 장소에 집합할 필요가 없으며, 다른 참여 전문가가 누구인지 모르도록 운영한다. 조사기획조정자(coordinator)가 설문지를 송부하고, 집계하여 도출된 사항을 요약하여 전문가들에게 통보하면 전문가들이 조정하도록 프로세스를 이끌어간다.

이러한 델파이기법의 장점은 어느 특정 전문가가 의견을 집합해 나가는 과정에 영향력을 행사(big mouth effect)하여 독주하지 못하도록 한다는 점이다. 델파이기법은 합일된 의견을 도출할 때까지 다소 긴 시간을 요하는 단점이 있으나, 장기적 제품수요나 기술변화 또는 과학발전 등을 전망하는 데 유용하게 쓰이고 있다.

(2) 임원합의방법(executive opinion)

임원합의방법도 전략예측이나 신제품의 시장성 예측 등을 위해 고위 경영진의 경험이나 판단을 바탕으로 이루어지는 질적 예측방법이라는 점에서는 델파이

기법과 유사하다고 볼 수 있다. 하지만 이 방법에서는 참가자들이 모여서 회의과정을 거쳐 집단적 예측을 하는 방법을 택한다. 따라서 델파이방법과는 달리 참가자의 익명성이 보장되지 않으므로 영향력 있는 임원이 예측을 주도할 수 있다는 단점이 있다.

(3) 시장조사법(market research)

시장조사법은 고객을 대상으로 설문조사나 인터뷰 등을 통해 고객의 선호도를 파악하는 방법이다. 이 방법은 적절한 설문이 구성되고, 표본이 고객특성을 대표할 수 있도록 선정되고, 설문조사나 인터뷰가 제대로 관리되어 분석된다면 신제품 설계나 판매촉진 등에 유용한 정보를 제공할 수 있다. 하지만 일반적으로 설문지의 작성, 조사과정의 관리 및 자료분석 등의 업무에 전문적인 지식과 경험을 요하므로 외부의 시장조사 전문업체에 의뢰하는 경우가 많아 상당한 비용이 소요된다는 점이 단점으로 지적된다.

(4) 제품수명주기법(product life cycle analogy)

제품수명주기법은 신제품에 대한 수요예측을 할 때 S자 곡선형태의 수명주기에서 도입기, 성장기, 성숙기, 쇠퇴기 등의 단계별 상황을 추정하는 방법이다. 이 방법에서 중요한 것은 각 단계의 기간이 얼마나 길게 지속될 것인지, 또한 단계별 곡선변화 기울기가 얼마나 가파를지 등을 추정하는 것이다. 이에 대한 추정을 할 때, 기존 제품군 중에 유사한 제품이 존재하면 그 정보를 준용하면 도움이 될 수 있다.

2) 계량적 예측기법

계량적 기법은 통계학적 모형을 활용하는 것이므로 양적 예측기법이라고도 한다. 계량적 기법은 같은 데이터를 갖고 동일한 모형으로 예측을 하면 동일한 결과를 얻을 수 있어 편의(bias)가 없는 일관성 있는 예측을 할 수 있는 특성을 지니고 있다. 계량적 예측기법의 대표적인 예는 인과관계모형과 시계열분석 등을 들 수 있다.

(1) 인과관계모형(causal models)

인과관계모형은 수요와 이에 영향을 미치는 다른 변수들 간에 원인과 결과에 대한 통계학적 모형을 개발하여 수요를 예측하는 방법이다. 예를 들면 빙과류 수요의 변동에 영향을 미치는 평균기온, 인구, 소득수준 등을 원인변수로 사용하여 종속변수인 빙과류 수요를 예측하는 것이다. 이러한 인과모형은 수요데이터 이외의 변수를 원인변수로 활용하므로 외생적 변수를 활용한 예측(extrinsic forecast)이라고도 한다.

인과모형은 총괄생산계획 수립을 위한 중기예측에 주로 사용되며, 경우에 따라 설비자원계획 등을 위한 장기적 예측에도 사용된다. 인과모형의 대표적인 방법으로 단순회귀분석과 다중회귀분석을 들 수 있다. 이들 모형의 상세한 내용은 경영통계 교재에서 다루어지므로 본 교재에서는 기본개념만 소개한다.

① 단순회귀분석(simple linear regression)

단순회귀분석모형은 수요를 설명하는 독립변수가 하나인 경우이다. 이 모델은 [그림 4-4]와 같이 종속변수인 수요의 평균적 변동이 독립변수의 변동과 직선관계를 보이는 경우에 활용될 수 있다. 여기서 $\hat{Y}$는 종속변수의 추정치를 말하고, β_0는 직선의 절편, β_1는 직선의 기울기를 나타내고, X는 독립변수(원인변수)를 나타낸다.

그림 4-4 단순회귀모형

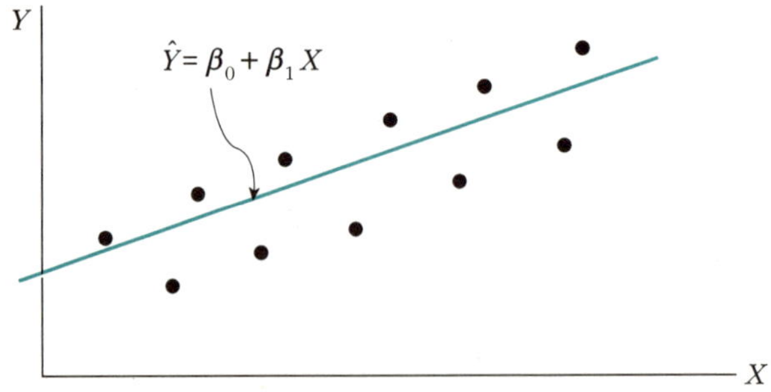

② 다중회귀분석(multiple regression)

다중회귀분석모형은 단순회귀모형의 확장이라고 할 수 있다. 다만 독립변수가 하나가 아니고 아래 식과 같이 둘 이상인 점이 다르다.

$$\hat{Y} = \beta_0 + \beta_1 X_1 + \beta_2 X_2 + \beta_3 X_3 + \cdots + \beta_k X_k$$

여기서 β_0 = 상수
$\beta_1 \cdots \beta_k$ = 회귀계수
$X_1 \cdots X_k$ = 독립변수

(2) 시계열분석(time series analysis)

시계열분석은 과거 수요패턴이 향후에도 비슷하게 지속된다는 전제하에서 과거 실적 데이터의 패턴을 도출하여 미래 수요를 예측하는 데 활용하는 방법들을 말한다. 이는 인과모형의 개념으로 설명하자면 종속변수인 수요를 설명하는 원인으로 시간변수 이외 다른 독립변수를 사용하지 않는 것과 같다. 시계열분석은 투입정보로 과거 수요 데이터 그 자체만 사용하므로, 외재적 원인변수를 사용하는 인과모형과 달리, 내재적 변수를 활용한 예측(intrinsic forecast)이라고 할 수 있다.

과거 수요실적 데이터는 회사 내에서 쉽게 확보할 수 있고, 시계열분석법은 앞에서 설명한 다른 기법들에 비하여 상대적으로 단순한 측면이 있어 생산스케줄 또는 재고계획 등을 수립하기 위한 단기예측에 많이 사용되는 것을 볼 수 있다. 시계열분석에도 아주 단순한 기법에서 고급기법에 이르기까지 다양한 방법들이 사용된다.

① 단순예측법(naive forecast)

시계열분석법 가운데 가장 쉬운 방법이 단순예측법인데, 여기서는 다음 기의 예측수요로 이번 기의 실적치를 사용하는 방법을 적용한다. 이를 수식으로 표현하면 다음과 같다.

$$F_{t+1} = A_t$$

여기서 t = 현재시점

A_t = 현재기간의 실적치

F_{t+1} = 다음 기간의 예측치

예를 들면 [표 4-1]에서 보듯이 이번 주의 판매실적치가 50박스로 집계되었다면, 다음 주의 예측치는 이번 주 실적치 50박스와 같게 된다. 시간이 경과하여 다음 주의 실적이 45박스로 집계된다면, 그 다음 주의 예측치는 45박스가 된다.

| 표 4-1 | 단순예측법의 예시 (단위: 박스)

기간	실적	예측	예측오류
t (금주)	50 ◆	–	
$t+1$ (다음 주)	45 ◆	→ 50	−5
$t+2$ (그 다음 주)		→ 45	

이 기법은 기간별 수요의 변동이 거의 없다고 가정한 것인데, 아래에서 살펴볼 다른 기법들에 비하여 데이터의 필요량이 최소(이번 기의 실적자료)이고 단기예측을 아주 단순하고 쉽게 할 수 있다는 장점을 지니고 있다. 그러나 기간별 수요의 변동이 심한 경우에는 예측오류가 크게 나타나는 단점을 지닌다.

② 이동평균법(moving average)

이동평균법은 앞에서 설명한 단순예측법과는 달리 과거 일정기간에 걸친 실적치의 평균을 계산하여 다음 기의 예측치로 사용하는 방법이다. 이동평균법이라고 하는 배경은 시간의 흐름에 따라 실적치가 갱신됨에 따라 평균계산을 위한 대상기간이 움직이는 특성을 지니므로 그렇게 부르는 것이다. 그리고 평균을 계산하는 방법에 따라 단순이동평균법과 가중이동평균법으로 구분되기도 한다.

단순이동평균법(simple moving average)은 아래 식과 같이 과거 일정기간 동안의 실적치의 산술평균을 예측치로 사용하는 것이다. 이 기법은 수요패턴이 큰 변화가 없이 안정적인 경우에 많이 사용된다.

$$F_{t+1} = \sum A_{t-i} / n = (A_t + A_{t-1} + \cdots + A_{t-(n-1)}) / n$$

여기서 t = 현재시점
n = 이동평균기간의 길이
$i = 0, 1, \cdots, n-1$
A_t = t기의 실적치
F_{t+1} = $t+1$기의 예측치

반면 가중이동평균법(weighted moving average)은 기간에 따라 과거 실적치에 따른 가중치를 적용하는 방법을 말한다. 이를 수식으로 표현하면 아래와 같고, 최근의 수요특성이 더 중요시될 경우에는 현재시점에서 가까운 과거일수록 가중치가 높은 것이 일반적이다.

$$F_{t+1} = \sum W_t A_t = W_t A_t + W_{t-1} A_{t-1} + \cdots + W_{t-(n-1)} A_{t-(n-1)}$$

여기서 t = 현재시점
n = 이동평균기간의 길이
W_t = t기의 가중치($\sum W_t = 1$)
A_t = t기의 실적치
F_{t+1} = $t+1$기의 예측치

과거 3주 동안의 실적치를 기준으로 3주 단순이동평균법과 가중이동평균법을 예시하면 [표 4-2]와 같다.

▌표 4-2 ▌3주 이동평균법 예시

기간	실적치	예측치 (단순이동평균)	예측치 (가중이동평균)	비고
$t-2$	20			가중치 $w_t = 0.6$ $w_{t-1} = 0.2$ $w_{t-2} = 0.2$
$t-1$	30			
t	28			
$t+1$	35	26*	26.8	
$t+2$	40	31**	32.6	
$t+3$		34.3***	36.6	

주) *26 = (28 + 30 + 20) / 3, **31 = (35 + 28 + 30) / 3, ***34.3 = (40 + 35 + 28) / 3

그런데 단순이동평균법에서 이동평균기간 n이 작으면 n이 큰 경우보다 최근 수요변동의 내용을 다음 기 예측에 많이 반영하는 특성을 지닌다. 왜냐하면 단순이동평균법의 예측치는 실적치 합을 평균기간 n으로 나눈 값으로, $1/n$이 가중치인 셈인데, 이동평균기간이 짧아지면 n이 작아지고, n이 작아지면 $1/n$은 커지기 때문이다. 이런 관점에서 보면 단순이동평균법은 과거 n기간에 대한 가중치를 동일하게 부여하는 특수한 경우라고도 할 수 있다.

③ 단순지수평활법(simple exponential smoothing)

단순지수평활법은 실적치와 예측치의 차이인 예측오류가 생기면 다음 번의 예측에 예측오류의 일정부분을 가감하여 평활시키는 방법을 택한다. 예를 들면 금기에 대한 예측치가 30박스였는데 금기의 실적치가 36박스라면 과소예측(예측오류 = 36 − 30 = 6)한 셈이다. 이 경우 다음 기를 예측하기 위해 이러한 예측오류의 일부분을 가산하여 조정하는 개념이다. 따라서 다음 기 예측치는 이번 기의 실적치 36과 예측치 30 사이의 값으로 나타나게 된다. 과다예측(즉 예측오류 < 0)의 경우에는 이번 기 예측치에서 예측오류의 일정부분을 감산하여 조정하게 된다. 이를 수식으로 표현하면 다음과 같다.

$$F_{t+1} = F_t + \alpha(A_t - F_t)$$

여기서 α = 평활상수($0 \le \alpha \le 1$)
F_{t+1} = 다음 기의 예측치
F_t = 금기의 예측치
A_t = 금기의 실적치

이러한 단순지수평활법은 필요한 데이터가 3가지뿐이고 그 연산과정도 단순하여 단기수요예측에 자주 사용되는 기법이다. 그런데 평활상수 α의 값이 1이면 $F_{t+1} = A_t$가 되고, α가 0이 되면 $F_{t+1} = F_t$가 된다. 따라서 α의 값이 큰 값일수록 최근 수요변동의 특성을 다음 예측에 많이 반영하는 셈이 되는 것이다. 이는 앞에서 설명한 단순이동평균법에서 n이 작은 경우와 같은 의미를 지닌다고 할 수 있다.

단순지수평활법에 의한 예측절차를 도시하면 [그림 4-5]와 같고, [표 4-3]은 초기 예측치가 1000으로 주어졌다고 가정하고 α가 0.1인 경우와 0.5인 경우를 예시한 것이다.

그림 4-5 단순지수평활법의 예측절차

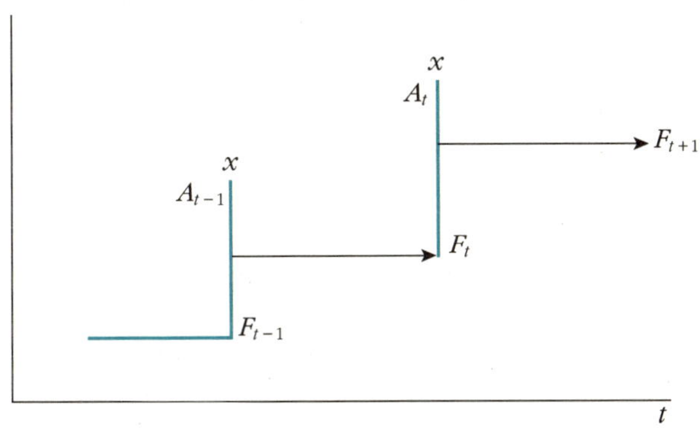

| 표 4-3 | 지수평활법의 예시

기간(t)	실적(A_t)	$\alpha=0.1$		$\alpha=0.5$	
		예측치(F_t)	예측오류 ($E_t=A_t-F_t$)	예측치(F_t)	예측오류 ($E_t=A_t-F_t$)
1	900	1,000	−100	1,000	−100
2	1,100	990	110	950	150
3		1,001		1,025	

여기서 앞에서 본 단순지수평활법의 산식을 다시 살펴보기로 하자.

$F_{t+1}=F_t+\alpha(A_t-F_t)$이므로, 이를 풀어서 다시 적으면 $F_{t+1}=\alpha A_t+(1-\alpha)F_t$가 된다. 같은 방법으로 F_t의 산식은 다음과 같이 풀어서 적을 수 있다.

즉 $F_t=\alpha A_{t-1}+(1-\alpha)F_{t-1}$.

이를 원래 산식의 F_t 자리에 대입하면

$$F_{t+1}=\alpha A_t+(1-\alpha)(\alpha A_{t-1}+(1-\alpha)F_{t-1})$$
$$=\alpha A_t+\alpha(1-\alpha)A_{t-1}+(1-\alpha)^2F_{t-1}$$

같은 방법으로 $F_{t-1}=\alpha A_{t-2}+(1-\alpha)F_{t-2}$를 F_{t-1}에 대입하면,

$F_{t+1} = \alpha A_t + \alpha(1-\alpha)A_{t-1} + \alpha(1-\alpha)^2 A_{t-2} + (1-\alpha)^3 F_{t-2}$로 적을 수 있게 된다.

이와 같은 방법으로 계속 대입해 나가면 다음 기에 대한 예측치 F_{t+1}은 과거 실적들의 가중평균과 같은 의미를 지니게 됨을 알 수 있다. 이때 적용되는 가중치는 앞에서 풀어서 쓴 식에서 보듯이 $\alpha, \alpha(1-\alpha), \alpha(1-\alpha)^2, \alpha(1-\alpha)^3, \cdots$로 나타나며, 먼 과거의 실적일수록 적은 가중치를 갖게 됨을 알 수 있다. 즉 $\alpha > \alpha(1-\alpha) > \alpha(1-\alpha)^2 > \alpha(1-\alpha)^3$이 되어 과거로 갈수록 가중치가 지수함수 모양으로 감소하게 된다. 왜냐하면 α가 0과 1 사이의 값을 가지기 때문이다. 이런 배경에서 지수평활법이라고 불리어지고 있는 것이다.

④ 추세를 고려한 지수평활법(trend-enhanced ES)

추세를 고려한 지수평활법에서는 수요예측치를 기본값 예측치에 추세예측치를 더한 값으로 구하는데, 이를 위하여 다음 3가지 식을 사용한다.

$$BV_t = \alpha A_t + (1-\alpha)(BV_{t-1} + T_{t-1})$$

$$T_t = \beta(BV_t - BV_{t-1}) + (1-\beta)T_{t-1}$$

$$F_{t+k} = BV_t + kT_t$$

여기서 BV_t = t기의 기본값 예측치
T_t = t기의 추세 예측치
F_{t+k} = 추세를 고려한 k기 후의 예측치
α, β = 기본값 및 추세에 대한 평활상수(0와 1 사이의 값)

이 중에서 첫 번째 식은 평균수준을 나타내는 기본값을 단순지수평활법의 개념으로 추정하는 것을 나타내는데, 이 식에서 $(BV_{t-1} + T_{t-1})$은 F_t를 의미하므로 $BV_t = \alpha A_t + (1-\alpha)F_t$로 적을 수 있다. 이는 앞의 단순지수평활법의 수식과 같은 형태임을 알 수 있다. 두 번째 식은 추세를 지수평활법의 개념으로 추정함을 나타낸 것이다. 이 식의 앞부분에 있는 $(BV_t - BV_{t-1})$은 실현된 추세의 크기를 의미하며, 뒷부분에 있는 T_{t-1}은 $t-1$기 시점에서 추정한 추세치를 의미한다. 따라서 두 번째 식 전체는 실현된 추세치와 예측된 추세치를 평활상수 β를 이용하여 추정한 값임을 보여준다. 이렇게 기본값과 추세에 대한 예측치가 산정되면, 마지

막 식을 이용하여 k기 후의 수요를 추세를 감안하여 예측하게 된다. 기본값 추정치(BV_t)에 kT_t를 더한 것은 매기마다 T_t만큼의 추세가 선형적으로 변한다고 보고 조정함을 나타낸다.

이렇게 추세를 고려한 지수평활법으로 예측치를 도출하는 과정을 도시하면 [그림 4-6]과 같다.

그림 4-6 추세를 고려한 지수평활법의 도시

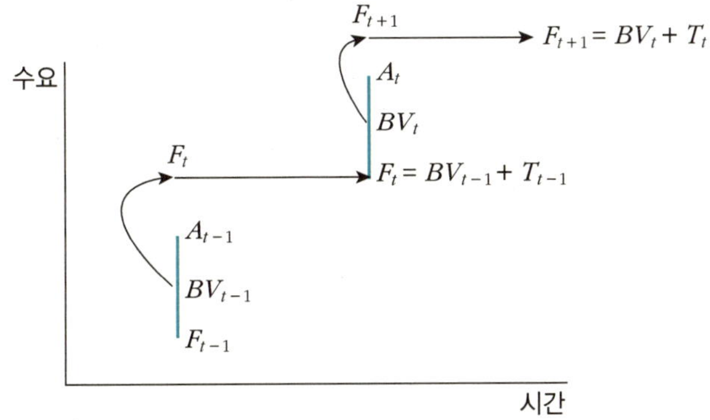

이러한 계산과정을 예시를 통해서 이해하도록 해보자. 먼저 지수평활법의 조정에 사용될 평활상수를 $\alpha = 0.2$, $\beta = 0.1$이라고 하고, 전기에 추정한 기본값(BV_{t-1}) = 100, 추세(T_{t-1}) = 4, 금기에 실현된 실적(A_t) = 108로 주어졌다고 가정하자. 그러면 금기 예측치는 $F_t = BT_{t-1} + T_{t-1} = 100 + 4 = 104$가 된다. 따라서 향후 예측에 사용될 기본값과 추세치의 조정은 다음과 같다.

$BV_t = 0.2\,(108) + (1-0.2)(104) = 104.8$

$T_t = 0.1\,(104.8 - 100) + (1-0.1)\,4 = 4.08$

그러므로 다음 기에 대한 예측은 $F_{t+1} = 104.8 + 4.08 = 108.88$이 된다.

만약 앞으로 2기 후의 예측치를 구하려면 금기에 조정된 기본값과 추세를 사용하여 구해야 하므로 다음의 값이 얻어진다.

$F_{t+2} = 104.8 + 2\,(4.08) = 112.96$

⑤ 계절성을 고려한 지수평활법(seasonality-enhanced ES)

계절성(seasonality)은 일정한 간격을 주기로 비슷한 패턴이 반복되는 현상을 말한다. 이러한 계절성의 정도는 계절성지수(seasonality index)로 나타내는데, 이는 평균수준에 비하여 어느 정도 실제수요가 높게 또는 낮게 나타나는지를 비율로 나타낸 것이다. 계절성지수가 1.2이면 평균보다 20% 더 높게 나타나는 경우이고, 계절성지수가 0.6이라면 평균보다 40% 낮게 나타난다는 의미이다. 계절성지수는 데이터의 집계단위에 영향을 받는데, 분기별 자료이면 4계절이 되고, 월별 자료이면 12계절, 주별 자료이면 7계절로 나타날 것이다.

여기서는 단순하게 4계절을 가정하고 계절성지수를 감안하여 수요를 예측하는 간단한 절차를 예시해보기로 하자.

먼저, 확보된 자료를 이용하여 연도별로 계절평균을 산정한다.

둘째, 연도별 계절성지수를 각 계절별로 계산한다.

셋째, 연도별 계절성지수를 평균하여 각 계절별 지수를 산정한다.

넷째, 다음 연도의 계절별 평균수요를 산정한다.

끝으로, 다음 연도 계절 평균치에 계절성을 곱하여 예측치를 산정한다.

그리고 다음과 같은 실적자료가 주어졌다고 가정하자.

❙ 표 4-3 ❙ 분기별 실적자료 예시

분기별	2013년	2014년
1분기	230	220
2분기	190	190
3분기	240	260
4분기	140	170
합계	800	840

여기서 2013년의 분기별 평균은 800/4 = 200, 2014년 평균은 840/4 = 210을 얻을 수 있다. 이러한 분기별 평균을 이용하여 계절성지수를 산정하면 다음의 [표 4-4]와 같이 정리할 수 있다.

| 표 4-4 | 계절성지수 산정의 예시

분기별	2013년		2014년		평균 지수	2015년 예측치
	실적	계절성지수	실적	계절성지수		
1분기	230	230/200 = 1.15	220	220/210 = 1.05	1.10	220×1.10 = 242
2분기	190	190/200 = 0.95	190	190/210 = 0.90	0.93	220×0.93 = 204.6
3분기	240	240/200 = 1.20	260	260/210 = 1.24	1.22	220×1.22 = 268.4
4분기	140	140/200 = 0.70	170	170/210 = 0.81	0.75	220×0.75 = 165
합계	800	4.0	840	4.0	4.0	880

만약 2015년도 총수요가 880으로 예측되었다면, 분기별 평균예측수요는 220이므로 2015년도 분기별 예측치는 [표 4-4]의 오른쪽 칸에 표시된 값이 될 것이다. 여기서 자료는 분기별로 정리된 것이므로 [표 4-4]에서 계절성지수의 합계는 4.0이 됨을 알 수 있다. 만약 주간 데이터를 이용하여 요일별 계절성지수를 사용한다면 계절성지수의 합계는 7이 될 것이다.

앞의 예시에서는 차년도 수요예측치가 주어진 것으로 가정하여 설명하였으나, 그렇지 않고 차년도 분기별 평균치(즉 기본값)도 지수평활법을 이용하여 추정하고, 계절성지수 또한 지수평활법을 이용하여 조정할 필요가 있을 경우에는 아래와 같이 산식이 조금 복잡하게 나타난다.

$$BV_t = \alpha\,(A_t / OSI_s) + (1-\alpha)\,BV_{t-1}$$
$$NSI_s = \gamma\,(A_t / BV_t) + (1-\gamma)\,OSI_s$$
$$F_{t,s} = BV_t \times NSI_s$$

여기서 BV_t는 t기에 대한 기본값(평균수준)의 추정치를 말하는데, 그 산식은 기본적인 지수평활법의 구조를 따르고 있다. 다만 A_t / OSI_s로 표시한 것은 t기의 실적치에서 계절성을 제거한 값(deseasonalized data)을 사용한다는 점이 다를 뿐이다. OSI_s는 계절 s에 대한 기존의 계절성지수(old seasonality index)를 의미한다. 이처럼 실적자료에서 계절성을 제거하는 것은 계절성을 제외하고 순수한 기본값을 추정하고, 계절성지수도 고정된 것이 아니므로 조정하여 새로운 계절성지수(NSI: new seasonality index)가 도출되면, 조정된 기본값에 NSI를 곱하여 계절성을 고려한 예측치를 새로이 산출하기 위한 것이다.

또한 s계절에 대한 새로운 계절성지수 NSI_s 산식에서는 γ라는 평활상수를 사용하는데 이는 기본적인 지수평활법에서 사용된 α와 같은 특성을 지닌다. 그리고 A_t/BV_t는 실현된 계절성지수를 의미하고 이 실적계절지수와 예측계절지수인 OSI_s가 평활상수 γ를 이용하여 조정되는 과정을 표시한 것이다.

이렇게 계절성이 제거된 실적치를 이용하여 새로운 기본값을 산정하고, 여기에 새로운 계절성지수를 감안하여 다음 계절에 대한 예측치를 산정하는 과정을 도시하면 [그림 4-7]과 같다.

그림 4-7 계절성을 고려한 지수평활법의 도시

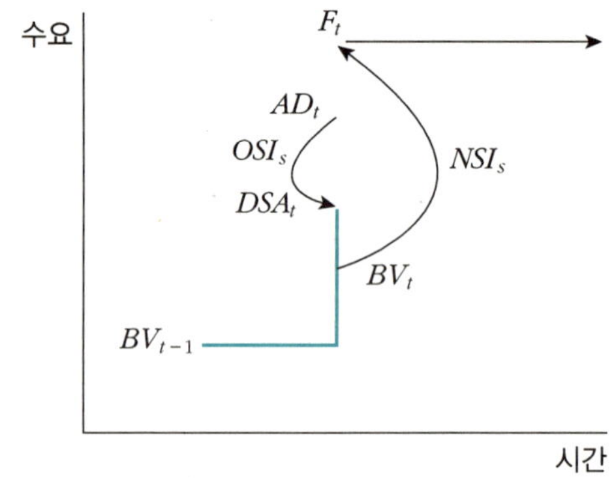

⑥ 추세와 계절성을 함께 고려한 모델(Holt-Winters model)

마지막으로 추세와 계절성이 혼합된 경우를 생각해보자. 이 경우에는 아래 식과 같이 기본값(BV_t), 추세(T_t) 및 계절성지수(NSI_s) 모두를 지수평활법으로 조정하여 예측치를 추정하는 데 활용한다. 이 방법을 Holt와 Winters가 개발하였으므로 Holt-Winters 모델이라고 한다.

$$BV_t = \alpha(A_t / OSI_s) + (1-\alpha)(BV_{t-1} + T_{t-1})$$

$$T_t = \beta(BV_t - BV_{t-1}) + (1-\beta)\,T_{t-1}$$

$$NSI_s = \gamma(A_t/BV_t) + (1-\gamma)\,OSI_s$$

$$F_{t+k} = (BV_t + k \times T_t) \times NSI_s$$

이 수식들은 앞에서 설명한 추세를 고려한 지수평활법과 계절성을 고려한 지수평활법의 개념이 혼합되어 표시된 것임을 알 수 있다. 이와 같은 계산과정은 컴퓨터 패키지를 활용하는 것이 바람직할 것이다.

[그림 4-8]은 어느 회사의 사례 데이터에 추세 및 계절성을 동시에 고려하여 예측치를 도출한 결과를 도시한 것이다.

그림 4-8 Holt-Winters 모형 적용 사례

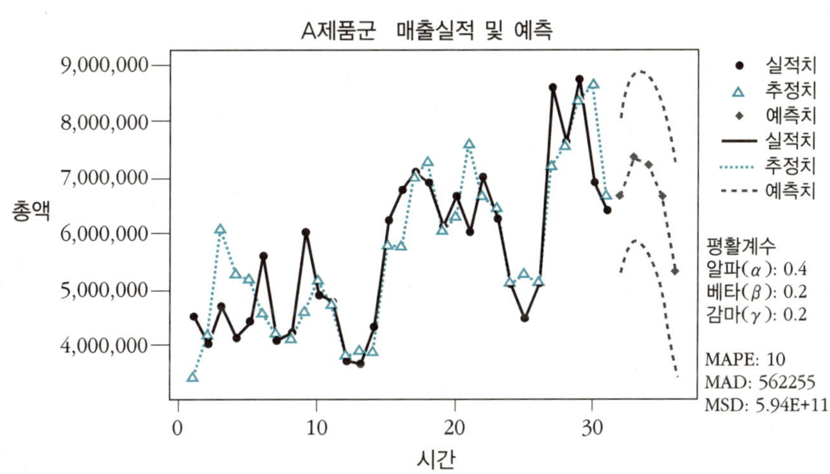

4. 수요예측과 관련하여 유의할 사항

앞에서 다양한 수요예측기법들을 설명하였는데, 예측치를 사용하는 목적에 부합되는 기법을 선택하여 적용하는 것이 중요하다. 일반적으로 중·장기적 의사결정을 위해서는 정성적 모형이나 계량모형 가운데 인과모형 등이 적합하며, 단기적 의사결정을 위해서는 시계열분석기법들이 적합한 것으로 보고되고 있다.

아래 [표 4-5]는 예측기법과 사용용도를 요약한 것이다.

| 표 4-5 | 수요예측기법과 용도

의사결정	기간	정확도	관리계층	예측기법
공정설계	장기	중간	상급관리자	정성적 기법 또는 인과모형
설비능력계획	장기	중간	상급관리자	정성적 기법 또는 인과모형
총괄생산계획	중기	높음	중간관리자	인과모형 또는 시계열분석
스케줄링	단기	아주 높음	하위관리자	시계열분석
재고관리	단기	아주 높음	하위관리자	시계열분석

자료: Schroeder(2000), p.200.

둘째, 예측(forecasting)과 계획(planning)을 동일시해서는 안 된다. 예측은 일련의 조건이나 가정하에서 미래상황을 추정한 것이며, 계획은 예측결과를 활용하여 기업에 유익한 의사결정을 하는 과정이라고 할 수 있다. 따라서 예측이 의사결정에서 요구되는 관리적 판단을 대체할 수 없으며 도움을 주는 것임에 유의할 필요가 있다.

셋째, 하나의 방법으로 단독적인 예측을 하는 것보다는 여러 방법으로 여러 사람이 협력하여 예측(collaborative forecasting)하는 것이 예측오류를 줄일 수 있는 좋은 방안이다.

넷째, 개별 품목에 대한 예측보다 제품군 또는 집단에 대한 예측이 정확도가 높다. 유사한 제품군 또는 전체 제품그룹을 대상으로 예측하면 개별 품목별로 예측할 때 생기는 예측오류들이 서로 상쇄될 수 있기 때문이다.

다섯째, 먼 장래를 내다보는 것보다 가까운 미래에 대한 단기예측이 정확도가 높다. 일반적으로 먼 장래의 제품수요는 여러 요인들에 의해 영향을 받을 가능성이 높으므로 신뢰도가 낮은 반면, 가까운 기간 내에서는 예기치 못한 상황요인들이 상대적으로 적게 포함된다.

여섯째, 예측수요가 계산된 수요를 대신할 수는 없다. 부품구성표를 따라 품목별로 예측(forecast)하는 것보다는 계산(calculate)된 소요량을 얻을 수 있다면 예측하는 것보다 계산된 값을 사용하는 것이 바람직하다.

끝으로 예측치의 추정도 중요하지만 예측오류의 추정 및 변동에 대하여 관심을 기울여야 한다. 모든 예측에는 오류가 따르는데, 그 오류를 줄이기 위해 노력하여야 한다. 예측오류의 변동을 추적하면서 예측프로세스를 관리범위 내에서 운영할 수 있도록 하여야 할 것이다. 예측오류의 변동을 추적하는 대표적인 기법이 추적지표(tracking signal)를 관리하는 방법이다. 추적지표는 아래와 같이 계산되며, 이는 일반적으로 ±4의 범위 내에서 움직이는 것이 바람직하다. 만약 추적지표가 이 관리범위를 벗어나면, 예측모델을 조사해보고 필요하다면 조정하는 것이 바람직하다.

추적지표(TS: tracking signal) = RSFE/MAD

여기서 RSFE는 예측오류의 합계(run sum forecast error)를 의미하고 MAD는 절대평균편자(mean absolute deviation)를 말하며, $MAD = 1/n\sum|A_t - F_t|$로 계산된다. 이 식에서 $(A_t - F_t)$는 예측오류를 의미한다.

5. 유통소요량계획(DRP)

이상에서 설명한 예측기법을 활용하여 얻어지는 수요예측자료는 고객과 가장 근접한 소매점에서부터 시작하여 중간물류센터, 지역물류센터, 중앙물류본부 및 공장창고 등에 이르는 단계별로 보유하고 있는 재고에 관한 정보와 함께 고려되어 생산 및 설비능력계획에 반영되어야 한다. 이러한 유통단계별로 고객수요에 대응하기 위해 보충이 요구되는 제품소요량을 역방향으로 거슬러 올라가며 취합하여, [그림 4-9]에 도시한 바와 같이 생산계획 및 수송계획에 반영되도록 정보를 제공하는 시스템을 유통소요량계획(DRP: distribution requirements planning)시스템이라고 한다.

그림 4-9 유통소요계획의 개념

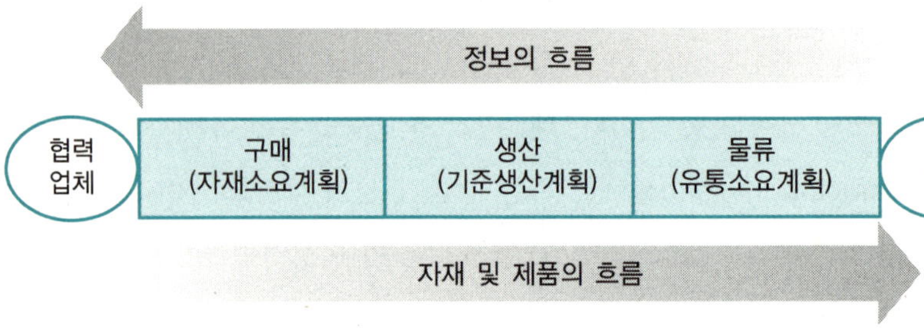

자료: Martin(1990), p.116.

DRP의 구체적인 정보취합과정 및 기본논리에 대해서는 제5장 생산계획부분에서 판매 및 생산계획, 기준생산계획 등을 설명하고, 이어서 제6장의 재고관리부분에서 자재소요계획(MRP)을 설명한 다음 자세히 설명하기로 한다.

| 토론과제 |

1. 이동평균법의 평균기간 n의 크기를 설정하는 기준에 대하여 토론해보시오.
2. 단순지수평활법의 평활계수 α의 크기를 설정하는 기준에 대하여 토론해보시오.
3. 정성적인 예측기법과 계량적 예측기법에 대하여 설명하시오.
4. 외생적 예측기법과 내생적 예측기법에 대하여 설명하시오.
5. 수요예측과 관련하여 유의해야 할 사항들에 대하여 토론해보시오.
6. 추적지표의 개념과 활용도에 대하여 설명하시오.
7. 수요예측과 생산계획 및 통제활동과의 관계에 대하여 토론해보시오.

참고문헌

APICS(2005), APICS Dictionary.

Chapman, S. N.(2006), *The Fundamentals of Production Planning and Control*, Pearson Prentice-Hall.

Dilworth, J. B.(1989), *Production/Operations Management*, 4th. ed., McGraw-Hill.

Evans, J. R., D. R. Anderson, D. J. Sweeny and T. A. Williams(1984), *Applied Production and Operations Management*, West.

Makridakis, S. and S. C. Wheelright(1989), *Forecasting Methods for Management*, 5th. ed., Wiley.

Martin, A. J.(1990), *DRP: Distribution Resource Planning*, 2nd. ed., Oliver Wight.

Ploss, G. W.(1972), "Getting the most from forecasts," *CPIM Reprints* (1991), APICS

Reid, R. D. and N. R. Sanders(2013), *Operations Management; An Integrated Approach*, 5th. ed., Wiley.

Stevenson, W. J.(1990), *Production/Operations Management*, Irwin.

Wacker, J. G. and C. Sheu(2006), "Effectiveness of manufacturing planning and control systems on manufacturing competitiveness: evidence from global manufacturing data," *Int'l J. of Production Research*, Vol.44, No.5, pp.1015-1036.

Wemmerlov, U.(1984), Capacity *Management Techniques for Manufacturing Companies with MRP Systems*, APICS.

05 Chapter 생산계획

Production Operations Management

앞의 제4장에서 논의된 수요관리과정을 통해 얻은 정보는 기업에 유익한 의사결정을 하는 데 기초자료로 활용된다. 기업의 의사결정은 제2장에서 기술하였듯이 3개의 계층적 구조로 나눌 수 있는데, 그 중 최상위의 전략적 의사결정에 대해서는 제2장에서 다루었다. 제5장에서는 중간단계에 있는 전술적 의사결정사항 가운데 기업이 고객을 위한 가치를 창출하는 데 핵심적 역할을 하는 생산계획 부분에 대하여 살펴보기로 한다.

생산계획은 제4장 [그림 4-1]에서 소개된 MPCS 기본구조의 가운데 물자계획의 중상위부분에 해당하는 활동들이다. 여기에는 판매 및 생산계획, 기준생산계획 그리고 최종조립계획 등의 활동이 포함된다.

MPCS 기본구조 가운데 물자계획의 중 · 하단부분은 재고관리를 다루는 제6장과 현장관리를 다루는 제8장에서 그 내용이 기술될 것이다. 아울러 MPCS 구조의 우측부분은 제7장의 설비능력관리에서 설명될 것이다.

5-1 판매 및 생산계획 (SOP: sales and operations planning)

대부분의 기업은 장기 전략방향 아래에서 경영계획(business plan)을 수립하여 운영한다. 경영계획에서는 무엇을 얼마나 생산하고 판매하여 얼마의 예상이익을 창출할 것인지를 추정하고, 이를 수행하기 위해 필요한 설비능력과 인력규모 및 요구기술 등에 관한 내용들이 담기게 된다.

따라서 판매 및 생산계획(SOP: sales and operations planning)은 마케팅/영업, 생산, 재무, 엔지니어링 등 관련부문의 중기계획과 연계되어 통합적인 조정과정을 거쳐 수립되어야 한다. 먼저 생산부문의 공급계획은 마케팅/영업부문의 수요예측 및 영업계획과 불가분의 관계를 갖게 된다. 수요의 규모와 시기를 맞추려면 얼마나 생산하고 재고는 어떤 수준으로 유지하면서 대응할 것인지를 생산부문에서 결정해야 하기 때문이다. 아울러 판매 및 생산계획은 재무부문과도 밀접한 연관성을 지니는데, SOP의 수급계획이 손익계획 및 예산편성의 기초가 되기 때문이다. 또한 SOP는 인사부문의 관심사인 인력수급계획과 엔지니어링부문의 설비증설 또는 조정계획의 기초가 되는 것이다. 이러한 부문 간 기능계획의 연계성이 강조되면서 SOP가 통합경영계획(IBP: integrated business planning)의 개념으로 진화해 가고 있는 추세를 보이고 있다.

이러한 특성을 지닌 SOP는 개별 제품단위로 상세하게 수립되기보다는 제품군 또는 전체제품을 나타낼 수 있는 총량적 단위(예: 화폐단위 또는 노동시간단위)로 표현되는 것이 일반적이다. 그래서 SOP는 총괄생산계획(APP: aggregate production planning)이라고도 불리어진다. SOP(또는 APP)는 경영계획과 부합되게 적어도 1년이라는 계획기간(planning horizon)에 걸쳐 수립되며, 계획시간단위(time bucket)는 분기 또는 월단위로 나타나는 것이 일반적이다. 이러한 총괄적 수급계획인 SOP(또는 APP)를 개별 제품단위로 나누어서 12 내지 16주 정도의 짧은 기간에 걸쳐 주 또는 일단위의 시간단위로 상세한 계획을 수립하는 과정이 기준생산계획(MPS: master production schedule) 단계에서 이루어진다.

SOP(또는 APP)에서는 중기적 계획기간에 걸쳐 계획시간단위별로 판매물량규모, 생산율, 재고수준, 수주잔량(back orders), 소요인력규모 등에 대한 의사결정이 이루어진다. 이러한 의사결정을 하는 과정에서 염두에 두어야 하는 것은 기본적으로 시장수요(예측치 또는 고객주문 등)를 충족시키면서 전체적으로 비용을 최소화할 수 있는 방안을 강구하는 것이다. 계획과정에 도출된 다양한 대체

방안들을 비교 · 평가할 때 고려되는 비용변수는 여러 가지가 있을 수 있는데, 대표적으로 아래와 같은 비용항목들을 비교해보아야 한다.

- 재고유지비용(inventory carrying cost)
- 품절 또는 수주잔량비용(stock-out/back-orders)
- 하청비용(subcontracting cost)
- 채용 또는 해고관련비용(hire/fire cost)
- 잔업 또는 조업단축비용(overtime/under-time cost)
- 임시직 노무비(part-time labor cost)

여기서 수요충족을 위해 필요한 분량에 대한 생산변동비는 동일한 것으로 가정하고 생략할 수 있음에 유의할 필요가 있다.

SOP(또는 APP)를 수립하는 방법으로 단순하게 그래프를 이용하는 접근방법과 수학적 최적해를 구하는 접근방법 등을 이야기할 수 있다. 이 가운데 그래프방법은 가시적으로 대체방안들을 표시하여 이해하기 쉽지만, 최적해가 보장되지 않는다는 것이 단점이다. 반면에 수학적인 기법들은 전제조건을 충족시키는 최적해를 구하는 접근방법이지만, 상대적으로 복잡한 과정을 이해해야 한다는 점을 지적할 수 있다. 이 교재에서는 그래프방법으로 대안을 도출하는 데 적용되는 균등생산전략, 수요추종전략 및 혼합전략에 대하여 설명하고, 수학적 기법 중에서는 비교적 많이 알려진 선형계획법을 SOP에 적용하는 방안에 대해서 간략히 소개하기로 한다.

1. 그래프활용법(graph techniques)

이 접근방법은 수요추정치와 그에 대응하는 공급방안을 그래프와 표로 나타내고, 방안별 소요되는 비용을 비교하는 방법이다. 이 접근방법에서 적용되는 SOP 수립방안은 일반적으로 균등생산전략, 수요추종전략 또는 혼합전략으로 구분된다.

1) 균등생산전략(level strategy)

균등생산전략은 고정적인 자원을 사용하여 일정한 생산율을 유지하고, 변동하는 수요는 재고의 증감으로 흡수하는 방안을 택하는 것이다. 이 전략을 취할 경우 [그림 5-1]의 A와 같이 매기 계획생산량은 동일하게 고정시키며, 생산량보다 수요가 적은 시기에는 재고가 축적되고, 생산량보다 수요가 많은 경우에는 사전에 축적된 재고를 소진시키며 충당하고, 재고가 부족하면 품절(stockout) 또는 다음 기에 생산하여 채워주어야 하는 수주잔량(back-orders)을 부담하여야 한다. 이 균등생산전략은 소요되는 자원이 고가이거나 변경이 힘들 경우에 유용하고, 적시생산체제하에서 자주 채택되는 방안이기도 하다.

그림 5-1 SOP의 세 가지 전략

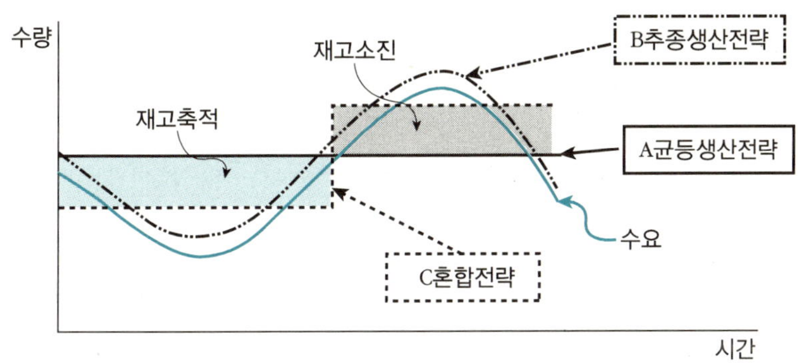

2) 수요추종전략(chase strategy)

수요추종전략은 [그림 5-1]의 B와 같이 수요변동에 맞추어 생산자원을 늘리거나 줄이면서 조정하는 방안이다. 즉 수요가 증가할 경우에는 인력을 추가로 채용하거나 시간외근무를 늘리고, 수요가 감소하면 해고 또는 조업단축을 하면서 대응하는 방안이다. 이는 균등생산의 경우와 반대로 자원이 저렴하여 비교적 용이하게 조정할 수 있는 경우에 적합하다.

3) 혼합전략(hybrid strategy)

혼합전략은 균등생산전략과 수요추종전략을 혼합하여 생산계획을 수립하는 방안이다. [그림 5-1]의 C와 같이 비수기에는 순수균등전략보다 낮은 생산수준을 유지하고, 성수기에는 순수균등전략보다 높은 생산수준을 유지하면서 수요에 대응하는 전략이다. 이러한 혼합전략을 적용하면 순수균등생산전략보다 적은 재고를 유지하는 장점이 있지만, 생산수준의 변동에 따른 추가 채용비용이나 해고비용 등이 발생할 수 있다는 점을 고려해야 할 것이다.

아래의 간단한 예제를 통하여 3가지 접근방법의 특성을 비교하면서 이해하도록 해보자.

표 5-1 ❙ SOP예제

분기별	제품군 수요예측(단위: 톤)	비고
1분기	1,600	• 기초재고: 100톤 • 인건비: 2,000만원/인당, 분기 • 인당 분기별 생산성: 50톤 • 현재인력수준: 20명 • 채용비용: 100만원/인 • 해고비용: 300만원/인 • 재고유지비용: 5만원/분기, 톤(기말재고기준) • 수주잔량비용: 10만원/분기, 톤
2분기	1,100	
3분기	3,600	
4분기	2,200	
합계	8,500	

먼저 균등생산전략을 택한다면 연간 총수요 8,500톤에서 기초재고 100톤을 차감한 8,400톤을 4분기에 걸쳐 균등하게 생산하므로 분기당 2,100톤씩 생산하면 된다. 그런데 분기당 2,100톤을 생산하려면 42명의 인력규모가 필요하게 되어(즉 2,100톤/인당 50톤 = 42명), 추가로 22명을 채용해야 한다. 이렇게 2,100톤씩 균등생산을 하게 되면 기초 및 기말재고의 변동상황은 [표 5-2]와 같이 요약할 수 있다. 그리고 이러한 균등생산전략과 수요변동을 그래프로 나타내면 [그림 5-2]와 같다.

| 표 5-2 | 균등생산전략

분기별	수요	생산	인력규모	채용/해소	기초재고	기말재고	수주잔량
1분기	1,600	2,100	42	+22	100	600	0
2분기	1,100	2,100	42	–	600	1,600	0
3분기	3,600	2,100	42	–	1,600	100	0
4분기	2,200	2,100	42	–	100	0	0

그림 5-2 균등생산전략

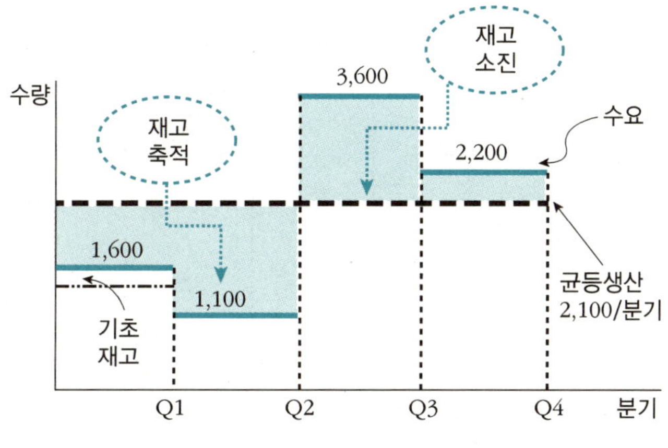

만약 수요추종전략을 택한다면 1분기에 1,600톤의 수요에서 기초재고 100톤을 차감한 1,500톤의 순수요량만큼 생산하고, 2분기부터 4분기까지는 수요변동을 따라가면서 생산량을 변동시키는 계획안을 수립하게 된다. 이 경우에는 매분기 기말재고는 없지만, 생산량의 변동에 따른 인력규모의 증감이 필요하게 된다. 즉 1분기에 1,500톤을 생산하기 위해 총 30명의 인력이 필요하므로 추가로 10명을 충원해야 한다. 2분기에는 수요가 1,100톤으로 감소하므로 생산도 따라서 줄이게 되면, 22명의 인력이면 충분하기 때문에, 1분기 인력 30명에서 8명을 해고해야 한다. 이어서 3분기에는 수요가 급증하여 3,600톤을 생산해야 하는데, 이를 위해서는 72명의 인력이 필요하게 되므로 2분기의 인력 22명에서 추가로 50명을 더 채용해야 한다. 수요추종전략에 따른 인력규모 및 재고변동 상황은 [표 5-3]과 같이 요약되며, 이를 도시하면 [그림 5-3]과 같다.

❙ 표 5-3 ❙ 수요추종전략

분기별	수요	생산	인력규모	채용/해고	기초재고	기말재고	수주잔량
1분기	1,600	1,500	30	+10	100	0	0
2분기	1,100	1,100	22	−8	0	0	0
3분기	3,600	3,600	72	+50	0	0	0
4분기	2,200	2,200	44	−28	0	0	0

그림 5-3 수요추종전략

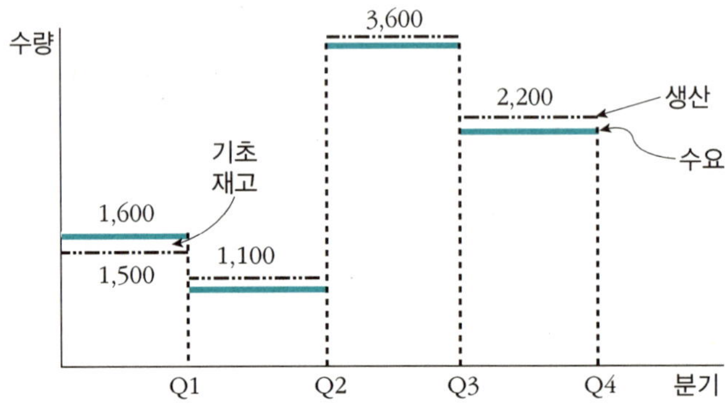

끝으로 혼합전략을 사용하여 비수기인 상반기에는 1, 2분기 평균수요인 1,300톤으로 균등하게 생산하고, 하반기 성수기에는 3, 4분기 평균인 2,900톤으로 일정하게 생산하기로 해보면 [표 5-4]와 [그림 5-4]와 같이 요약할 수 있다. 이 경우 1분기 순수요량 1,500톤이 상반기 균등생산량인 1,300톤보다 많으므로 1분기 말에 200톤의 수주잔량이 생기게 되는데 이 부족분은 다음 분기 생산에서 사후적으로 충족시켜야 한다. 마찬가지 방법으로 3, 4분기 평균수준인 2,900톤을 생산하면 3분기에 수주잔량 700톤이 생기게 된다.

| 표 5-4 | 혼합전략

분기별	수요	생산	인력규모	채용/해고	기초재고	기말재고	수주잔량
1분기	1,600	1,300	26	+6	100	0	200
2분기	1,100	1,300	26	–	0	0	
3분기	3,600	2,900	58	+32	0	0	700
4분기	2,200	2,900	58	–	0	0	

그림 5-4 혼합전략

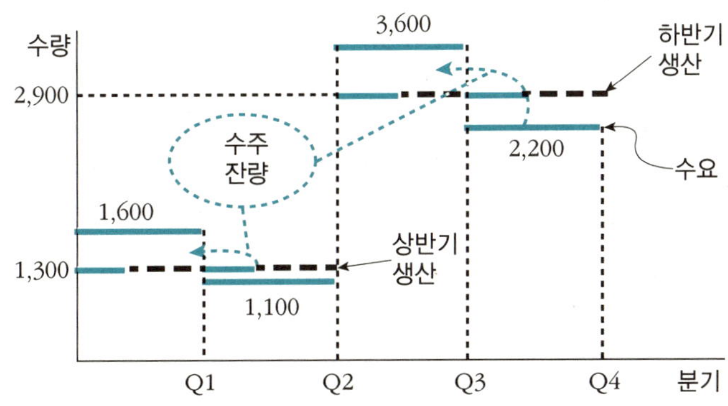

이렇게 3가지 전략에 따른 서로 다른 총괄계획안을 평가하기 위해 [표 5-5]와 같은 요약자료를 작성하여 활용할 수 있다.

| 표 5-5 | 3가지 대안 비교표

	균등생산전략	수요추종전략	혼합전략
인건비	42×4×2,000 = 336,000	168×2,000 = 336,000	168×2,000 = 336,000
채용/해고비용	22×100 = 2,200	(60×100)+(36×300) = 16,800	38×100 = 3,800
수주잔량비용	0	0	900×10 = 9,000
재고유지비용	2,300×5 = 11,500	0	0
합계	349,700	352,800	348,800

2. 수학적 기법

판매 및 생산계획의 수립을 지원하기 위한 수학적 기법으로 여러 가지 방법들이 있으나, 이 교재에서는 비교적 단순한 구조의 선형계획모형(linear programming model)을 소개하기로 한다. 선형계획모형은 아래와 같이 목적함수와 제약조건 식들이 모두 일차식으로 표현되는 특징을 지니고 있다.

목적함수: $Max \sum (m \times S_t - h \times I_t)$

제약조건: $S_t \le D_t$ ·· (1)

$P_t \le C_t$ ·· (2)

$I_t = I_{t-1} + P_t - S_t$ ························· (3)

$P_t, S_t, I_t \ge 0$ ································ (4)

여기서 S_t = t기의 판매량
m = 단위당 판매이익
I_t = t기의 재고량
h = 단위당 재고유지비용
C_t = t기의 생산설비능력
P_t = t기의 생산량
D_t = t기의 수요량

먼저 목적함수식은 총판매이익에서 재고유지비용을 차감한 이익을 최대로 하는 것을 나타낸 것이다. 그리고 제약조건 가운데 (1)번 식은 매기마다 판매량이 수요량을 넘을 수 없음을 나타낸 것이고, (2)번 식은 매기 생산량은 설비능력을 초과할 수 없음을 나타낸 것이다. 그 다음 (3)번 식은 재고균형관계를 나타낸 것인데, 기말재고는 기초재고와 생산량을 더한 값에서 판매량을 차감한 값이 됨을 의미한다. 마지막으로 (4)번 식은 모든 의사결정변수들이 음수가 될 수 없음을 명시한 것이다.

앞의 모형에서는 판매 및 생산계획에 응용되는 선형계획법의 개념 및 구조를 설명하기 위해 재고비용만을 고려하는 단순한 예를 소개하였다. 재고비용 이외

채용/해고관련비용, 수주잔량비용, 위탁생산비용, 초과근무수당 등의 여러 비용들을 포함하면 의사결정변수 및 제약조건식의 숫자가 늘어나 모형구성이 더욱 복잡한 형태를 이룰 것이다.

5-2 기준생산계획 (MPS: master production schedule)

앞에서 기술하였듯이 판매 및 생산계획(SOP)은 제품군(product family) 또는 제품라인(product line) 등에 대한 총괄생산계획(APP)의 의미를 지니므로, 이 총괄계획으로는 구체적인 생산활동을 전개하기 힘들다. 실제로 생산활동의 지침으로 활용되기 위해서는 총괄계획이 개별품목 단위로 분할된(dis-aggregated) 세부계획이 필요한 것이다. 이 세부계획에 해당하는 것이 [그림 4-1]에 요약된 MPCS의 가운데 부분(물자계획)에서 두 번째 블록에 위치한 기준생산계획(MPS: master production schedule)이다.

1. MPS 특성

기준생산계획은 SOP와 달리 구체적으로 어떤 품목을, 언제, 얼마나 생산할지에 대한 상세한 계획(anticipated build schedule)을 나타낸다. 일반적으로 SOP는 중기계획으로 계획기간길이(planning horizon)가 적어도 1년 정도인데 반해, MPS는 단기계획으로 그보다 짧은 3~4개월 정도의 계획구간을 사용한다. 단지 해당 품목의 생산에 소요되는 누적 리드타임보다 길게만 내다보면 되는 것이다. 아울러 계획에 사용되는 계획시간단위(time bucket)도 SOP보다 세분화된다. 즉 SOP는 분기 또는 월과 같은 큰 시간단위로 수립되지만, MPS는 주 또는 일 단위로 계획이 세분화되는 특성을 지닌다.

또한 [그림 4-1]에 표시된 바와 같이 SOP는 총량적인 자원계획(RRP: resource requirements planning)을 바탕으로 계획의 실현가능성을 검토하는 것에 비해, MPS는 개략적이지만 RRP보다 더 구체적인 차원에서 설비능력(RCCP: rough-cut capacity planning)을 분석하여 실현가능성을 검토한다.

끝으로 SOP는 제품군에 대한 수요예측정보를 토대로 총괄적 생산계획이 수립되는 반면, MPS는 개별품목에 대한 수요예측 정보뿐만 아니라, 구체적 고객 주문정보를 계획수립에 활용한다. 그러므로 MPS는 고객주문(customer orders)의 내용을 생산지시(production orders)로 전환하는 데 유용한 도구로 사용되며, 개별품목의 재고수준을 계획하는 데도 효과적인 도구로 도움을 주게 된다.

이러한 특성을 지닌 MPS를 수립하는 과정에 기본적으로 필요한 것은 수요정보이다. 수요정보에는 영업사원을 통해 입력되는 고객의 확정주문(firm orders) 정보와, 아직 주문으로 접수되지는 않았지만 미래에 들어올 것으로 추정되는 예측정보(forecast) 등이 필요하다. 따라서 MPS는 [그림 4-1]의 MPCS 구조에서 표시된 바와 같이 수요관리(주문입력, 수요예측 등) 블록과도 밀접한 관련을 지니는 기능이다.

또한 [그림 4-1]에서 MPS는 바로 위의 SOP와도 관련성이 표시되어 있는 것을 볼 수 있다. 이는 고객주문과 수요예측정보를 토대로 작성된 개별 MPS상의 수치들을 합치면(aggregation) SOP단계의 총량계획과 일치하도록 계획이 수립되어야 한다. 왜냐하면 총량적 자원계획의 관점에서 실현가능한 것으로 검토된 판매 및 생산계획의 범위 내에서 개별품목에 대한 계획으로 세분화되어야 하기 때문이다.

2. 제조환경과 MPS

MPS는 개별품목에 대한 생산계획인데, 어느 수준의 개별품목을 의미하는지는 제조환경(또는 제품구조)에 따라 다르다. 즉 고객이 어느 정도로 제품의 사양에 영향을 미치는가에 따라 MPS의 대상이 달라질 수 있다. 제조환경을 앞의 제2

장 생산전략에서 소개한 바 있는 계획생산(MTS), 주문조립생산(ATO) 및 주문생산(MTO) 등으로 구분하고, 각 환경별로 MPS의 대상이 어떻게 달라지는지 살펴보기로 하자.

1) MTS 환경

계획생산(MTS)체제에서는 수요를 예측하여 계획적으로 생산한 후 완제품 재고로 고객수요를 충족시키는 환경이다. 이 경우에는 고객이 제품의 디자인에 직접적인 영향을 미칠 수가 없고, 완제품 재고 중에서 구입의사결정을 할 뿐이다.

이 환경에서는 일반적으로 제품구조(product structure)가 [그림 5-6]의 ①과 같이 피라미드 모양을 취한다. 즉 다양한 원부재료를 이용하여 생산하는 완제품은 종류가 그리 많지 않다. 이 경우 최종 완제품 수준에서 MPS가 작성된다. 따라서 수요예측도 완제품 수준에서 이루어진다.

2) ATO 환경

주문조립생산(ATO)체제에서는 수많은 종류의 부품들을 이용하여 반제품 또는 옵션품목을 생산해두었다가, 고객의 주문사양이 접수되면 반제품 또는 옵션들을 조립하여 완제품을 공급한다. 이 경우에는 [그림 5-6]의 ②와 같이 모래시계 모양의 제품구조를 가진다. 즉 가운데 부분의 반제품 또는 옵션의 종류가 제일 적게 되고, 완제품은 이들 반제품을 다양하게 조립하므로 종류가 많아지는 제품구조를 나타낸다. 이러한 주문조립생산체제에서는 완제품 수준에서 MPS를 작성하기보다는, 가운데 부분의 반제품 또는 옵션 수준에서 MPS를 작성하는 것이 바람직하다. 반제품 단계 이후부터는 고객의 영향을 받으므로 미리 예측하기가 쉽지 않기 때문이다.

3) MTO 환경

마지막으로 주문생산(MTO)체제에서는 한정된 원재료에서 고객주문사양에 맞추어 다양한 완제품이 만들어지는 환경이다. 이 경우에는 [그림 5-6]의 ③과 같이 역피라미드 형태의 제품구조를 가진다. 이는 고객이 가장 많은 영향을 미칠 수 있는 환경이다. 따라서 최종 완제품에 대한 수요가 다양하고 변동이 심하므로 완제품 수준에서 계획을 수립하기가 쉽지 않다. 이러한 환경에서는 대체로 원재료 수준에서 자재조달계획이 이루어진다.

그림 5-6 **제조환경과** MPS

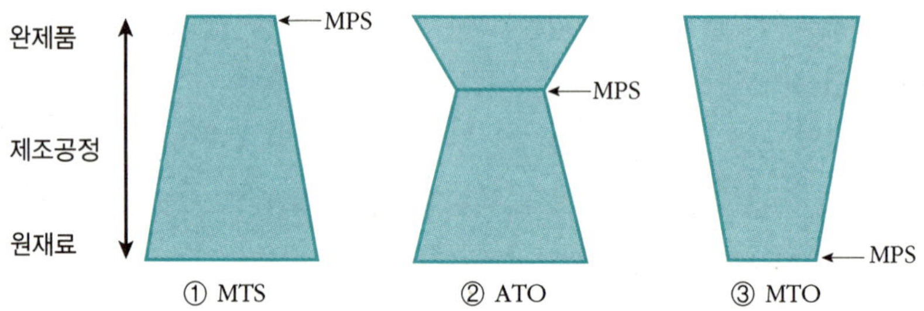

자료: Proud(1999), p.173과 Chapman(2006), p.80 종합

3. MPS 구조

기준생산계획(MPS)은 고객요구사항을 충족시키기에 충분한 양을 확보하면서 불필요한 재고비용은 최소화시키는 것이 목적이다. 즉 수요가 자재 및 설비능력에 미치는 영향을 고려하면서 시간대별로 수급의 균형을 도모하는 것이 기준생산계획이다. 시간대별로 수급의 균형이 이루어지도록 관리하기 위해 [표 5-6]과 같은 형태의 기준생산계획 기록표(MPS matrix)를 활용한다. [표 5-6]의 윗줄에는 시간대를 나타내는 칸(column)들로 나뉘어져 있고, 왼쪽에는 수요와 공급 측면에서 취하는 활동들의 내용을 나타내는 줄(row)들로 구분되어 있다.

▌표 5-6 ▌MPS 기록표

	전기분 (past due)	1주	2주	3주	4주	5주	6주	7주	8주
수요예측(Forecast)		20	20	20	20	20	20	20	20
고객주문(Firm Order)		20	22	14	10	3	0	0	0
예상재고(PAB)	45	25	3	13	23	3	13	23	3
약속가능물량(ATP)		3		16	17		30	30	
기준생산계획(MPS)				30	30		30	30	

↑ 수요울타리 (DTF) ↑ 계획울타리 (PTF)

MPS 기록표에서 1주가 현재시점을 나타내고, 1주보다 왼쪽은 전기분(past due)을 의미하고, 1주에서 오른쪽은 미래시점을 나타낸다. 여기서 전기분은 1주 이전의 시점에 해당하는 물량을 나타내는데, 예를 들면 [표 5-6]에서 전기분 예상재고 45개는 전기 말에 보유한 재고를 의미하며, 이는 곧 현시점의 기초재고가 되는 것이다. 그리고 [표 5-6]에서는 MPS가 향후 8주까지의 계획을 담고 있는데, 이것이 계획기간의 길이(planning horizon)를 의미하게 된다. 앞에서 언급한 바와 같이 계획기간의 길이는 MPS 대상품목의 누적 생산리드타임보다는 길게 책정되어야 한다. 그래야만 그 품목에 소요되는 부품 및 원재료 등이 적기에 조달되도록 계획할 수 있기 때문이다.

다음, 맨 왼쪽 칸에 표시된 항목들을 살펴보기로 하자. [표 5-6]의 다섯 줄 중에서 위의 두 줄의 수요예측 및 고객주문은 수요측면을 표시한 것이고, 아래 세 줄의 예상재고(PAB: projected available balance), 약속가능물량(ATP: available to promise) 및 기준생산계획(MPS) 등은 공급측면을 나타내고 있다. 이렇게 수요와 공급에 관한 활동내역이 계획구간에 걸쳐 시간대별로 균형을 이루도록 기록표가 작성·관리되는 것이다.

[표 5-6]에서 수요예측(forecast)은 MPS 대상품목의 시간대별 수요추정치를 나타내는 것이고, 고객주문(firm order)은 고객으로부터 실제 주문서를 접수하였으나 아직 출하하지 않은 것으로 불확실성을 포함하고 있는 수요예측과는 달

리 확실한(firm) 물량을 나타낸다. [표 5-6]에서 향후 8주 동안 매주 20개의 수요가 있을 것으로 추정된다. 그런데 현재로부터 가까운 미래에는 확실히 납품해야 할 고객주문들이 접수되어 예측된 수요를 소진하고 있으나, 먼 미래에는 예측치만 있지 실제로 접수된 주문은 없는 실정임을 알 수 있다.

그리고 공급측면의 예상재고(PAB)는 시간대별로 예상되는 기말재고를 나타내는데, 이 예상재고가 음수이면 수요예측 또는 고객주문이 충족되지 못함을 의미하고, 양수이면 수요예측 또는 고객주문이 충족되고 여분이 있을 것으로 추정된다. MPS에서는 이 예상재고가 음수가 되지 않게 해당 시점에 MPS 물량으로 계획이 잡히는 것이다. 예를 들면 [표 5-6]에서 1주차의 예상재고는 기초재고 45개에서 고객주문 20개를 차감하고 25개가 재고로 남을 것이다. 2주차에는 1주차에 넘어온 기초재고 25에서 고객수요 22개를 차감한 후 3개가 예상재고로 남게 된다. 3주차에는 예상수요가 20개로 추정되는데 기초재고는 3개뿐이므로 17개가 부족하게 될 것으로 예상된다. 따라서 3주에 로트크기(lot size) 30개의 생산계획이 MPS로 책정되고, 그렇게 되면 3주차에는 MPS 30개와 기초재고 3개를 더해 총 33개 공급가능 물량으로 20개의 예측수요를 충족시키고 나면 13개의 기말재고가 예상되는 것이다. 4주차 이후의 예상재고도 같은 방식으로 계산된 것이다. 다만 여기서 1주 및 2주차 예상재고 산정에서는 고객주문을 차감하고, 3주에는 수요예측을 차감한 점에 유의할 필요가 있다. 이는 계획기간을 수요울타리(DTF: demand time fence)와 계획울타리(PTF: planning time fence)로 구분하여 관리하는 데 기인한 것이다.

수요울타리(DTF)는 수요측면의 관리를 위하여 현재로부터 가까운 미래시점에 설정되는 개념으로, DTF 내에서는 수요예측정보보다 고객주문정보를 활용하여 예상재고를 산정하도록 하는 것이다. 이 기간 내의 수요예측은 고객주문으로 전부 소진된 것으로 보고 고객주문을 기준으로 관리하는 취지로 이해할 수 있다. 반면 DTF 이후에는 아직 시간적인 여유가 있어 고객주문이 추가로 접수될 가능성이 높으므로 수요예측과 고객주문 중에서 큰 것을 예상재고 산정에 반영하도록 하는 것이다. [표 5-6]에서는 DTF를 2주로 설정했다고 가정하고 예상재고를 산정하였다. 즉 1주, 2주는 DTF 내이므로 (기초재고 + 당기 MPS)에서 고객주문을 차감하여 예상재고를 계산하였고, 3주 이후에는 DTF 이후 기간이므로 (기초재고 + 당기 MPS) – 최대값(수요예측, 고객주문)으로 예상재고를 계산한 것임을 확인할 수 있다.

반면 계획울타리(PTF)는 공급측면의 관리를 위해 설정되는 개념인데, PTF로 설정된 기간 안에서는 컴퓨터시스템이 자동적으로 계획주문(CPO: computer planned orders)을 생성하여 MPS로 추가하지 못하도록 제한한다. 이 계획울타리 안에서는 MPS 담당자가 확실한 계획주문량(FPO: firm planned orders)을 책정 · 조정함으로써 면밀히 관리할 수 있게 된다. 이는 MPS가 자주 변동하게 되면 자재소요량계획을 위시한 다른 생산계획 및 통제활동들에 파급되는 영향(ripple effect)이 크므로 시스템의 과민현상을 방지하고자 하는 취지에서 적용되는 개념이기도 하다. [표 5-6]에서는 PTF가 6주에 설정되어 있는데, 6주 이내에 표시된 MPS는 확정된 계획주문량(FPO)의 성격을 지니므로 이에 대한 조정은 MPS 담당자만 할 수 있고, 컴퓨터시스템이 자동으로 계획주문량을 생성하거나 조정하지 못하는 것이다. 그러나 7주부터는 PTF 이후 기간이므로 컴퓨터시스템에 의한 계획주문량(CPO)이 생성될 수 있는 것이다.

끝으로 약속가능물량(ATP: available to promise)은 고객주문에 대해 약속할 때 활용되는 정보로 각 시점별 공급가능 물량에서 실제 고객주문(firm order)을 차감하여 산정된다. 이때 수요예측 물량이 아니고 실제 접수된 고객주문을 차감함에 유의할 필요가 있다. 고객요구사항에 대응하는 과정에 불확실성이 포함된 수요예측을 고려하는 것보다 실제 접수되어 이미 납품하기로 약속한 고객주문을 차감한 후의 가용물량을 고려하면서 납기약속을 해야 신뢰도를 유지할 수 있기 때문이다. 이러한 ATP는 주문조립생산체제(ATO)에서 실현가능한 약속을 하는데 사용할 수 있는 유용한 정보가 된다.

ATP는 예상재고와 다른 개념이며, 구체적인 산정과정은 다음과 같다.

1주차: (기초재고 + MPS) – 다음 MPS 전기까지 고객주문 합계

2주차 이후: MPS – 다음 MPS 전기까지 고객주문 합계

예를 들면 [표 5-6]에서 1주차의 ATP는 {기초재고(45) + MPS(0)} − {1주 고객주문(20) + 2주 고객주문(22)} = 3개로 계산된다. 그리고 3주차에는 MPS(30) − 3주 고객주문(14) = 16개가 ATP로 산정된다. 4주차에는 MPS(30) − {4주차 고객주문(10) + 5주차 고객주문(3)} = 17개가 ATP로 산정된다. 그 후에도 같은 방식으로 ATP가 산정된다.

4. 생산계획 및 통제시스템 내에서 MPS의 위치

기준생산계획(MPS)은 생산계획 및 통제시스템에서 [그림 5-7]에서 표시된 것처럼 다른 기능들과 밀접한 관련성을 지니며, 이들 기능들의 기준이 되는 역할을 수행한다. MPS는 판매 및 생산계획을 세분화하여 개별품목에 대한 단기생산계획으로, 설비능력 측면에서 실현가능한지를 검토한 뒤, 개별품목을 생산하는데 필요한 부품 및 원재료 등의 종속수요에 대한 소요계획을 수립하는 MRP의 주요 투입정보로서 중요성을 지닌다. 이처럼 MPS는 자재소요량계획 전개를 통하여 생산현장에 대한 생산지시(또는 작업지시)와 부품, 원재료를 납품해주는 협력업체에 대한 구매주문에 그 영향이 파급되므로 계획의 안정성을 확보하는 것이 중요시된다.

또한 MPS는 [그림 5-7]에서 보듯이 최종조립계획(FAS)과도 연관성을 가진다. 특히 주문조립생산체제(ATO)에서 이 두 가지 계획이 중요한 기능을 수행한다. ATO환경에서 기준생산계획은 일반적으로 옵션수준에서 예상생산계획(anticipated build schedule)으로 작성되고, 고객주문이 접수되면 실제로 만드는 계획(actual build schedule)으로 최종조립계획(FAS)을 작성하여 운영한다. 이 경우 MPS는 제품생산에 필요한 자재 및 설비능력의 가용성을 확보하기 위한 것이고, FAS는 기준생산계획에 의거 준비된 자재 및 설비능력을 활용하여 고객사양에 맞게 최종공정을 이끌어가는 기능을 수행하게 된다. 이처럼 MPS는 전사적 자원관리시스템 내 다른 기능들과 밀접한 관계를 지니는 주요 기능이다.

그림 5-7 MPCS에서 MPS의 위치

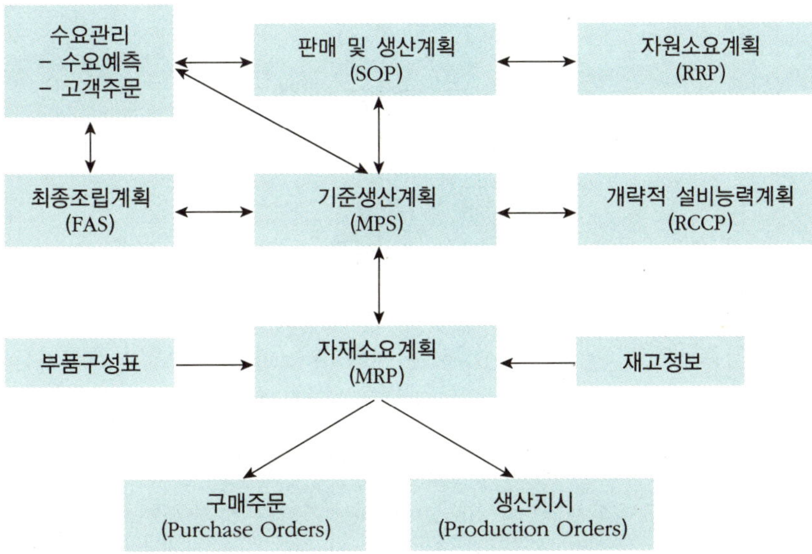

5-3 최종조립계획 (FAS: final assembly schedule)

앞에서 기술한 것처럼 주문조립생산체제(ATO)에서는 기준생산계획(MPS)이 주요 부분품 또는 옵션에 대한 계획을 수립하고, 최종조립계획(FAS)은 주문접수 과정(order entry)을 통해 구체적으로 명시된 고객사양을 생산으로 이행하는 계획을 담게 된다. 이 관계를 [그림 5-6]의 가운데 부분을 이용하여 도시하면 [그림 5-8]과 같이 나타낼 수 있다.

앞의 [표 5-6]에서 살펴본 바와 같이 MPS는 주요 부분품 또는 옵션수요에 대한 예측정보를 이용하여 계획을 준비하고 시간이 경과됨에 따라 구체적인 고객주문이 접수되면 예측을 소모하는 형태로 관리된다([표 5-6]의 수요예측과 고객주문 참조). 반면에 FAS는 예측이 아니라 실제로 접수된 고객주문대로 옵션들을

그림 5-8 ATO 환경에서 FAS와 MPS

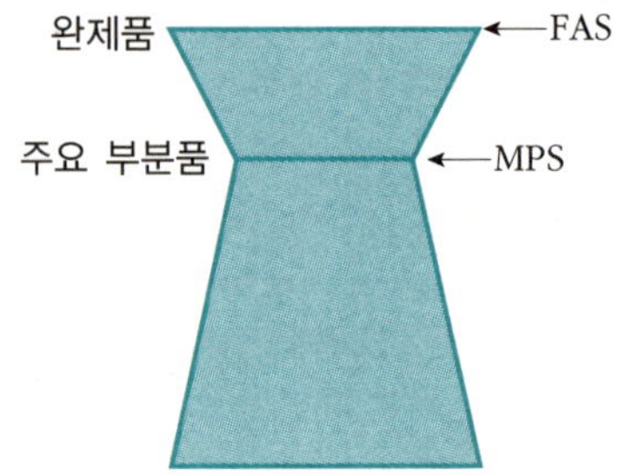

사용하여 최종적으로 완제품을 완성하는 계획이다. 따라서 FAS의 계획기간 길이는 최종조립에 소요되는 리드타임만큼만 잡으면 되므로 누적리드타임보다 길게 계획구간을 잡는 MPS보다 훨씬 단기적인 계획이 된다. 흔히 1~2주에 걸쳐서 일간 또는 시간대별 계획시간단위(time buckets)를 사용하게 된다.

또한 일반적으로 MPS에서는 해당품목이 언제, 얼마나 필요하게 될지를 계획하고 공정순서는 명시하지 않지만 FAS에서는 필요자재, 수량, 일정 외에 최적

❙ 표 5-7 ❙ FAS 예시(주문번호 1234)

공정	자재번호	적요	수량	작업장	일자
05		**밑판에 상표부착**	**5**	**SA**	**6월 10일**
	125	상표	5		6월 9일
	666	밑판	5		6월 9일
07		**밑판에 천 부착(고객주문에 따른 색상)**	**5**	**SA**	**6월 16일**
	780	밑판용 천	5		6월 9일
10		**철물세트 배열**	**5**	**FA**	6월 17일
	861	철물세트	5		6월 16일
20		**철물로 좌측 의자다리 조립**	**5**	**FA**	**6월 19일**
	122	좌측 의자다리 부품	5		6월 16일
30		**철물로 우측 의자다리 조립**	**5**	**FA**	**6월 21일**
	128	우측 의자다리 부품	5		6월 16일
40		**등판 조립(고객주문에 따른 색상)**	**5**	**FA**	**6월 23일**
	880	등판 부품	5		6월 16일

자료: Proud(1999), p.367.

작업공정의 순서가 중요시된다. [표 5-7]은 필요자재, 수량, 작업장 및 공정순서 등의 정보가 담긴 최종조립계획을 예시한 것이다.

| 토론과제 |

1. 판매 및 생산계획(SOP)과 수요관리의 관계를 설명하시오.
2. 판매 및 생산계획(SOP)의 수립과정에 고려해야 할 목적함수와 비용변수 및 제약조건들에 대하여 토론해보시오.
3. 균등생산전략, 수요추종전략, 혼합전략의 특성을 비교 · 설명하시오.
4. SOP와 기준생산계획(MPS)의 특성을 비교 · 설명하시오.
5. MPS에서 적용되는 계획시간울타리(PTF)와 수요시간울타리(DTF)의 개념을 비교 · 설명하시오.
6. MPS 기록표에 사용되는 예상재고(PAB)와 약속가능물량(ATP)의 개념을 비교 · 설명하시오.
7. 전사적 생산계획 및 통제시스템(MPCS)에서 MPS가 차지하는 위치와 중요성에 대하여 토론해보시오.
8. MTS, ATO, MTO 등의 제조환경에 따라 MPS의 대상이 어떻게 다른지 토론해보시오.
9. 최종조립계획(FAS)과 MPS의 관계 및 특성차이를 비교 · 설명하시오.

참고문헌

Chapman, S. N.(2006), *The Fundamentals of Production Planning and Control*, Pearson Prentice-Hall.

Hopp, W. J. and M. L. Spearman(2001), *Factory Physics*, Irwin.

Meredith, J. R. and S. M. Shafer(2002), *Operations Management for MBAs*, 2nd. ed., Wiley.

Proud, J. F.(1999), *Master Scheduling*, 2nd. ed., Wiley.

Schroeder, R. G.(2000), *Operations Management: Contemporary Concepts and Cases*, Irwin McGraw-Hill.

Stevenson, W.(1990), *Production/Operations Management*, 3rd. ed., Irwin.

Reid, R. D. and N. R. Sanders(2013), *Operations Management: An Integrated Approach*, 5th. ed., Wiley.

Tincher, M. G.(1985), "Master Scheduling and Final Assembly Scheduling: What' s the Difference?" *CPIM Reprints*, APICS.

Vollman, T. E., W. L. Berry and D. C. Whybark(1992), *Manufacturing Planning and Control Systems*, 3rd. ed., Irwin.

Wemmerlov, U.(1984), "Assemble-to-Order Manufacturing: Implications for Materials Management," *CPIM Reprints*, APICS.

Chapter 06

재고관리

앞장에서 서술한 생산계획을 실행하기 위해서는 필요한 자재가 필요한 때에 필요한 양만큼 확보되어야 한다. 이 과제는 곧 재고관리의 개념으로 설명이 된다. 제6장에서는 제조기업이 관리하는 재고의 유형과 기능을 살펴보고, 독립수요 항목을 위한 전통적인 재고관리기법에 대하여 검토하며, 부품 및 자재 등을 포함하는 종속수요 항목을 위한 자재소요량계획에 대하여 기술한 다음, 완제품 재고의 보충을 위한 유통소요량계획에 대하여 설명하기로 한다.

6-1 재고유형과 기능

재고는 단순하게 물량측면에서 생각하면 어느 특정 시점에 필요한 수요보다 공급가능물량이 많은 상태라고 정의할 수 있다. 또한 시간측면에서 생각하면 특정 품목을 필요한 시점보다 앞서 미리 확보해둔 상황을 의미하기도 한다. 그런데 이런 재고를 만들기 위해서는 제조기업이 보유한 설비능력을 사용하여 얻어지는 것이므로 재고는 제조기업이 보유한 설비능력을 미리 저장해둔 것(stored capacity)과 같은 의미를 지니기도 한다.

이와 같은 의미를 지니는 재고는 다양한 유형과 기능으로 구분하여 설명할 수 있다. 재고의 구분을 수요원천, 시스템 내 위치, 재고의 기능 및 용도 등으로 나누어 살펴보기로 하자.

1. 수요원천에 따른 재고구분

재고를 필요로 하는 수요원천에 따라 독립수요항목의 재고(independent demand inventory)와 종속수요항목의 재고(dependent demand inventory)로 구분할 수 있다. 독립수요항목은 수요가 회사 외부의 시장에 의해 생기는 것으로 회사 내부의 의사결정과는 독립적으로 움직이는 특성을 지닌다. 대표적인 예가 최종완제품이다. 반면 완제품에 들어가는 부품이나 원재료 등은 완제품에 대한 기준생산계획에 따라 어떤 부품과 원재료가 언제, 얼마나 필요한지 영향을 받는 종속적 수요항목이다. 예를 들면 승용차라는 완제품은 시장수요에 의해 변동하는 독립수요항목이지만, 승용차에 들어가는 바퀴는 승용차 생산계획에 따라 대당 5개의 바퀴수요가 생기므로 종속수요에 해당한다. 그런데 부품 중에서 그 자체로 판매가능한 부품 또는 서비스용 부품 등은 독립적 수요로 구분할 수 있다.

일반적으로 독립수요항목은 연속적인(continuous) 수요형태를 취하고, 종속수요항목은 상위품목의 생산계획에 종속되어 띄엄띄엄 불연속적으로 무더기(lumpy)형태로 수요가 일어난다. 따라서 시장에 의해 일어나는 독립수요의 변동은 과거 실적자료 등을 이용하여 예측(forecast)하지만, 상위품목의 영향을 받는 종속수요는 예측이 아니라 정확히 계산(calculate)할 수 있는 특성을 지닌다. 이러한 특성의 차이로 인하여 독립수요항목에 대한 관리를 위해서는 통계적 분석을 토대로 한 전통적인 재고관리기법이 적용되고, 종속수요항목의 관리를 위해서는 자재소요량계획(MRP: materials requirements planning)이 적용되고 있다.

이상에서 서술한 독립수요와 종속수요항목의 특성을 요약 · 비교하면 [표 6-1]과 같이 정리할 수 있다.

| 표 6-1 | 독립수요와 종속수요의 특성 비교

	독립수요	종속수요
수요원천	회사 내부 의사결정과 독립적임	상위품목의 계획에 종속적임
항목 예	최종완제품, 판매가능부품 또는 수리부품	부분품, 부품, 원재료
수요변동형태	연속적 수요	불연속적, 무더기 수요
필요시기 및 물량산정	과거 실적자료를 바탕으로 시장 수요를 예측함	모품목과 자품목 간의 관계를 이용하여 계산함
재고관리	전통적 재고관리기법(ROP 등)	자재소요량계획(MRP)

2. 위치에 따른 재고구분

시스템 내 위치에 따른 재고의 구분은 [그림 6-1]에 표시된 것처럼 크게 원재료, 재공품, 완제품 및 소모성 자재 등 4가지로 나누어 볼 수 있다. 먼저 원재료(raw materials)는 생산목적으로 구매하여 아직 부가가치가 생성되지 않은 상태의 원료나 재료를 지칭한다. 재공품(WIP: work in process)은 원재료가 공정에 투입되어 가공·처리과정을 거치면서 부분적으로 부가가치가 생성된 상태로 완제품 이전의 상태로 공정 내에 존재하는 부품 내지 반제품 등을 말한다. 완제품(finished goods)은 생산공정을 완료하고 고객수요에 대응할 수 있는 상태의 재고를 나타낸다. 끝으로 소모성 자재(MRO: maintenance, repair and operations)는 회사의 업무 및 생산공정의 유지보수용 부품 및 소모성 물품을 말하는데, 예를 들면 기계 윤활유, 청소용품, 문구류 등이 MRO자재에 포함된다.

그림 6-1 위치에 따른 재고구분

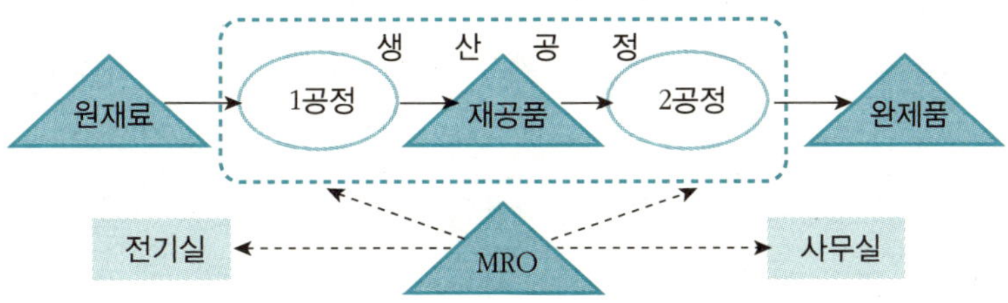

3. 기능 또는 용도에 따른 재고구분

재고의 유형을 기능 또는 용도에 따라서 구분할 수도 있다. 먼저 비축재고(anticipation inventory)는 성수기에 늘어날 것으로 예상되는 수요의 일부를 비수기에 준비하거나 판촉활동, 공장 일시휴업 또는 휴가 등에 대비하여 의도적으로 미리 생산하여 비축하는 재고를 말하며, 특히 계절성 수요에 대비하는 기능을 계절재고(seasonal inventory)라고도 부른다. 이처럼 비축재고를 사용하면 제5장 생산계획에서 언급한 균등생산(level production)이 가능해진다.

둘째, 완충재고(buffer stock)는 예기치 못한 수요변동을 흡수할 수 있는 완충기능을 위하여 보유하는 추가적인 재고를 말한다. 즉 만약의 경우 일어날 수 있는 불확실성에 대비하는 용도로 보유하는 재고로 안전재고(safety stock), 변동재고(fluctuation inventory) 또는 예비재고(reserve stock)라고도 부른다. 수요변동, 공급업자의 예기치 못한 납품지연, 품질문제가 발생하는 경우, 기계설비의 고장 또는 작업자의 결근으로 인한 생산차질 등의 불확실성에 대비하기 위해서도 완충재고가 사용된다.

셋째, 사이클재고(cycle inventory)는 작업준비비용(set-up cost) 또는 주문비용(order cost) 등을 고려하여 어느 기간 동안의 수요보다 많이 생산하거나 보충하게 될 경우에 생기는 재고를 말한다. 예를 들어 일평균 50개 판매되는 제품의 주문단위가 500개라고 하면, 도착 시에는 500개였으나 하루가 지나면 450개로 재고가 줄어들고, 그 다음 날은 400개로 감소하며, 10일 경과하면 재고가 소진될 것이다. 이처럼 한 번 주문하고 나서 다음 번 주문할 때가지 한 주문사이클 동안 보유하게 되는 재고를 사이클재고라고 한다. 이는 주문 또는 생산로트의 크기에 따라 생기는 재고라는 의미에서 로트크기재고(lot-size inventory)라고도 한다.

넷째, 분리재고(decoupling inventory)는 시스템 간의 독립적인 운영을 위해 보유하는 재고를 말한다. 그 대표적인 예로 공정과 공정 사이에 운영되는 재공품을 들 수 있다. 앞의 [그림 6-1]의 가운데 부분 제1공정과 제2공정 사이에 재공품을 보유하면 제1공정과 제2공정은 생산율의 차이가 있더라도 서로 독립적으로 작업을 수행할 수 있게 된다. 공정 간에 분리재고가 없을 경우, 만약 앞공정에서 설비고장이 일어나면 뒷공정에서는 따라서 기다려야 하지만, 재공품이 있으면 두 공정은 독립적으로 기능할 수 있게 된다. 또 다른 예로 시장수요와 공장시스템의 운영을 분리해주는 완제품재고도 분리재고의 기능을 지닌다고 할 수 있다.

끝으로 운송재고(transit inventory)는 제조공장과 물류창고 사이와 같이 한 장소에서 다른 장소로 운반 중인 상태의 재고를 말하며, 때로는 파이프라인재고(pipeline inventory)라고도 한다. 운송재고는 도착할 때까지 고객수요에 대응하는 데 사용할 수 없는 상태가 되므로 운송속도 또는 운송수단의 선택이 재고관리의 중요한 변수가 되는 것이다.

6-2 독립수요항목에 대한 재고관리

앞에서 재고의 유형과 기능을 다각도로 살펴보았는데, 여기서는 재고를 관리하는 접근방법에 대해서 논의하기로 한다. 재고관리의 기본주제는 무엇(what)을, 얼마나(how many), 언제(when) 확보하여, 보관하고, 출고할 것인가 하는 것으로 정리할 수 있다. 그런데 이 질문들에 대한 답은 수요원천의 특성에 따라 다르게 찾을 수 있으므로, 재고관리 접근방법을 수요원천에 따라 독립수요항목과 종속수요항목에 대한 관리기법으로 나누어 기술하기로 한다.

독립수요항목은 앞에서 설명한 바와 같이 수요의 원천이 회사 외부의 시장에 있는 완제품이나 서비스부품 등을 말한다. 이 독립수요항목의 재고를 제조기업 내부의 의사결정에 영향을 받는 종속적 특성을 지니는 제조용재고(manufacturing inventory)와 대조되는 의미로 비제조(non-manufacturing) 또는 유통재고(distribution inventory)라고 불리어지기도 한다.

이 유통재고들은 시장의 고객수요에 대응하기 위해 확보해 두는 것이다. 그런데 시장의 수요는 변덕스러우며 불확실하므로 과거 실적자료 등을 토대로 수요를 예측하여 얼마(how many)를 확보할지 계획을 수립할 수밖에 없다. 확보수량에 대한 계획은 재고보유비용 및 주문비용 등을 고려하면서 경제적 주문량의 규모를 산정하는 방식을 택하게 된다. 그리고 언제(when) 확보할 것인가라는 질문에 대해서는 주문품이 납품될 때까지 소요되는 주문리드타임의 길이, 그동안의 수요예측정보 및 재고부족 시에 생기는 기회손실 등을 고려하여 주문시점(re-order point)을 찾게 된다. 그리고 이러한 관리가 개별항목별로 이루어지면 "무엇을?"이라는 질문에 대한 답은 저절로 찾아지는 것이다. 이와 같은 성격의 독립수요항목에 대한 재고관리기법을 구체적으로 하나씩 살펴보기로 하자.

1. 경제적 주문량(EOQ: economic order quantity)모형

경제적 주문량모형은 1900년대 초에 개발되어 현재까지도 재고관리의 기본개념으로 자주 사용되고 있는 기법이다. 이 기법은 수학적 모형의 단순화를 위하여 아래와 같은 몇 가지 가정들을 토대로 하고 있다.

- 수요는 일정하다.
- 주문리드타임도 일정하게 정해져 있다.
- 단위당 가격은 일정하다.
- 재고유지비용은 평균재고를 기준으로 산정한다.
- 회당 주문(준비)비용은 일정하다.
- 주문량은 한꺼번에 도착하고, 주문잔량은 발생하지 않는다.

이상과 같은 가정에서 재고변동 및 보충에 관한 활동을 도시하면 [그림 6-2]와 같은 톱니모형이 된다.

[그림 6-2]에서 Q는 주문량을 나타낸 것인데, 주문량이 입고되면 재고수준은 Q만큼 올라간다. 이어서 재고수준은 직선형태로 감소하는데, 그 이유는 수요가 일정하다고 가정하기 때문이다. 일정하게 재고가 감소하다가, 재고가 바닥이 나는 순간에 주문한 양 Q가 입고되어 재고는 다시 최고수준인 Q로 올라가게 된다. 그리하여 주문을 받았으나 판매할 재고가 부족하여 다음 기회에 충족시켜 주기

그림 6-2 EOQ**모형: 톱니모형**

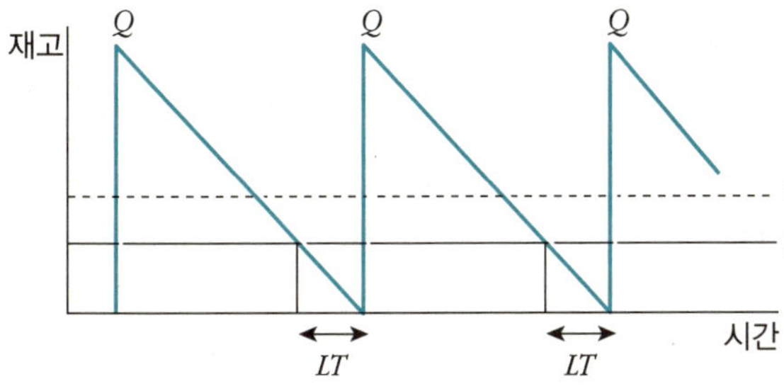

로 하는 주문잔량(backorder)이 없다는 가정이 적용되는 것이다. 톱니모형에서 점선으로 표시된 평균재고는 직삼각형 높이의 1/2인 $Q/2$가 됨을 표시한 것이다. 그리고 재주문점(ROP: re-order point)은 재고수준이 감소하여 일정수준에 다다를 때 Q만큼 주문하는 것을 나타낸 것이다.

재고가 재주문점에 도달할 때 얼마만큼을 주문하는 것이 총비용을 최소화할 수 있는지를 수학적으로 계산한 것이 경제적 주문량(EOQ)이 되는데, EOQ의 산정과정은 다음과 같다. 우선 구입비용, 재고비용 및 주문비용으로 구성되는 연간 총비용(TC: total cost)은 다음과 같은 식으로 표시할 수 있다.

$$TC = DC + Q/2 \cdot H + D/Q \cdot S$$

여기서 D = 연간 수요
C = 구입단가
Q = 주문량
H = 단위당 연간 재고유지비용(구입단가의 일정비율로 표시할 경우, Ci)
S = 회당 주문비용

총비용 중에서 DC는 연간 총구입비용을 나타내고, $Q/2 \cdot H$는 평균재고기준의 연간 재고유지비용을, $D/Q \cdot S$는 연간 주문비용을 나타낸다. 이 식에서 D/Q는 연간 수요를 주문량으로 나눈 값이므로 연간 주문횟수를 나타낸 것이다.

위의 총비용 가운데 연간 구입비용을 나타내는 DC는 주문량과는 상관없이 일정하다. 반면에 재고유지비용과 주문비용은 주문량 Q의 함수로 표시되어 있는

데, 재고비용은 Q에 비례하여 증가하는 특성을 지니고, 주문비용에는 $1/Q$이 포함되어 있으므로 주문량 Q에 반비례하는 특성을 지닌다. 이러한 비용함수를 그래프로 표시하면 [그림 6-3]과 같이 나타낼 수 있다.

그림 6-3 연간 총비용곡선

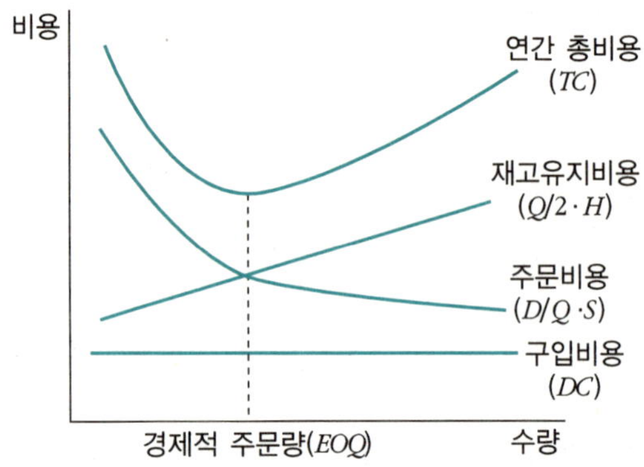

[그림 6-3]에서 총비용이 최소가 되는 주문량이 경제적 주문량(*EOQ*)으로 표시되어 있는데, 이를 구하는 식은 아래와 같이 TC를 Q에 대하여 편미분한 것을 영(zero)으로 하는 Q의 값을 구하면 아래와 같이 된다.

$$\partial TC/\partial Q = H/2 - D/Q^2 \cdot S = 0$$
$$D \cdot S/Q^2 = H/2$$
$$1/Q^2 = H/2D \cdot S$$
$$Q^2 = 2D \cdot S/H$$
$$\text{따라서 } Q^* = EOQ = \sqrt{2D \cdot S/H}$$

한편 재주문점(*ROP*)을 구하는 식은 매우 간단하다. 즉 일간 수요가 d로 일정하고, 구매 리드타임이 LT(일단위로 표시)로 일정하므로 $ROP = d \cdot LT$로 얻어지는 것이다. 만약 d가 주간 수요이면 LT도 주 단위로 표시하면 된다.

예를 들어 연간 수요(D)가 1,460개, 단가(C)는 100원, 주문비용(S)은 1회당

73원, 재고유지비용(H)은 연간 단위당 10원이고, 리드타임은 5일이라고 하면 EOQ와 ROP는 아래와 같이 산출된다.

$$EOQ = \sqrt{2DS/H} = \sqrt{2 \times 1,460 \times 73/10} = 146\text{개}$$

$$ROP = (1,460\text{개}/365\text{일}) \times 5\text{일} = 20\text{개}$$

2. 경제적 생산량(EPQ: economic production quantity)모형

앞에서 설명한 경제적 주문량(EOQ)모형에서는 주문량(Q)이 한꺼번에 납품된다는 가정을 하고 있으므로 재고수준의 변동이 직삼각형 모양의 톱니모형으로 표현되었다. 유통재고 보충을 위해 외부에 주문할 경우 일시에 도착하도록 할 수는 있으나, 그렇지 않은 경우도 있을 수 있다. 즉 외부주문이 아니라 내부생산 품목일 경우 생산하여 공급이 이루어지는 동안에도 소모가 함께 일어날 수도 있는 것이다. 이런 경우에는 재고변동모형이 [그림 6-4]와 같이 직삼각형이 아닌 예각삼각형으로 된 톱니모양이 된다.

[그림 6-4]에서 일일생산율은 p이고, 일일소모율은 d로 표시되어 있다. 이때 생산율(p)이 소모율(d)보다 큰 것으로 가정하는데, 그 이유는 고객수요를 충족시키고 재고를 유지하기 위해서는 $p > d$라야 하기 때문이다. 그래서 생산과 소

그림 6-4 | 경제적 생산량(EPQ)모형

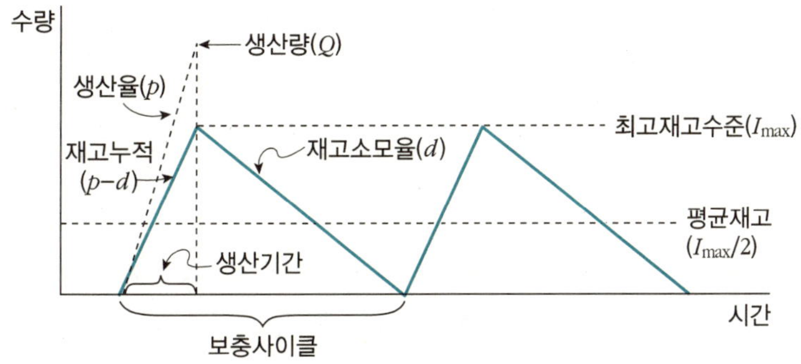

모가 함께 일어나는 생산기간 동안의 재고는 일일생산량(p)에서 소모량(d)을 차감한 ($p-d$)만큼 누적된다. 그리고 생산이 완료되는 시점에 재고는 최고수준(I_{max})이 되고, 그 이후 다음 생산이 시작될 때까지는 소모만 일어나므로 재고수준은 점차 감소하게 된다.

여기서 최고재고수준은 총생산량 중에서 생산기간 동안 소진된 만큼을 차감한 수준이 되므로 다음과 같이 산정된다.

$$I_{max} = Q(1 - d/p)$$

그리고 평균사이클 재고수준은 $I_{max}/2$이므로, $Q/2 \cdot (1 - d/p)$로 나타낼 수 있다. 따라서 앞의 *EOQ*모형에서 사용했던 총비용함수는 다음과 같이 보완하여 표시할 수 있다.

$$TC = D \cdot C + Q/2 \cdot (1 - d/p) \cdot H + D/Q \cdot S$$

이 식을 다시 Q에 대하여 편미분하면 경제적 생산량(*EPQ*)은 다음과 같이 산정된다.

$$EPQ = Q^* = \sqrt{2DS/H \cdot (1 - d/p)}$$

여기서 D = 연간 수요량
H = 연간 단위당 재고비용
S = 작업준비비용(set-up cost; 주문품의 주문비용과 같은 개념)
p = 생산율(일간, 주간 또는 월간)
d = 소모율(일간, 주간 또는 월간)

예를 들면 어떤 회사의 완제품 조립에 들어가는 부품의 연간 수요가 18,000개로 예측된다. 이 회사의 조립공정은 월 25일 근무하며, 매일 완제품을 조립하는 물량은 일정하다. 그런데 이 회사의 부품가공공정은 하루 150개를 생산할 수 있는 능력을 보유하고 있다. 부품가공을 위하여 들어가는 작업준비비용은 10,000

원이고, 부품의 재고유지비용은 연간 단위당 600원이라고 한다. 이 경우 부품가공공정의 경제적 생산량은 얼마이고, 재고보충사이클은 얼마인지 알아보자.

먼저 일일 부품소모율(d) = 18,000/25·12 = 18,000/300 = 60개이다. 따라서 경제적 생산량은 위의 산식을 적용하면 다음과 같이 산정된다.

즉 $EPQ = \sqrt{2 \cdot 18{,}000 \cdot 10{,}000/600\,(1 - 60/150)} = 1{,}000$개

그러므로 생산기간의 길이는 1,000/150 = 6.67일

최고재고수준(I_{max}) = 1,000·(1 − 60/150) = 600개

또는 6.67일 × (150 − 60)개/일 = 600개

재고소모만 일어나는 기간 = 600개/60개/일 = 10일

따라서 재고보충 사이클의 길이 = 6.67일 + 10일 = 16.67일이 된다.

3. 가격할인모형(quantity discount model)

앞에서 살펴보았듯이 경제적 주문량모형에서는 구매가격이 구매물량에 상관없이 일정한 것으로 가정하고 있다. 그러나 현실적으로 대량구매를 할 경우 가격할인이 허용되는 경우가 많다. 이 경우 주문량(Q)에 따라 구매단가(C)가 다르므로, 구매단가(C)는 주문량(Q)의 함수인 셈이 된다. 그리고 일반적으로 단위당 재

그림 6-5 가격할인모형

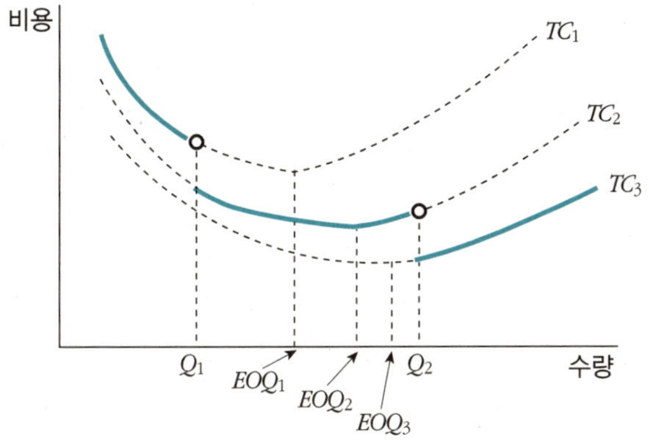

고유지비용은 물품의 가격에 비례하므로 구매단가가 달라지면 재고유지비용 또한 달라진다. 따라서 앞에서 기술한 것처럼 총비용곡선이 하나가 아니라, [그림 6-5]에서 도시한 것처럼 총비용 그래프가 계단함수(step function)로 나타나게 되어 경제적 주문량(EOQ)모형의 적용이 단순하지 않게 된다.

[그림 6-5]에서 가격할인은 Q_1과 Q_2 사이, 그리고 Q_2 이상일 경우 두 영역에서 허용된다. 주문량이 Q_1 미만일 경우 단가는 C_1, 주문량이 Q_1 이상 Q_2 미만일 경우에는 단가가 C_2로 할인되고, 주문량이 Q_2 이상이면 단가가 C_3로 할인된다고 하면, $C_3 < C_2 < C_1$의 관계가 성립한다. 따라서 총비용곡선들은 다음과 같이 나타낼 수 있다.

주문량이 Q_1 미만일 경우: $TC_1 = D \cdot C_1 + Q/2 \cdot C_1 \times i + D/Q \cdot S$

주문량이 Q_1 이상, Q_2 미만일 경우: $TC_2 = D \cdot C_2 + Q/2 \cdot C_2 \times i + D/Q \cdot S$

주문량이 Q_2 이상일 경우: $TC_3 = D \cdot C_3 + Q/2 \cdot C_3 \times i + D/Q \cdot S$

여기서 $C \times i$는 연간 단위당 재고유지비용을 나타낸 것으로 구매단가(C_1, C_2 또는 C_3)에 비례함을 표시한 것이다. 따라서 이러한 총비용곡선은 [그림 6-5]에 세 가지로 나타난다. 각 곡선은 실선부분과 곡선부분으로 구성되어 있는데 실선부분이 유효곡선이다. 즉 주문량에 따라 적용되는 가격을 기준으로 실선이 표시되고, 해당 가격이 적용되지 않는 구간은 점선으로 표시되어 있다. 따라서 유효곡선은 불연속적으로 계단형태를 취하게 된다. 이처럼 Q_1과 Q_2를 기점으로 적용가격이 달라지므로 가격할인모형을 가격연속성이 단절되는 모형(price break model)이라고도 불리어지기도 한다.

이와 같이 가격할인이 적용되어 총비용곡선이 불연속적인 형태를 취하므로 최소비용의 주문량은 다음과 같은 절차로 얻어진다.

- 최저가격 영역에서부터 시작하여 실현가능한 경제적 주문량이 구해질 때까지 각 가격대의 경제적 주문량(EOQ)을 계산한다. 즉 EOQ의 위치가 실선으로 표시된 총비용곡선에서 구해질 때까지 EOQ를 계산한다.
- 만약 실현가능한 EOQ가 최저가격대에서 구해지면, 그 값이 최적주문량이

다. 그렇지 않으면 실현가능한 *EOQ*가 얻어진 가격대보다 낮은 가격대에 해당하는 가격연속성이 단절되는 점(price breaks)을 기준으로 총비용을 모두 계산하여, 실현가능한 *EOQ*의 총비용과 비교해서 가장 낮은 비용을 갖는 주문량을 결정한다.

아래에서 간단한 예제를 통하여 가격할인모형을 설명하기로 한다. 어느 회사에서 연간 6,000개의 물품을 사용하는데, 주문량이 500개 미만일 경우에는 구매단가가 100원이고, 500개 이상 1,000개 미만일 경우에는 85원이며, 1,000개 이상 주문하면 단가가 75원이라고 가정하자. 그리고 주문할 때마다 500원의 주문비용이 들고, 재고유지비용은 구매단가의 20%라고 할 경우, 최적구매량을 산정해보자.

위의 절차를 적용하여 구해보면 다음과 같이 요약된다.

- 단가 75원대: $EOQ_{75} = \sqrt{2 \cdot 6{,}000 \cdot 500/75 \cdot 0.2} = 632.46$(실현불가능)
  단가 85원대: $EOQ_{85} = \sqrt{2 \cdot 6{,}000 \cdot 500/85 \cdot 0.2} = 594.09$(실현가능)
- 실현가능 주문량이 최저가격대가 아니므로 총비용을 비교한다.
  $TC_{594} = 6{,}000 \cdot 85 + (594/2) \cdot (85 \cdot 0.2) + (6{,}000/594) \cdot 500 = 520{,}099$
  $TC_{1000} = 6{,}000 \cdot 75 + (1{,}000/2) \cdot (75 \cdot 0.2) + (6{,}000/1{,}000) \cdot 500 = 456{,}000$
  $TC_{1000} < TC_{594}$ 이므로, 구매단가 75원에 1,000개를 주문하는 것이 최적주문량이 된다.

4. 고정주문량모형(FOQ: fixed order quantity)

앞에서 살펴본 재고관리기법들은 모형의 단순화를 위해 수요가 확정적이고 일정하다는 것을 가정하고 있다. 특히 *EOQ*에서는 재고가 고갈되는 순간에 맞추어 주문량이 정확하게 납품되므로 주문잔량이 없다고 가정한다. 하지만 현실적으로 수요가 확정적이며 일정하게 유지되기도 힘들고, 주문기간 동안 수요보다 재고가 부족한 경우가 생길 수도 있는 것이다. 따라서 확정적 수요에 대한 가정을 완화시키면서 확장된 모형이 필요한 것이다.

수요가 일정하지 않을 때, 얼마나 주문하고 언제 주문할지를 결정하는 데 도움을 주는 재고관리방법은 크게 두 가지 접근방법으로 나누어 살펴볼 수 있다. 두 가지 접근방법은 고정주문량모형과 고정주문기간모형인데, 먼저 고정주문량모형부터 설명하고, 이어서 고정주문기간모형을 살펴보기로 한다.

고정주문량모형(*FOQ*)에서는 이름 그대로 얼마나 주문하느냐에 대한 답으로 주문량은 고정되지만, 언제 주문하느냐에 대한 주문시기는 변동하는 특성을 지닌다. [그림 6-6]에서 보듯이 수요가 일정하지 않아 재고수준의 변동이 직선형태가 아니다. 그러므로 재고기록을 지속적으로 검토하여(continuous review) 재고수준이 재주문점(ROP: re-order point)에 도달하면 Q만큼 주문하고, 리드타임(LT)만큼 시간이 경과하면 주문량이 입고되어 재고수준은 다시 Q만큼 올라가는 형태를 취한다. 그래서 주문량은 Q로 일정하지만, 주문하는 시간간격은 T_1, T_2로 서로 다른 특성을 지닌다. 이처럼 주문하는 시기는 재고의 양이 재주문점(ROP)에 도달할 때가 기준이 되고, 주문하는 물량은 일정하게 운영하므로, 고정주문량모형을 Q시스템이라고도 부른다. Q시스템에서는 재고수준을 지속적으로 검토하면서 엄격하게 관리하므로 안전재고수준이 비교적 낮다. 또한 재고통제가 엄격하므로 고가의 A급 품목을 관리하는데 적합한 방법이라고 할 수 있다.

Q시스템의 주문량은 운송단위 등을 고려하여 일정량으로 정하거나, 수요가 비교적 안정적이라고 가정하면 EOQ 공식을 이용하여 산정할 수도 있을 것이다. 한편 ROP는 수요가 일정하지 않으므로 주문리드타임(LT) 동안의 평균수요에 안전재고(SS: safety stock)를 감안하여 산정된다. 이를 산식으로 표현하면 다음과 같다.

$$ROP = \check{d} \cdot LT + SS$$

여기서 $\check{d}$는 평균수요, LT는 리드타임의 길이를 나타내는데, 평균수요와 리드타임의 시간단위는 동일하여야 한다. 즉 일일수요이면 리드타임도 일단위로 나타나고, 주간수요이면 리드타임도 주단위로 표시되어야 하는 것이다.

다음 안전재고(SS)는 리드타임 동안 수요의 표준편차(σ_{LT})와 고객서비스수준

그림 6-6 고정주문량모형

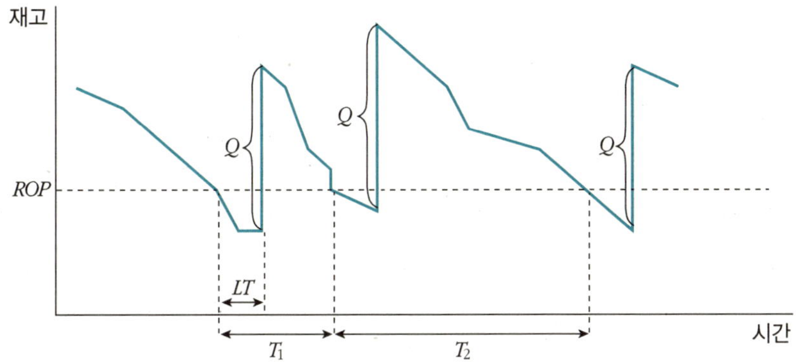

(service level) 두 가지 요소를 감안하여 산정된다. 이 가운데 표준편차는 과거 실적자료를 통계적으로 분석하면 얻을 수 있다. 수요변동이 심할수록 표준편차가 커지므로 안전재고수준은 높아진다. 그런데 가끔 표준편차의 단위와 리드타임의 길이가 다르게 주어질 때가 있는데, 이 경우에 동일 시간단위로 조정하는 과정이 필요하다. 예를 들면 표준편차는 일일수요의 표준편차(σ_d)로 주어지고, 리드타임은 LT일이라고 하면, 리드타임 동안 수요의 표준편차(σ_{LT})는 다음과 같이 계산된다.

$$\sigma_{LT} = \sigma_d \cdot \sqrt{LT}$$

한편 서비스수준은 고객수요를 충족시킬 수 있는 확률의 개념으로 정의하고, 수요가 정규분포를 따른다고 가정하면 서비스수준에 상응하는 z값으로 나타낼 수 있다. 예를 들면 서비스수준이 95%이면 z값이 1.65이고, 서비스수준이 99%이면 z값이 2.33이 된다. 따라서 서비스수준이 높을수록 z값이 커지므로 안전재고가 늘어나게 된다.

이상에서 서술된 내용을 종합하여 재주문점을 다시 정리하면 다음과 같이 나타낼 수 있다.

$$ROP = \check{d} \cdot LT + z \cdot \sigma_{LT} = \check{d} \cdot LT + z \cdot \sigma_d \cdot \sqrt{LT}$$

간단한 예제를 통하여 고정주문량모형의 주문량(Q)과 재주문점(ROP)을 계산해 보기로 하자. 고정주문량모형으로 관리하는 어떤 제품의 단가가 5,000원이고, 주간수요는 정규분포를 따르고 평균이 100개이며, 주간수요의 표준편차는 16개라고 한다. 주문비용은 40,000원이고 주문리드타임은 3주가 소요된다. 연간 단위당 재고유지비용은 단가의 20%로 추정되며, 재고로 고객수요를 충족시켜 줄 수 있는 서비스수준을 95%로 유지하고자 하면 언제, 얼마만큼을 주문해야 할지를 계산해보자. 1년을 52주로 보면 EOQ와 ROP는 다음과 같다.

$$EOQ = \sqrt{2 \cdot D \cdot S / C_i} = \sqrt{2 \cdot (100 \times 52) \cdot 40{,}000 / (5{,}000 \times 0.2)} = 644.9$$

(645개)

$$ROP = \check{d} \cdot LT + z \cdot \sigma_d \cdot \sqrt{LT} = 100 \cdot 3 + 1.65(16)\sqrt{3} = 345.7(346개)$$

5. 고정주문기간모형(FOP: fixed order period)

고정주문기간모형(FOP)에서는 앞의 FOQ와 대조적으로 주문시기를 일정하게 고정시키고, 주문하는 물량은 주문시점의 보유재고수준에 따라 변동하는 특성을 지닌다. 이처럼 FOP는 주문시간(period)을 기준으로 관리하는 방법이므로 P시스템이라고 부르기도 한다.

P시스템에서는 [그림 6-7]에서 보듯이 일정한 시간간격(T) 단위로 재고검토(periodic review)가 이루어진다. 정해진 시점에 재고수준을 파악하고, 목표재고수준(TI: target inventory)에 미달하는 차이만큼 주문하면 리드타임 경과 후 입고되어 재고수준이 주문량만큼 증가한다. 검토시점의 보유재고수준이 다르므로 주문량은 Q_1, Q_2, Q_3, Q_4 등으로 서로 다르게 된다.

지속적으로 재고검토가 이루어지는 Q시스템과 달리 일정시점에만 재고검토가 이루어지므로 재고관리가 상대적으로 느슨한 특성을 지닌다. 따라서 비교적

그림 6-7 고정주문기간모형

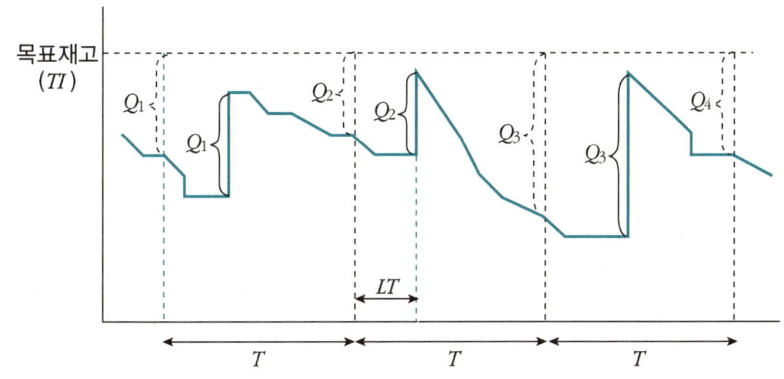

저렴하고 엄격한 통제의 필요성이 적은 C급 품목의 관리에 적합하다고 볼 수 있다. 또한 Q시스템에 비하여 안전재고수준을 높게 유지해야 하는 단점이 있다. 반면에 한 공급처로부터 여러 품목을 공급받을 경우 일정시점에 재고검토를 하여 한꺼번에 주문할 수 있는 장점이 있다.

P 시스템에서는 언제 주문할지는 일정시간간격으로 정해진다. 간단한 예로 매주 월요일 또는 매월 말일 등으로 시점을 정할 수 있다. 또는 수요형태가 비교적 안정적인 경우 EOQ를 산정하여 단위시간당 평균수요로 나누어서 시간간격을 정할 수도 있을 것이다. 예를 들면 EOQ가 90개로 얻어졌는데, 주간 평균수요가 30개이면 3주 단위로 주문하면 되는 것이다.

그러나 얼마나 주문할지에 대한 대답은 목표재고와 보유재고의 차이를 계산해서 얻어진다. 보유재고는 재고검토에서 밝혀지지만 문제는 목표재고를 어떻게 설정할 것인가 하는 것이다. P 시스템에서 목표재고는 주문시간간격(T)뿐만 아니라 리드타임(LT)도 함께 고려하여 설정되어야 한다. 다시 말하면 재고검토가 지속적으로 이루어지지 않으므로 ($T+LT$) 동안의 예상수요의 규모와 수요변동의 정도를 나타내는 표준편차를 고려해서 목표재고수준을 정해야 된다. 이를 식으로 표현하면 다음과 같다.

$$TI = \check{d} \cdot (T + LT) + SS$$
$$= \check{d} \cdot (T + LT) + z \cdot \sigma_{T+LT}$$
$$= \check{d} \cdot (T + LT) + z \cdot \sigma_d \cdot \sqrt{(T + LT)}$$
$$Q = TI - I_{OH}$$

여기서 $\check{d}$ = 평균수요
T = 주문간격
LT = 리드타임
σ_{T+LT} = $(T + LT)$기간 수요의 표준편차
σ_d = 단위시간 수요의 표준편차
I_{OH} = 보유재고(on-hand)

그러면 간단한 예제를 통해 *FOP*를 이해하도록 해보자. 어떤 품목의 일간수요가 정규분포를 따르며, 평균은 500개, 표준편차가 25개라고 한다. 이 품목에 대한 재고검토는 매주 금요일에 실시하는데 이번 금요일 현재 재고가 400개로 확인되었다. 리드타임이 3일 소요된다고 가정하고, 서비스수준 95%로 유지하기 위해 몇 개를 주문해야 하는지 계산해보면 다음과 같다.

$$TI = 500\,(7 + 3) + 1.65\,(25)\sqrt{(7 + 3)} = 5{,}000 + 130 \fallingdotseq 5{,}130\text{개}$$
$$Q = TI - I_{OH} = 5{,}130 - 400 = 4{,}730\text{ 개}$$

6. 단일기간재고모형(single period model)

지금까지 살펴본 재고관리모형들은 여러 차례 재고보충이 일어나는 경우를 다루었다. 그런데 경우에 따라 단일기간 동안만 고려하는 특수한 상황도 발생한다. 즉 부패성이 있는 청과류 또는 화훼나, 제품수명주기가 한정되어 있는 신문 또는 패션제품 등의 경우 남은 재고를 다음 기에 이월시켜 같은 가격에 판매할 수가 없다. 신문이나 패션제품 등은 과잉재고를 유지했다가 판매되지 않고 남으면 폐지나 이월상품으로 훨씬 저렴한 가격으로 매각처분하는 경우가 많다. 하지

만 청과류나 화훼 같은 제품은 오히려 처분비용을 지불해야 하는 경우도 발생한다. 반면에 재고가 부족하면 고객이 대기하다가 다음 기에 구매하지 않으므로 판매기회를 상실하게 되는 것이다.

이와 같은 특수상황에 적합한 재고모형이 개발되었는데, 단일기간재고관리모형의 대표적인 사례로 신문판매상을 자주 인용하므로 일명 신문판매상모형(news vendor model)이라고도 불린다. 신문판매상모형에서는 수요가 확률분포(예를 들면 정규분포)를 지니며, 분포는 알려져 있다고 가정한다. 그리고 재고과잉에 따른 비용 또는 재고부족에 따른 손실은 선형함수로 비례적으로 증감한다고 가정하면 비용과 손실의 합계를 최소로 하는 적정구매량(Q)을 산정해보면 다음과 같다.

$$\text{총비용과 손실합계}(Y(Q)) = C_o\int_0^Q (Q-x)\,g(x)\,dx + C_s\int_Q^\infty (x-Q)\,g(x)\,dx$$

이를 Q에 대하여 미분하여 미분계수를 영(zero)으로 하면 다음과 같은 식을 얻을 수 있다.

$$dY(Q)/dQ = C_o\int_0^Q 1\cdot g(x)dx + C_s\int_Q^\infty (-1)\,g(x)dx = 0$$
$$= C_o G(Q) - C_s(1-G(Q)) = 0$$

따라서 $G(Q^*) = C_s/(C_o + C_s)$

여기서 x = 수요(정규확률변수; 평균 μ, 표준편차 σ)
$G(x)$ = 수요가 x보다 적거나 같을 누적확률함수
$g(x)$ = 수요의 확률밀도함수
C_o = 과잉재고에 따른 비용
C_s = 재고부족에 따른 단위당 판매손실

이렇게 계산된 누적확률 $G(Q^*)$은 앞의 P시스템이나 Q시스템에서 살펴본 서비스수준(service level)과 같은 개념이 된다. 이 누적확률이 얻어지면 그에 상응하는 표준화된 정규분포의 z값을 찾을 수 있다. 그러면 Q^*는 다음 식으로 산정된다.

$$Q^* = \mu + z \cdot \sigma$$

위의 식에 사용된 누적확률과 최적구매량(Q^*)의 관계를 그래프로 나타내면 [그림 6-8]과 같이 정리할 수 있다.

그림 6-8 | 단일기간모형

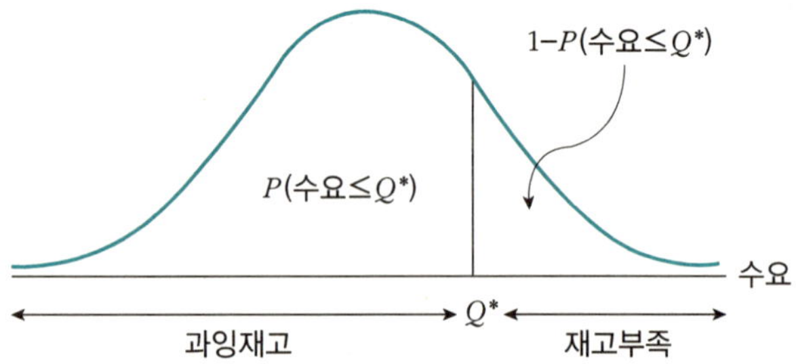

간단한 예제를 통하여 신문판매상 모형을 이해해보자. 어떤 신문판매상이 하루에 판매하는 신문부수는 평균이 150부, 표준편차 10부인 정규분포를 따른다고 한다. 신문 1부의 구매가격은 500원이고, 판매가격은 2,000원이다. 신문을 당일 판매하지 못할 경우, 폐지수집상에 1부당 200원을 받고 처분할 수 있다고 한다. 이 신문판매상의 최적 구매부수는 얼마인가?

이 경우 과잉재고비용은 구매가격 500원에서 잔존가치 200원을 차감한 300원이 되고, 재고부족 시 부담하는 판매손실은 판매가격 2,000원에서 구매가격 500원을 차감한 1,500원이 된다. 이를 이용하여 적정 서비스수준인 $G(Q^*)$를 계산하면 다음과 같다.

$$G(Q^*)=C_s/(C_o+C_s)=(2,000-500)/((500-200)+(2,000-500))=0.8333$$

이에 상응하는 표준화된 정규분포의 z값은 0.967이 된다. 따라서 $Q^* = 150 + 0.967 \times 10 = 159.67 \fallingdotseq 160$부가 된다.

6-3 종속수요항목에 대한 재고관리: 자재소요량계획(MRP)

앞에서 살펴본 독립수요항목에 대한 재고관리기법들 가운데 단일기간모형을 제외하고 다른 기법들에서는 수요가 지속적인 형태로 발생하여 재고가 점진적으로 소진되어 재주문점(*ROP*)에 이르면 재고보충이 이루어지는 개념이므로 소진에 기반을 둔 재고계획법(consumption-based planning)이라고도 불리어진다. 이러한 소진에 기반을 둔 재고관리법은 무더기수요(lumpy demand)가 불연속적으로 발생하는 종속수요의 특성을 지니는 생산용 재고(manufacturing inventory)를 관리하기에는 적합하지 않은 것으로 지적되고 있다.

1. ROP시스템의 문제점

판매수요를 충족시키기 위한 목적으로 유지되는 독립수요 성격의 유통재고와 달리, 완제품 생산을 위하여 소요되는 원재료, 부품 또는 반제품 등의 생산용 재고는 완제품과 같은 상위품목을 생산할 시점에 맞추어 띄엄띄엄 무더기수요(discrete lumpy demand)가 발생하는 특성을 지닌다. 이처럼 생산용 재고는 상위품목 생산에 종속되어 불연속적으로 소요량(discontinuous requirements)이 생성되는데 연속적인 재고소진을 가정한 재주문점(*ROP*)시스템으로 관리할 경우, [그림 6-9]에서 보이듯이 불필요한 재고를 오랫동안 보유하게 되는 문제점을 지니게 된다.

[그림 6-9]에서 맨 위쪽은 독립수요항목인 완제품의 재고수준변화를 나타낸 것이고, 가운데 부분이 *ROP*에 의한 부품관리를 도시한 것이다. 완제품재고가 소진되어 *ROP*에 도달하게 되는 시점에 완제품 재고보충을 위한 생산이 개시되므로, 이 시점에 부품이 무더기로 소요되어 부품의 재고수준이 계단함수 형태로 감소한다. 이렇게 무더기수요가 일어나는 것은 완제품 생산로트의 크기(lot

그림 6-9 ROP에 의한 부품재고관리의 문제점

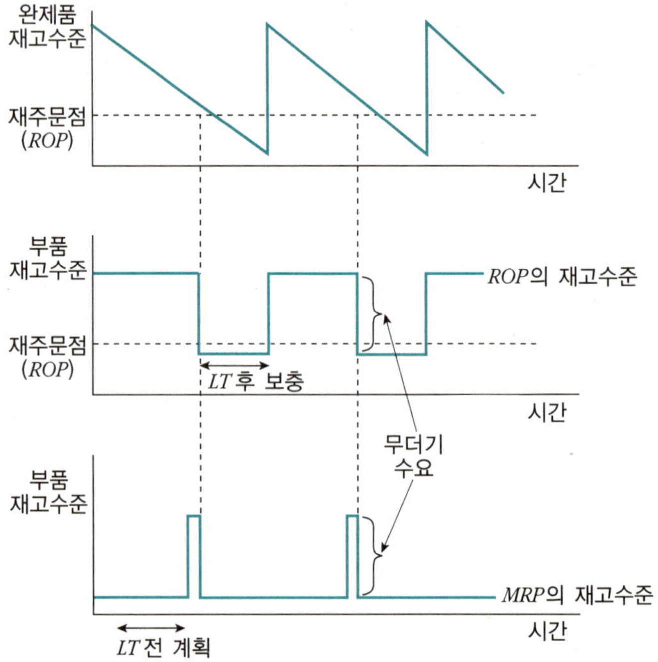

자료: Chapman(2006), p.130을 보완함.

sizes) 때문이다. 무더기로 부품이 소요되어 재고수준이 재주문점에 도달할 때 부품을 주문하면 일정한 리드타임이 경과한 후에 보충되어 재고수준은 다시 증가하여 다음 완제품 생산이 이루어질 때까지 같은 수준의 부품재고를 유지하게 된다. 이 경우 재고규모는 *ROP*시스템에서 통상적으로 산정하듯이 주문량(또는 로트크기)의 1/2에 해당하는 평균재고에다가 안전재고를 가산하여 얻는 것보다도 훨씬 더 많은 재고를 유지하게 됨을 볼 수 있다.

부품과 같은 종속수요항목의 재고관리에 *ROP*를 적용할 경우 야기되는 이러한 과다재고의 문제점을 해결하기 위해 개발된 것이 자재소요량계획(MRP: material requirements planning)이다. 종속수요의 필요시기와 소요량은 상위품목의 생산계획에서 사전에 계산할 수 있으므로, 부품조달에 소요되는 리드타임을 감안하여 [그림 6-9]의 하단에서 도시한 것과 같이 필요한 시점에 가용하도

록 선행적인 계획을 수립할 수 있는 것이다. 그렇게 함으로써 부품재고를 최소로 유지하다가 다음 번 완제품 생산시점 직전에 필요한 만큼의 부품을 확보하면 된다는 것이 MRP의 기본논리인 것이다.

2. MRP시스템의 투입 · 산출정보

자재소요량계획(MRP)을 통해 종속수요항목의 필요한 시기와 수량에 대해서 선행적으로 계획하려면, 우선 해당부품이 사용되는 완제품의 생산이 언제 얼마만큼 이루어지는지에 대한 기준생산계획(MPS) 정보가 있어야 한다. 그리고 무엇을 주문할지 알기 위해서는 완제품을 만드는 데 필요한 부품 및 원재료 등의 구조에 관한 정보를 제공해주는 자재명세서(BOM: bill of materials)가 필요하며, 얼마만큼 확보해야 할지는 보유재고를 감안하여 소요량을 산정해야 하므로 재고기록표(inventory file)가 필요하게 된다.

이러한 투입정보들을 활용하여 확보할 품목이 무엇(what)이며, 요구량이 얼마며(how many), 언제(when) 필요한지를 모색하여, 외부 협력업체로부터 공급받아야 할 것은 구매주문(purchase orders)을 내고, 내부에서 가공 · 처리해야 할 것은 생산지시(production orders)를 생성하게 된다. 그리하여 구매주문은 협력업체관리시스템으로 전달되고, 생산지시는 생산현장관리시스템으로 연결되어 계획을 실행하게 되는 것이다.

이와 같은 MRP의 투입 및 산출정보와 다른 시스템과의 연관관계는 제4장에서 소개한 [그림 4-1]의 생산계획 및 통제시스템(MPCS)의 구조에서 요약되어 있다. 즉 MRP는 MPCS의 가운데 물자계획 부분의 하단에 위치하며 기준생산계획(MPS), 협력업체관리시스템(VFS), 생산현장관리시스템(PAC) 및 상세설비능력계획(CRP) 등의 다른 시스템 기능들과 연계되어 운영되는 것이다. 이러한 MRP의 위치에 주요 투입 및 산출정보를 추가하여 확장하여 도시하면 [그림 6-10]과 같이 나타낼 수 있다.

[그림 6-10]에서 MRP의 주요 투입정보 가운데 가장 중요한 것이 기준생산계

그림 6-10 MRP의 주요 투입 및 산출정보

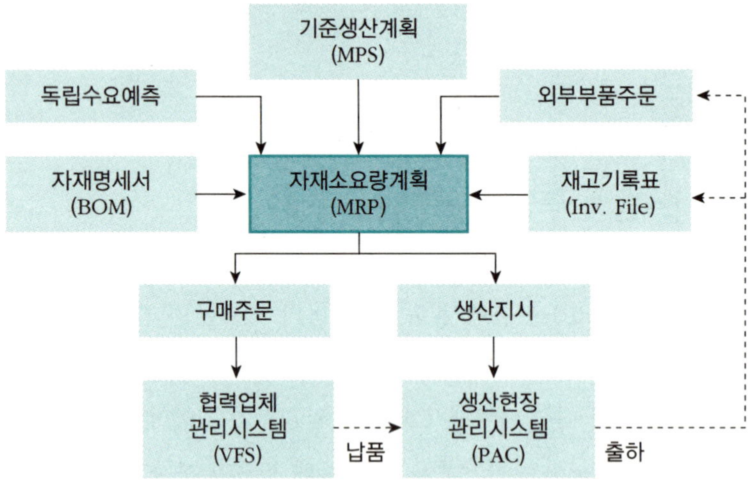

자료: Orlicky(1975), pp.48-49 종합

획(MPS)이다. 기준생산계획은 제5장에서 기술한 바와 같이 독립수요항목인 개별 완제품 또는 주요 부분품의 생산시기와 생산량에 대한 계획정보를 담고 있다. 앞에서 언급했듯이 MPS의 계획기간의 길이는 해당제품에 들어가는 원재료 및 부품가공의 누적리드타임보다 길게 책정되어야 한다. 그래야만 독립수요품목의 생산에 필요한 재료와 부품의 조달 및 가공계획이 MRP에서 전개될 수 있기 때문이다.

MPS에서 전개되는 종속수요항목이 서비스부품이나, 공장 간 주문 또는 OEM 주문 등과 같이 독립적으로도 판매될 수 있는 경우에는 그에 대한 예측 및 고객 주문정보도 총소요량(GR: gross requirements) 산정에 포함되어야 한다. 따라서 이들 독립수요에 대한 예측이나 외부부품주문 자료도 MRP에 제공되어야 함을 표시한 것이다.

재고기록표(inventory file)는 순소요량(NR: net requirements)을 산정하는 데 필요한 재고상태에 대한 정보를 담고 있다. 여기에는 입고, 출고, 스크랩(scrap) 처리 등과 같은 재고거래(inventory transactions)들이 제대로 정리되어 최근 재고상황을 정확하게 반영하고 있어야 한다. 이러한 재고거래 상황뿐만 아니라, 해

그림 6-11 BOM 예시

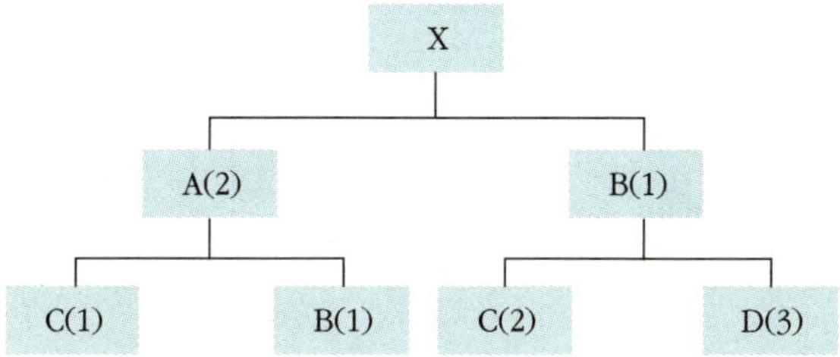

당품목의 계획관련 요소(planning factors)들도 필요한데, 예를 들면 리드타임, 로트크기, 안전재고수준 등에 관한 내용이 있어야 계획주문량의 크기와 시기 등이 결정될 수 있는 것이다. 이러한 계획요소들에 관한 기준정보들이 관리되는 자료를 품목기준정보철(item master file)이라고도 한다.

자재명세서(BOM: bill of materials)는 제품구성표(product structure)라고도 하는데, [그림 6-11]과 같이 상위의 모품목과 하위의 자품목들 간의 관계에 관한 정보를 담고 있다. 이는 기준생산계획의 대상 제품이 어떤 부분품, 부품 및 원재료로 구성되는지를 나타내는 것으로, MRP를 통해 무엇을, 언제, 얼마나 확보해야 하는지에 대한 계획을 전개하는 데 필수적인 정보인 것이다. 일반적으로 조립품목인 경우 재고기록표에 해당 자재명세서의 위치를 가리키는 정보를 표시하여 재고기록표와 자재명세서가 서로 연계적으로 참조되고 있다.

이상과 같은 투입정보를 바탕으로 MRP가 전개되면 다양한 정보들이 산출된다. MRP의 산출정보는 크게 주보고서(primary reports)와 부보고서(secondary reports)로 구분되며, 대표적인 산출정보는 다음과 같다.

- 주보고서
  - 주문발행(구매주문 또는 생산지시) 공지
  - 기발행 주문(open orders)의 스케줄 재조정 또는 취소 공지
  - 향후 계획주문(planned orders) 일정
- 부보고서
  - 예외사항(오류 또는 불일치) 보고서
  - 수요원천 추적(pegging)정보

- 재고추정치
- 성과보고서 등

3. MRP 전개

주요 투입정보로 MPS, BOM 및 재고기록표 등이 주어진다면 MRP에서 무엇을, 언제, 얼마나 확보할 것인지에 관한 계획을 전개(explosion)하는 과정을 간단한 예제를 통하여 살펴보기로 하자. 먼저 예제에서 사용될 자재명세서는 [그림 6-12]와 같다고 가정한다.

그리고 완제품 Y의 기준생산계획(MPS)은 8주의 계획구간에 대하여 [표 6-2]와 같이 주어졌다고 가정하며, 이를 계획된 독립소요량(PIR: planned independent requirement)이라고 볼 수 있다.

그림 6-12 | 완제품 Y의 BOM

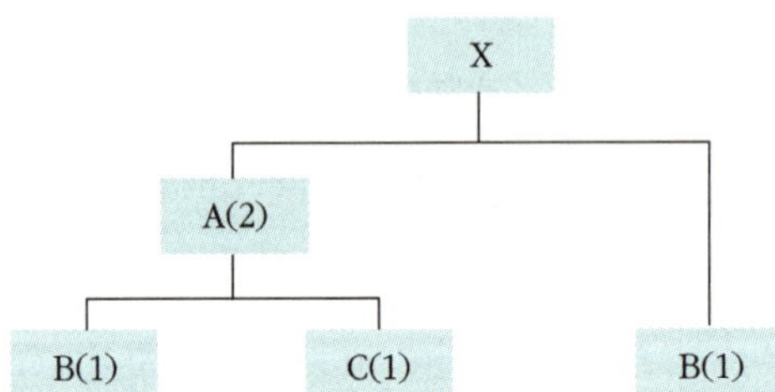

주: 괄호 안의 숫자는 단위당 소요량임.

| 표 6-2 | Y의 기준생산계획

주별	1	2	3	4	5	6	7	8
MPS		500	500			500		

그러면 BOM의 제1레벨(level)에 있는 반제품 A에 대한 MRP 전개는 다음과 같이 나타낼 수 있다.

| 표 6-3 | A품목의 MRP 전개

(OH = 1,900, LS = 700, LT = 2주, SS = 200)

주별	1	2	3	4	5	6	7	8
GR		1,000	1,000			1,000		
SR								
PAB	1,900	900	600	600	600	300	300	300
NR			300			600		
PO Rec.			700			700		
PO Rel.	700			700				

여기서 표 위의 ( ) 속에 주어진 정보는 이 품목의 계획요소에 관한 기준정보들이다. 즉 OH(on hand)는 현재보유재고를 말하며, LS(lot size)는 주문로트의 크기를 나타낸 것이며, LT(lead time)는 리드타임의 길이이고, SS(safety stock)는 안전재고수준을 나타낸 것이다. 그리고 표의 첫째 칸에 있는 GR(gross requirement)은 총소요량, SR(scheduled receipt)은 입고예정량, PAB(projected available balance)는 예상재고잔량, NR(net requirement)은 순소요량, PO Rec.(planned order receipt)은 계획주문수취량, PO Rel.(planned order release)은 계획주문발주량을 의미한다.

반제품 A의 총소요량과 소요시기는 BOM에서 상위에 있는 모품목 Y에 종속된다. Y 한 단위를 조립하는 데 A가 2단위 소요되므로, Y의 계획된 독립소요량(PIR) 500개의 2배인 1,000개의 총소요량이 2, 3, 6주의 두 번째 줄에 생긴다.

세 번째 줄의 입고예정량(SR)은 이미 발행한 주문(open order)에 의해 입고되도록 예정된 물량을 말하는데, 여기서는 기발행한 주문이 없다고 보고 빈칸으로 되어 있다. 네 번째 줄의 예상재고잔량(PAB)은 {기초재고(OH) + 입고예정량(SR) + 계획주문수취량(PO Rec.) – 총소요량}으로 산정된다. 1주차 PAB는 현재보유재고와 동일하다. 그러나 2주차에는 총소요량 1,000개를 기초재고에서 차감하면 900개의 재고가 남을 것으로 예상된다.

다섯 번째 줄의 순소요량(NR)은 {기초재고 + 입고예정량(SR) – 총소요량}을 계산한 값이 음수인 경우 그 절대치를 구하고, 만약 안전재고요건이 있는 경우에는 안전재고수준을 더해주면 된다. 예를 들면 3주차에 기초재고가 2주의 기말재고와 같으므로 900개에서 3주차 총소요량 1,000개를 차감하면 −100이 나오고, 안전재고수준이 200개이므로 순소요량은 300개로 표시되는 것이다. 이러한 계산절차를 총소요량에서 순소요량을 산정하는 과정(gross to net calculation)이라고 한다. 이 과정을 통하여 순소요량이 발생하면 그 주에 계획주문(planned orders)이 수취되도록 하여야 한다. 이것이 여섯째 줄에 계획주문수취량(PO Rec.)으로 나타난다.

계획주문수취량이 발생하면 그 시점에서 리드타임만큼 거슬러 올라가서 계획주문발주량(PO Rel.)을 표시하게 된다. 이 절차를 리드타임 역산과정(lead time off-setting)이라고 한다. 그리하여 리드타임이 경과하여 필요한 시기에 계획주문의 수취가 이루어질 수 있게 되는 것이다. 계획주문발주량은 마지막 줄에 표기된다.

예제에서 3주차에 순소요량은 300개지만 로트크기가 700이고, 리드타임이 2주이므로 700개를 1주차에 발주해야 한다. 그래서 3주차에 700개의 계획주문수취량이 생기게 되어, 3주차의 예상재고량은 (900 + 700 − 1,000) = 600으로 계산이 되는 것이다. 그런데 이 1주차는 현재시점으로 실행을 요하는 시간(action time bucket)이므로 계획주문을 실제 발주를 내어 실행하게 되면 더 이상 계획주문(planned order)이 아니라, 발행된 주문(open order)으로 전환되게 된다. 이 경우에는 3주차 700개 계획주문수취량은 3주차 입고예정량(SR)으로 바뀌게 된다. 이와 같은 논리로 계획주문수취량이 6주에 700개 잡히고, 2주 거슬러 올라가서 계획주문발주량이 4주차에 700개 표기된다. 그리고 6주차에 계획주문수취량을 감안해서 예상재고잔량이 300개로 조정되게 된다.

다음은 B품목의 소요량 전개과정을 살펴보기로 하자. B품목은 [그림 6-12]의 BOM에서 두 번 나타난다. 즉 BOM 레벨 1에서 반제품 A와 함께 완제품 Y를 조립할 때 B가 한 단위 필요하고, 레벨 2에서 반제품 A를 한 단위 조립하는데 C품목 한 단위와 B품목 한 단위가 필요함을 볼 수 있다. 이처럼 동일한 품목이 BOM상의 여러 레벨에 표시될 경우에는 따로 따로 MRP를 전개하는 것보다 최하위 레벨 코드(LLC: low level code)를 사용하여 한꺼번에 MRP를 전개하는 것

| 표 6-4 | B품목의 MRP 전개

(OH = 2,000, LS = LFL, LT = 2주, SS = 200, LLC = 2)

주별	1	2	3	4	5	6	7	8
GR	700	500	500	700		500		
SR								
PAB	1,300	800	300	200	200	200	200	200
NR				600		500		
PO Rec.				600		500		
PO Rel.	700	600 ◀		500 ◀				

이 더 효율적이다. [표 6-4]의 윗부분에 LLC = 2라고 표기되어 있는 것은 레벨 2에서 한꺼번에 전개함을 나타낸 것이다.

[표 6-4]에서 B품목의 GR은 Y의 생산계획(MPS)과 A의 계획주문발주량(PO Rel.)에서 전개되어 내려온 것들이다. 즉 2, 3, 6주차의 500개는 Y의 PIR을 담고 있는 [표 6-2]에서 내려온 것들이고, 1, 4주차의 700개는 A품목의 MRP 전개를 나타내는 [표 6-3]의 계획주문발주량(PO Rel.)에서 내려온 것들이다. 그리고 1주차 PAB = 1,300은 현재보유재고(OH) 2,000개에서 1주차 총소요량(GR) 700개를 차감하여 얻어진 값이다. 나머지 기간의 PAB는 앞의 A품목 전개과정에서 설명한 절차에 의해 얻어진 값들임을 확인할 수 있다.

[표 6-3]에서 4주차의 순소요량(NR) 600개는 (300 − 700)의 절대치에다 안전재고수준 200개를 더한 값이다. 순소요량 600개만큼 계획주문수취량(PO Rec.)이 4주차에 생성되고, 리드타임 2주만큼 역산하여 제2주차에 계획주문발주량(PO Rel.) 600개가 표기된다. 그리고 6주차의 순소요량은 (200 − 500)의 절대치에다 안전재고 200을 가산하여 500개로 산정된다. 따라서 6주차에 계획주문수취량(PO Rec.) 500개가 표기되고, 2주 거슬러 올라 4주차에 500개의 계획주문발주량(PO Rel.)이 생성된다.

여기서 계획주문량이 2주에는 600개이고, 4주에는 500개로 서로 다른 점에 유의할 필요가 있다. 이렇게 계획주문량이 다른 것은 [그림 6-4]의 B품목 기준정보에서 로트크기(LS)정책이 LFL(lot for lot)로 정해져 있기 때문이다. LFL은 앞의 [표 6-3]의 A품목처럼 로트크기가 일정량으로 고정되어 있지 않고, 순소요량만큼 주문하는 방법을 말한다. 따라서 4주와 6주의 순소요량만큼 계획주문량이 생성된 것이다.

마지막으로 C품목의 MRP 전개를 [표 6-5]를 통하여 살펴보기로 하자.

❙ 표 6-5 ❙ C품목의 MRP 전개

(OH = 600, LS = LFL, LT = 1주, SS = 0, Allocated 100, Scrap 10%)

주별	1	2	3	4	5	6	7	8
GR	700			700				
SR	350							
PAB	150	150	150	0	0	0	0	0
NR				550				
PO Rec.				550				
PO Rel.			611 ←					

[표 6-5]의 1, 4주차에 나타난 C품목의 총소요량(GR) 700개는 [표 6-3] A품목의 계획주문발주량(PO Rel.)에서 전개된 것이다. 그리고 1주차의 입고예정량(SR) 350개는 전 주에 이미 발행한 주문량이 1주차에 입고되도록 약속된 것으로 보면 된다.

또한 1주차의 예상재고잔량(PAB) 150개는 다음과 같이 산정된 값이다. 즉 현재보유재고(OH) 600개와 입고예정량(SR) 350개를 합하면 총 950개가 가용재고로 예상되지만, 이 중에서 이미 어떤 목적을 위하여 별도로 할당해 놓은(allocated) 것이 100개 있으므로 이를 차감하면 850개만 실제 가용재고가 된다. 따라서 이 850개의 가용재고에서 1주차 총소요량(GR) 700개를 차감하면 예상재고잔량(PAB)은 150개가 된다. 할당에 관한 정보는 재고기록표에서 얻을 수 있는 정보로 [표 6-5]의 윗부분에 Allocated 100으로 표기되어 있다.

마지막으로 4주차에 순소요량은 예상기초재고 150개에서 해당 주 총소요량 700개를 차감하고 절대값을 취하여 550개로 표기되어 있다. 그래서 4주차에 LFL 정책을 사용하여 계획주문수취량(PO Rec.)이 550개로 나타난다. 그런데 1

주의 리드타임을 거슬러 올라가서 3주차에 계획주문발주량은 611개로 표기되어 있다. 그 이유는 손모율(scrap)이 10%이기 때문이다. 이를 감안하여 계획주문수취량 550개를 0.9로 나누어서 611개의 계획주문발주량이 얻어진 것이다.

이상에서 MRP 전개의 기본과정을 이해하기 위해 간단한 예제를 통하여 수작업을 하듯이 품목별로 표를 작성해가면서 살펴보았다. 그런데 수많은 품목을 관리해야 하는 실무현장에서는 예제에서 본 것과 같이 수작업처리는 불가능하므로 대부분의 기업들은 ERP와 같은 컴퓨터시스템을 활용하여 자재소요량을 전개하고 있다. 컴퓨터시스템 내에서 이루어지는 MRP 전개도 위에서 서술한 것과 같은 절차를 따른다.

다시금 MRP 전개과정을 요약하면 다음과 같다. 즉 각 품목별로 관련 투입정보를 활용하여 총소요량에서 순소요량을 산정하는 과정(gross to net calculation)을 거쳐서 필요한 순소요량(NR)이 산정되면, 로트크기에 관한 정책에 따라 계획주문수취량(PO Rec.)을 설정하고, 리드타임만큼 역산하여(lead time offsetting) 계획주문발주량(PO Rel.)을 산정하면 된다.

예제에서는 로트크기를 정하는 방법으로 고정주문량(FOQ: fixed order quantity)과 LFL(lot for lot)만 예시하였는데, 그 외에도 소요량의 변동성, 재고유지비용과 주문비용의 비율 등을 감안해서 아래와 같은 다양한 방법에 의해 로트크기가 정해질 수 있다.

- 경제적 주문량(EOQ: economic order quantity)
- 고정주문기간(POQ: period order quantity)
- 최소단위비용(LUC: least unit cost)
- 최소총비용(LTC: least total cost)
- 자재기간균형법(PPB: part period balancing)
- Wagner-Whitin 알고리즘 등

지금까지 기술한 바와 같이 MRP시스템을 통하여 소요되는 품목(right materials)을 적기(right time)에 적량(right amount)을 생산 · 조달하게 되므로, MRP는 다음과 같은 목적달성에 기여할 수 있게 된다.

- 고객대응력 향상
- 재고투자의 최소화
- 생산효율의 최대화 등

6-4 유통재고에 대한 관리: 유통소요량계획(DRP)

앞에서 서술한 자재소요량계획(MRP)의 계획주문량 정보가 협력업체관리시스템 또는 현장관리시스템에 전달되어, 조달된 원재료 및 부품 등을 활용하여 생산현장에서 제품이 만들어지면 완제품재고가 생성되고, 이 완제품이 유통단계를 거쳐 고객수요에 대응하도록 배송되는 것이다.

유통소요량계획(DRP: distribution requirements planning)은 이러한 유통과정에 걸쳐서 완제품재고의 위치와 보충량을 산정함으로써 배송 · 물류업무를 지원하는 시스템이다. 아울러 DRP는 [그림 6-13]에 도시한 것처럼 생산계획관련 시스템에 수요정보를 제공하는 역할을 수행하기도 한다. 이러한 수요정보를 제공하는 DRP의 역할에 대해서는 제4장 수요관리 부분에서 간략히 언급한 바가 있다.

그림 6-13 | DRP의 위치

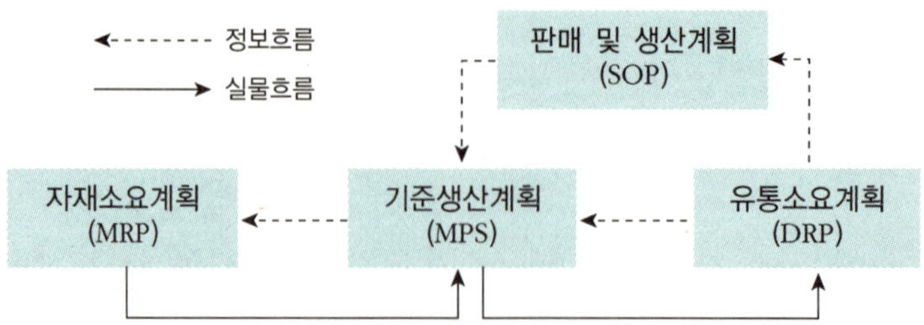

자료: Martin(1990), p.116을 조정하여 표시함.

DRP는 앞에서 살펴본 MRP에서 완제품 생산을 위하여 요구되는 계층별 소요자재의 필요량과 필요시기를 전개하는 논리와 비슷하게 유통단계별로 완제품재고의 보충량과 보충시기를 산정한다. 다만 MRP에서는 앞에서 기술한 바와 같이 자재명세서(BOM)에 의한 종속수요 품목의 재고관리를 다루는 것이지만, DRP는 [그림 6-14]와 같은 개념의 유통명세서(BOD: bill of distribution)에 의거 유통단계별로 독립수요인 완제품에 대한 재고관리를 지원한다는 점이 다르다.

그림 6-14 유통명세서(BOD)의 개념

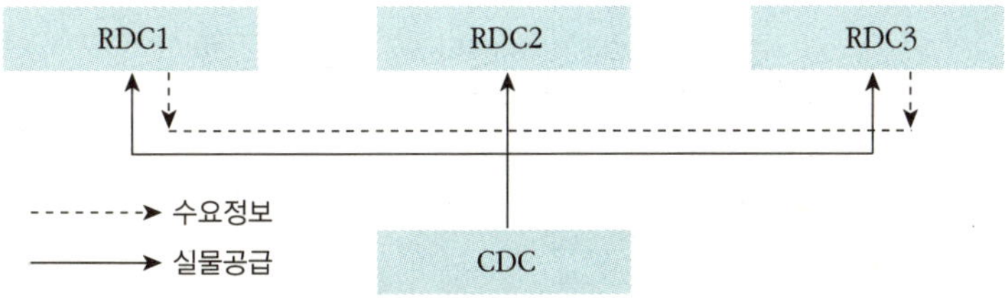

자료: Knolmayer et al.(2009), p.139의 내용을 조정 · 도시함.
주) RDC: 지역물류센터(regional distribution center)
CDC: 중앙물류센터(central distribution center)

DRP에서 각 단계별로 수요예측 및 고객주문정보를 토대로 총소요량(GR)을 산정하고, 입고예정량(SR) 및 예상재고잔량(PAB) 등을 감안하여 순소요량(NR)을 계산한 다음, 주문로트의 크기 및 리드타임 등을 고려하여 계획주문발주량을 시간대별로 표시하면서 일정계획(time-phased schedule)을 수립하는 과정은 MRP와 유사하다. 하지만 계획수립 방향성이 서로 다르게 나타난다. 즉 MRP에서는 BOM의 상위품목(parent item)에 대한 계획주문발주량이 하위품목(child item)의 총소요량으로 펼쳐지는 전개과정(explosion)을 취하지만, DRP에서는 [그림 6-15]에 예시한 바와 같이 BOD의 하위 유통센터(child location)의 계획주문발주량이 차상위 유통센터(parent location)의 총소요량으로 모아지는 취합과정(implosion)을 거친다는 점이 다른 것이다.

고객과 접촉이 이루어지는 하위 유통센터의 계획주문발주량은 차상위 유통센터로부터 재고이송(stock transfer)으로 보충되고, 재고가 감소되는 차상위 유통

그림 6-15 DRP의 소요량 취합과정 예시

지역물류센터(RDC) 100, 품목 A
(LS: 400 LT: 2 SS: 150 OH: 200)

주별	1	2	3	4
총소요량	100	200	100	100
입고예정량	400			
재고잔량	500	300	200	500
계획수취량				400
계획발주량		400		

지역물류센터(RDC) 200, 품목 A
(LS: 100 LT: 1 SS: 50 OH: 200)

주별	1	2	3	4
총소요량	60	50	80	80
입고예정량				
재고잔량	140	90	110	130
계획수취량			100	100
계획발주량		100	100	

중앙물류센터(CDC) 품목 A
(LS: 400 LT: 1 SS: 200 OH: 400)

주별	1	2	3	4
총소요량		500	100	
입고예정량	200			
재고잔량	600	500	400	400
계획수취량		400		
계획발주량	400			

센터의 계획주문발주량은 차차상위 유통센터의 재고이송으로 보충이 이루어지는 것이다. 이처럼 물류흐름은 공장창고에서 중앙물류센터, 지역물류센터 등으로 재고이송이 이루어져 궁극적으로 고객수요를 충족시키게 되며, 수요정보는 지역물류센터에서 중앙물류센터, 공장창고로 취합되어 [그림 6-13]에서 나타낸 바와 같이 판매 및 생산계획(SOP)이나 기준생산계획(MPS) 수립의 주요 투입자료로 활용되는 것이다.

이렇게 유통과정에 대한 관리시스템과 생산계획 및 통제시스템과 통합이 이루어지고, 나아가 생산계획 및 통제시스템은 협력업체관리시스템과 연계가 이루어져 전체적 공급사슬관리(supply chain management)의 체계가 구축되면, 재조 및 유통관련 비용이 감축될 뿐만 아니라, 리드타임도 단축되어 보다 민첩하게 고객요구에 대응할 수 있어 경쟁력이 향상될 수 있는 것이다.

| 토론과제 |

1. 독립수요항목과 종속수요항목의 특성을 서로 비교 · 설명하시오.
2. 위치 및 기능에 따른 재고의 유형을 구분하여 토론해보시오.
3. 경제적 주문량모형(EOQ)의 기본가정에 대해서 설명하시오.
4. EOQ의 산출식과 ROP를 설명하시오.
5. 경제적 생산량모형(EPQ)의 특성을 도시하면서 설명하시오.
6. 가격할인모형(quantity discount model)을 이용한 최소비용주문량 산정절차를 설명하시오.
7. 고정주문량모형(Q시스템)과 고정주문기간모형(P시스템)의 특성을 비교 · 설명하시오.
8. 단일기간모형(single period model)의 특성과 적용대상에 대하여 토론해보시오.
9. MPCS 구조에서 MRP의 기능 및 타 시스템과의 연계성에 대하여 설명하시오.
10. MRP의 주요 투입 및 산출정보에 대하여 토론해보시오.
11. MRP 전개표에 나타나는 계획주문수취량(PO Rec.)과 계획주문발주량(PO Rel.)을 비교 · 설명하시오.
12. MRP시스템의 궁극적 목적에 대하여 토론해보시오.
13. DRP의 개념과 기능을 MRP와 대비하면서 설명하시오..

참고문헌

Akhtar, J.(2013), *Production Planning and Control with SAP ERP*, Galileo Press.

Chapman, S. N.(2006), *The Fundamentals of Production Planning and Control*, Pearson Prentice-Hall.

Hopp, W. J. and M. L. Spearman(2001), *Factory Physics*, 2nd. ed., Irwin McGraw-Hill.

Karajewski, L. J., L. P. Ritzman and M. K. Malholtra(2013), *Operations Management*, 10th. ed., Pearson.

Knolmayer, G., P. Mertens, A. Zeier, J. T. Dickersbach(2009), *Supply Chain Management Based on SAP Systems*, Springer.

Martin, A. J.(1990), *Distribution Requirements Planning*, The Oliver Wight Companies.

Monk, E. and B. Wagner(2013), *Concepts in Enterprise Resource Planning*, 4th. ed., Course Technology.

Orlickey, J.(1975), *Material Requirements Planning: The New Way of Life in Production and Inventory Management*, McGraw-Hill.

Ptak, C. A.(1997), *MRP and Beyond*, Irwin.

Schroeder, R. G.(2000), *Operations Management: Contemporary Concepts and Cases*, Irwin McGraw-Hill.

Stevenson, W.(1990), *Production/Operations Management*, 3rd. ed., Irwin.

Reid, R. D. and N. R. Sanders(2013), *Operations Management: An Integrated Approach*, 5th. ed., Wiley.

Vollman, T. E., W. L. Berry and D. C. Whybark(1992), *Manufacturing Planning and Control Systems*, 3rd. ed., Irwin.

07 Chapter 설비능력관리

Production Operations Management

지금까지는 생산계획 및 통제시스템(MPCS)에서 주로 자재측면의 물량계획을 중심으로 살펴보았다. 적절한 자재가 적량으로 적기에 확보되면 생산이 이루어지는 것으로 여기면서 계획을 논의하였다. 하지만 생산이 제대로 이행되려면 자재는 물론이고 이를 이용해서 생산할 수 있는 자원의 설비능력이 효율적으로 관리되어야 한다. 자재를 제품으로 전환하기 위한 가용자원이 부족하면 자재물량계획의 달성은 불가능하게 되고, 반면 제조공정에 자재가 제대로 공급되지 않으면 가용자원의 능력이 작업부하를 능가하게 되어 유휴능력이 생기게 된다. 따라서 생산이 이루어지기 위해서는 자재와 설비능력이 서로 조화를 이루도록 관리되어야 한다.

설비능력관리(capacity management)는 생산계획을 설비능력의 요구량(capacity requirements)으로 전환하고, 예측되는 가용설비능력(capacity availability)과 조화를 이루도록 조치를 취하는 과정이다. 이러한 설비능력관리는 [그림 7-1]에서 나타낸 바와 같이 생산계획의 계층적 구조에 상응하는 상세도를 유지하면서 이루어진다.

즉 전체적인 차원에서 제품군별로 이루어지는 판매 및 생산계획(SOP)의 실현가능성을 검토하는 것이 총괄적 자원소요계획(RRP: resource requirements planning)이고, 개별제품을 대상으로 한 기준생산계획(MPS)의 실현가능성을 검토하는 것이 개략적 설비능력계획(RCCP: rough cut capacity planning)이다. 그리고 종속수요의 특성을 지니는 부품, 원재료 등에 관한 자재소요량계획

그림 7-1 설비능력관리의 체계

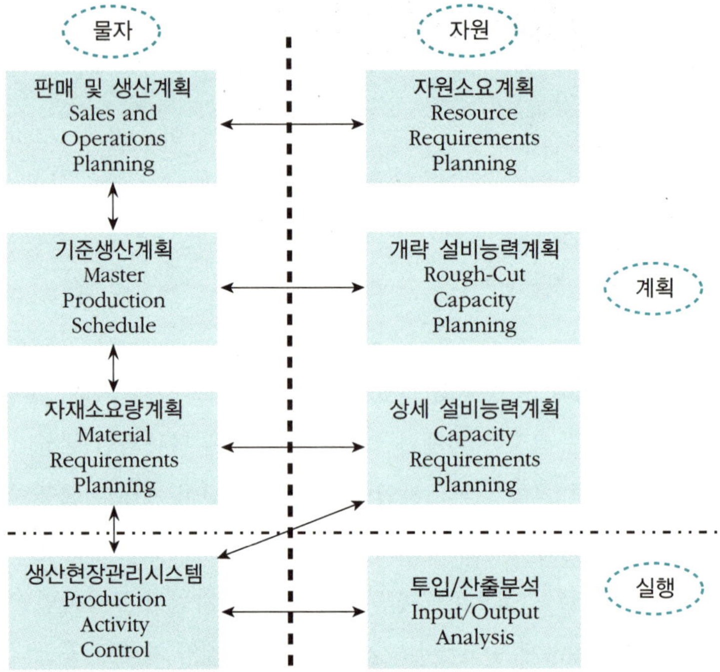

자료: [그림 4-1]을 설비능력관리 중심으로 조정함.

(MRP)의 실현가능성은 상세한 설비능력계획(CRP: capacity requirements planning)을 통해서 검토되고, MRP에서 출력된 생산지시가 실행되는 생산현장관리시스템(PAC)과 밀접한 관련성을 유지하면서 작업장별 투입/산출분석(input/output analysis)이 이루어진다. 아래에서는 이 체계에 따라서 설비능력계획 및 통제에 관한 내용들을 살펴보기로 한다.

7-1 자원소요계획(RRP)

자원소요계획은 물자측면의 총괄계획인 판매 및 생산계획(SOP)과 연계되는 계획으로 1년 이상의 장기에 걸쳐서 총괄적인 작업시간, 설비사용시간 또는 작업공간 등에 대해서 수립되는 총체적 자원계획이다. 제5장에서 기술하였듯이 SOP는 제품군을 대상으로 1년 이상의 계획기간에 대하여 월별 또는 분기별로 작성되는 총괄생산계획이다. 따라서 RRP도 총괄적인 개념으로 주요 핵심자원그룹 단위로 표현되는 것이 일반적이다. 즉 개별 기계작업 단위보다는 전체 제품군에 소요되는 작업시간으로 나타내는 수준이다. 이렇게 장기적 계획기간에 걸쳐 요구되는 주요 핵심자원그룹(critical group of key resources)의 규모를 검토함으로써 SOP의 타당성을 검토할 수 있게 되고, 추가적인 설비증설 또는 조정 등이 필요한 경우 경영진의 의사결정을 지원하는 기능을 한다.

RRP를 위해 사용되는 대표적인 기법으로 설비계획요소법(CPF: capacity planning factors)을 들 수 있다. 설비계획요소(CPF)는 총괄적 생산계획을 자원사용요구량으로 전환하는 데 사용하기 위해 제품생산단위와 자원사용량과의 관계를 나타내는 것이다. 이 설비계획요소는 다른 설비능력계획 절차들과 다르게 생산과 자원요구의 관계를 과거 투입 및 산출에 대한 실적자료를 이용하여 간접적인 관계로 표현한다는 점이다. 예들 들면 어느 회사에서 과거 1년 동안 5,000 총괄단위(aggregate unit)의 제품군을 생산했는데 생산라인에서 사용한 작업시간은 총 45,000시간이었다고 하자. 이 경우 계획요소로 총괄단위당 9시간의 노동력이 소요되는 것으로 추정하고, 이를 향후 SOP에 잡힌 계획을 노동시간으로 전환하여 총괄적인 자원요구량을 산정하는 데 적용할 수 있다는 것이다.

이 접근방법은 재고나 제조리드타임 또는 로트크기 등과 같은 상세한 상황은 고려하지 않고, 생산계획과 자원요구의 관계를 총괄적으로 요약하여 사용하기 때문에 절차가 단순하고 적용하기가 쉬운 장점을 지닌다. 그리고 생산과 자원요구의 관계가 가시적이므로 필요한 경우 계획의 수정분석이 용이하다. 반면에 과거 생산된 제품믹스와 계획된 제품믹스의 차이가 큰 경우에는 자원소요계획이 왜곡될 위험이 있다.

7-2 ≫ 개략 설비능력계획(RCCP)

개략적인 설비능력계획은 기준생산계획(MPS)의 실현가능성을 검토하는 데 적용되는 개념으로 설비능력명세서(BOC: bill of capacity) 및 자원프로파일(resource profile) 등의 기법이 활용된다.

1. 설비능력명세서 기법

설비능력명세서(BOC)는 노무명세서(BOL: bill of labor) 또는 자원명세서(bill of resources)라고도 하는데, 그 개념은 자재명세서(BOM)와 유사하다. BOM은 특정 품목 한 단위 생산에 필요한 자재목록을 나타내는데, BOC는 제품 한 단위 생산을 위하여 소요되는 설비능력(노무 또는 자원)의 양과 공정이 수행되는 작업장에 대한 정보를 함께 나타낸다. 이 BOC는 자재명세서(BOM)와 공정순서(routing)정보를 종합하여 얻어질 수 있다. 예를 들면 [그림 7-2]와 같은 BOM과 [표 7-1]과 같은 공정순서정보가 주어진다면 [표 7-2]와 같은 BOC정보를 얻을 수

그림 7-2 | 제품 Y의 BOM

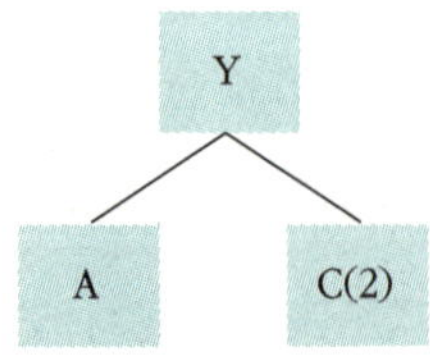

있을 것이다(Chapman(2006), pp.167-169의 예제를 축약하여 조정함).

| 표 7-1 | 제품 Y의 공정순서

품목	로트크기 (개)	작업장 번호	공정 순서	준비시간 (hrs)	단위당 준비시간 (hrs)	단위당 공정시간 (hrs)	단위당 합계시간 (hrs)
Y	20	WC100	1 of 1	0.5	0.5/20 = 0.025	1.1	1.125
A	100	WC200	1 of 1	2	2/100 = 0.02	0.7	0.72
C	40	WC300	1 of 2	0.7	0.7/40 = 0.018	0.9	0.918
C	40	WC200	2 of 2	1	1/40 = 0.025	0.8	0.825

| 표 7-2 | 제품 Y의 BOC(hrs)

작업장번호	단위당 공정시간	단위당 준비시간	단위당 합계시간
WC100	1.1	0.025	1.125
WC200	0.7 + 0.8×2 = 2.3	0.02 + 0.025×2 = 0.07	2.37
WC300	0.9×2 = 1.8	0.018×2 = 0.036	1.836

여기서 WC200번과 WC300번의 시간산정에 관하여 약간의 설명이 필요하다. [그림 7-2]의 BOM에서 Y를 1단위 만들기 위해 A가 1단위 필요하고 C는 2단위 소요되므로, 단위당 공정시간은 A 1단위를 위한 0.7시간과 C 2단위에 대한 두 번째 공정작업을 위한 1.6시간(0.8×2)을 합친 값으로 구해졌으며, 단위당 준비시간도 같은 논리로 A 1단위와 C 2단위의 두 번째 공정작업을 감안하여 얻어진 것이다. 그리고 WC300번은 C 2단위에 대한 첫 번째 공정작업을 위한 시간들이다. 따라서 Y제품 1단위 생산을 위해서 WC100에서 1.125시간, WC200번에서 2.37시간, WC300번에서 1.836시간, 총 5.331시간이 소요됨을 알 수 있다.

이렇게 BOC가 얻어지면, [표 7-3]과 같은 Y제품의 MPS정보를 활용하여 각

| 표 7-3 | 제품 Y의 MPS

구분	1주	2주	3주	4주	5주
제품 Y(개)	25	25	25	20	20

작업장별 소요노동시간을 산정하여 [표 7-4]와 같이 정리할 수 있다.

| 표 7-4 | BOC에 의한 설비능력계획(hrs)

구분	1주	2주	3주	4주	5주
WC100	28.125	28.125	28.125	22.5	22.5
WC200	59.25	59.25	59.25	47.4	47.4
WC300	45.9	45.9	45.9	36.72	36.72

여기서 1주차 WC100번의 소요시간은 단위당 1.125시간이므로 25개 생산계획을 달성하려면 28.125시간(=1.125×25)이 얻어진다. 다른 값들도 이처럼 BOC와 MPS의 계획물량정보를 활용하여 구해짐을 큰 어려움 없이 확인할 수 있을 것이다.

이상의 예제에서 소개한 바와 같이 설비능력명세서(BOC)를 활용하여 개략적인 설비능력계획을 검토하기 위해서는 MPS, BOM, 공정순서(routing)정보, 표준시간정보 및 각 품목별 평균 로트크기 등의 투입정보가 필요하다. 이때 유의할 점은 BOM에 표기된 품목들 중에서 회사내부에서 가공·처리되는 것들만 고려하면 된다는 것이다. 외부에서 구매하는 품목들은 회사의 자원을 필요로 하지 않기 때문에 설비능력계획에서는 생략하여도 무방할 것이다. 또한 BOC를 활용한 개략적 설비능력계획 검토에서는 재고, 제조리드타임, 실제 로트크기 등의 상세한 정보는 활용되지 않고 있음을 볼 수 있다.

BOC를 활용한 접근방법은 병목공정(bottlenecks)과 같은 주요 핵심자원에만 적용할 수도 있으며, 산정과정도 단순하여 계산에 그다지 많은 노력이 들지 않는 장점을 지니고 있다. 아울러 MPS와 작업장별 부하의 관계를 직접적인 관계로 표시할 수 있으므로 MPS의 변동이 설비능력계획에 미치는 영향을 쉽게 시뮬레이션해 볼 수 있는 장점도 있다. 반면 BOC 접근방법은 재고정보를 감안하지 않으므로 자원에 대한 요구 부하가 과다하게 책정될 수 있고, 리드타임이 반영되지 않아서 설비능력의 요구 시기가 정확하지 않을 수 있다는 단점을 지니고 있다. 그리고 평균적인 로트크기와 실제 로트크기의 차이가 클 경우 작업준비시간 추정이 왜곡될 수 있는 점도 지적할 수 있다.

2. 자원 프로파일기법

자원 프로파일(resource profile)은 앞에서 살펴본 BOC기법에 리드타임 측면을 반영한 특성을 지니므로 시간대별 자원명세서(time-phased bills of capacity) 기법이라고도 한다. 자원 프로파일은 기본적으로 BOC와 비슷하게 작성되지만, 제조 리드타임을 감안하여 요구부하가 시간대별로 분산되어 나타나는 특성을 지닌다. 앞의 BOC 기법에서 사용된 예제에 각 공정의 리드타임을 단순하게 1주라고 가정을 추가하면 [표 7-5]와 같은 자원 프로파일을 얻을 수 있다.

❙ 표 7-5 ❙ 제품 Y의 자원 프로파일

작업장번호	W−2주차	W−1주차	W주차
WC100	−	−	1.125
WC200	−	2.37	−
WC300	1.836	−	−

[표 7-5]는 제품 Y를 W주차에 제조하려면 단위당 1.125시간의 자원이 소요되며, 1주일 전인 W−1주차에 A를 위한 0.72시간과 C 2단위의 두 번째 공정을 위한 1.65시간(=0.825×2)을 합친 2.37시간의 자원이 요구됨을 말해준다. 그리고 C 2단위가 W−1주차에 두 번째 공정을 작업하려면 1주일 전인 W−2주에 1.836시간(=0.918×2)의 작업이 선행되어야 함을 표시하고 있다. 즉 BOC에서는 한꺼번에 자원이 소요되었으나, 자원 프로파일에서는 리드타임이 반영되어 시간대별로 자원에 대한 요구부하가 분산되는 차이점을 보이고 있다.

이렇게 제품단위당 자원 프로파일이 작성되면 [표 7-3]의 MPS를 수행하기 위한 자원요구는 [표 7-6]과 같이 나타난다.

❙ 표 7-6 ❙ 자원 프로파일에 의한 설비능력계획

구분	과거기간	1주	2주	3주	4주	5주
WC100	–	28.125	28.125	28.125	22.5	22.5
WC200	59.25	59.25	59.25	47.4	47.4	–
WC300	45.9+45.9	45.9	36.72	36.72	–	–

[표 7-6]의 설비능력계획이 앞의 [표 7-4]의 BOC에 의한 설비능력계획과 차이가 나는 것은 리드타임만큼 자원의 소요시기가 앞으로 분산되어 있다는 점이다. BOC기법에서는 기준생산계획의 계획을 수행하기 위하여 소요되는 자원요구량이 모두 해당 주차에 할당되므로 [표 7-6]처럼 과거기간(past due)에 부하가 생기지 않는다. 그러나 각 공정의 리드타임 1주를 고려하면 WC200과 WC300의 부하가 1주씩 앞당겨져서 나타난다.

예를 들면 2주차의 계획량 25개를 생산하기 위해 WC100에서 28.125시간 소요량이 생기고, 1주 전인 1주차에 WC200에서 A에 대한 작업과 C의 두 번째 공정을 위해 59.25시간의 소요량이 필요하고, WC300에서는 지난주에 C의 첫 공정을 위한 45.9시간의 작업이 이루어졌어야 하는 것으로 산정된다. 이 45.9시간이 과거기간(past due)에 표시되어 있다. 마찬가지로 1주차의 계획량 25개를 생산하기 위해 해당 주에 WC100의 28.125시간이 필요하고, 지난주에 WC200에 59.25시간 소요량이 생기고, 2주 전에 WC300에서 45.9시간의 작업이 이루어졌어야 한다. 따라서 WC300의 과거기간에 45.9 + 45.9 = 91.8시간의 소요량이 표시되었다 .

이와 같이 과거기간에 해당하는 자원소요량이 발생하는 것은 개략적 설비능력계획(RCCP)이라 재공품 등이 고려되지 않고 있기 때문으로 볼 수 있다. RCCP 다음 단계인 CRP에서 재공품정보가 고려되어 더욱 상세한 설비능력검토가 이루어지질 때 과거기간 분에 해당하는 자원소요량의 문제가 다루어질 수 있다

하지만 자원 프로파일에서는 리드타임이 반영되므로 BOC기법 적용 때보다 현실성이 있는 설비능력계획을 작성할 수 있는 장점이 있다. 반면에 리드타임을 고려해야 하므로 더 많은 투입정보가 필요하게 되고, 계산과정이 상대적으로 복

잡하며, MPS와 자원부하가 동일시점에 연결이 이루어지지 않아서 그 관계가 모호해지므로 MPS의 변동이 설비능력계획에 미치는 영향을 검토하기가 쉽지 않다는 단점을 지닌다.

지금까지 개략적 설비능력계획(RCCP)에 적용되는 BOC기법과 자원 프로파일 기법에 대하여 살펴보았는데, 어느 방법을 선택할 것인지는 가용정보의 양과 계획에 대한 상세도에 따라 달라질 수 있을 것이다. 최근에 점차 더 효과적이고 효율적인 컴퓨터 프로그램의 응용이 확대되면서 많은 정보를 이용해서 보다 상세한 분석정보를 바탕으로 의사결정을 할 수 있는 환경이 제공되는 추세를 보이고 있다.

7-3 ››› 상세 설비능력계획(CRP)

설비능력관리 기법 중에서 가장 상세하고 정교하게 이루어지는 것이 상세 설비능력계획(CRP: capacity requirements planning)이다. [그림 7-1]에서 도시한 바와 같이 CRP는 계획(planning)의 계층구조 중에서 가장 밑에 위치하여 상세도가 가장 높은 설비능력계획이며, 이를 위한 주된 투입자료는 MRP와 연계되어 있는 기법이다.

시간대별로 이루어지는 MRP 전개를 통하여 계획주문이 발행되는데(PO Rel.: planned order release), 이 과정에서 현재 보유재고(OH: on-hand), 재공품정보(SR: scheduled receipt) 및 예상재고(PAB: projected available balance) 등이 반영되고, 리드타임과 로트크기 등도 고려된다. 따라서 계획주문 발행은 이미 순소요량 개념에 의해 산정된 것이므로, CRP는 개략적인 설비능력계획(RCCP)에서 소개된 기법들보다 훨씬 정교한 자원소요량을 추정할 수 있게 해주는 것이다. 재고관리부분에서 언급하였듯이 재고는 저장된 설비능력(stored capacity)과 같으므로, 재고를 반영하지 않는 개략적인 설비능력계획 기법들은 상대적으로 과다한 자원소요량을 산출해내기 때문이다.

CRP에 의한 상세 설비능력계획을 위해서는 다음과 같이 MRP전개를 위한 정보들과 공정순서, 기발행 주문정보, 대기 및 이동시간 등의 관련정보들이 필요하다.

- MRP 전개와 관련된 정보
  - 기준생산계획(MPS)
  - 자재명세서(BOM)
  - 재고기록표(현재 보유재고정보)
  - 발행된 주문(open orders; 입고예정량과 관계됨)
  - 로트크기를 설정하는 절차
  - 계획된 제조리드타임정보 등
- 기타 관련정보
  - 공정순서(routing)정보(표준준비 및 공정시간정보 포함)
  - 기발행된 주문상황정보(생산현장관리시스템의 생산대기/완료상태)
  - 스케줄링 변수(공정 내 대기시간, 공정 간 이동시간 등)

이러한 정보들을 이용해서 순소요량 개념의 자원소요량(resource requirements)을 시간대별로 분산하여 소요시기를 산정한다. 일반적으로 CRP에서는 후진적 스케줄링 방법(backward scheduling)을 적용하여 MRP에서 산정된 납기를 기준으로, 이 납기를 맞추기 위해 필요한 각 공정의 시작시점을 역산한다. 이 과정에 CRP는 준비시간 및 공정시간뿐만 아니라 공정 간 이동시간 및 공정

그림 7-3 제조리드타임의 구성

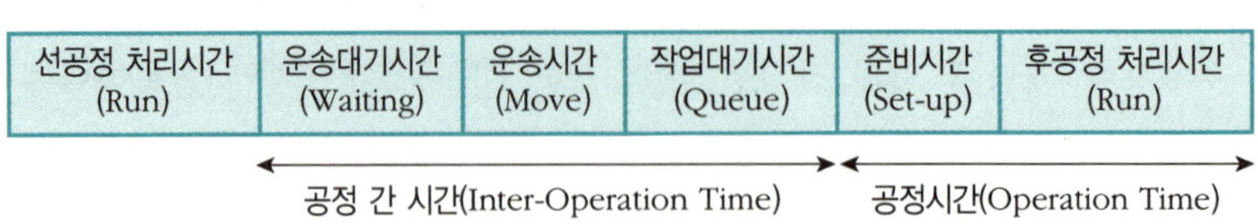

자료: Wemmerlov(1984), p.74.

내 대기시간 등이 포함된 제조리드타임을 고려하여 시작시점을 산정한다. 일반적인 제조리드타임의 구성은 앞의 [그림 7-3]과 같이 나타낼 수 있다.

이처럼 리드타임을 역산하여 공정시작 시점을 산정하면 앞의 자원 프로파일 기법에서 지적되었던 이미 지난 과거기간에 해당하는(past due) 자원소요량이 생길 수 있다. 이 경우의 해결방안으로 과거기간에 자원소요량이 할당된 계획주문(planned orders)들을 전진적 스케줄링 방법(forward scheduling)으로 재조정하는 것을 고려할 수 있을 것이다.

전진적 스케줄링 방법은 현재시점을 기준으로 수행되어야 할 공정들의 시작시점과 종료시점을 앞으로 나아가면서 산정하는 절차를 취한다. 이렇게 전방으로 스케줄을 조정하다 보면 예정된 납기보다 완료시점이 지연될 수도 있다. 이 경우에는 운송, 대기 등의 공정 간 소요시간을 감축하거나, 아니면 공정 작업물량을 나누거나(job splitting), 부분적으로 작업을 중첩되게 병행하는 방법(job overlapping) 등을 활용하여 조정할 수 있을 것이다.

또한 CRP에서 이루어지는 시간대별 자원소요량의 할당은 기본적으로 무한부하(infinite loading)가 가능하다고 가정하여 이루어진다. 그래서 때로는 어떤 작업장에서 과부하가 나타나는 시기가 있을 수도 있다. 이 경우에는 스케줄링 원칙을 조정하여 해결책을 모색해보고, 다른 방법이 없으면 MRP로 되돌아가서 계획주문 발행을 조정할 필요도 있게 된다.

CRP의 가장 큰 장점은 MRP를 통해 순소요량 개념으로 산정된 계획주문 발행량을 기준으로 삼고, 리드타임을 반영하여 시간대별로 자원소요량을 산정하므로, 아주 상세한 계획이 수립될 수 있다는 것이다. 아울러 MRP 전개과정에 서비스자재, 스크랩, 안전재고수준 등의 요소들이 고려될 수 있으므로 설비능력계획에도 이들을 반영할 수 있게 된다. 반면에 다양한 정보를 바탕으로 복잡한 연산과정을 필요로 하므로 컴퓨터프로그램의 지원을 필요로 하게 된다. 그리고 생산상황의 변화에 따라 MRP를 자주 수정 전개하는 경우 CRP도 함께 수정해야 하므로 관리의 어려움을 겪을 수 있다. 하지만 대부분의 현대 정보시스템은 MRP와 연계된 CRP 모듈을 사용하고 있어 이러한 한계점을 극복할 수 있게 해준다.

7-4 »» 투입/산출분석(I/O Analysis)

투입/산출분석(input/output analysis)은 작업공정 앞에서 대기하고 있는 작업물량을 통제하는 수단으로 고안되어서 투입/산출통제(I/O control) 또는 리드타임 통제수단이라고도 한다. 투입/산출의 속도에 따라 대기행렬(queue)이 생기고, 대기행렬의 길이가 제조리드타임에 영향을 미치기 때문이다.

투입/산출분석은 작업장에 들어가고 나오는 작업물의 흐름을 통제하기 위한 목적으로 작업장의 총작업부하를 모니터링하면서 원활한 작업흐름에 방해되는 문제의 가능성을 감지하고 이를 통제해 나가는 과정이다. 따라서 이는 설비능력계획(planning)이 아니라, 생산지시가 발행되고 나서 작업의 실행(execution)을 통제하는 개념인 것이다. 따라서 투입/산출분석은 주단위로 수행되기보다 일단위로 이루어지는 단기통제기법으로 여겨지는 것이다.

투입/산출분석을 위해서는 [표 7-7]에 예시된 것과 같이 투입/산출계획(planned input/output)과 투입/산출실적(actual input/output)을 비교하는 보고서를 활용한다.

❙ 표 7-7 ❙ WC×××의 투입/산출보고서 예시 (단위: 시간)

공장달력 일자	232일	233일	234일	235일
투입계획	0	7.2	0	27.8
투입실적	7.2	12	5.5	10.3
편차	7.2	4.8	5.5	−17.5
누적편차	7.2	12.0	17.5	0
산출계획	9.3	9.3	9.3	9.3
산출실적	0	18.2	12	6.5
편차	−9.3	8.9	2.7	−2.8
누적편차	−9.3	−0.4	2.3	−0.5
주문잔량(11)	18.2	12	5.5	9.3

자료: Blackstone, Jr.(1989), pp.125-126 자료를 일부 보완함.

[표 7-7]에서 예시한 것처럼 계획과 실적은 차이를 누적해 가면서 분석하고, 아울러 투입실적과 산출실적을 분석하여 주문잔량(backlog)의 변동을 검토할 수 있다. 누적편차나 주문잔량의 크기가 미리 정해 놓은 기준치 범위 내에서 움직이는지 관찰하면서, 예외적인 상황이 발생하면 투입속도를 늦추거나 산출속도를 조정하는 등의 조치를 강구할 수 있게 된다.

| 토론과제 |

1. 생산계획 및 통제시스템과 설비능력계획의 체계에 대하여 설명하시오.
2. 총괄적인 자원소요계획(RRP)의 개념을 설명하시오.
3. 개략적 설비능력계획(RCCP)에서 적용되는 BOC 기법과 자원 프로파일 기법을 비교 · 설명하시오.
4. 상세 설비능력계획(CRP) 기법의 특성과 필요한 정보에 대하여 토론해보시오.
5. 단기통제기법으로서의 투입/산출분석의 개념을 설명하시오.
6. 설비능력관리(capacity management)의 중요성을 논의하고, 이와 관련되는 실무적 과제에 대하여 토론해보시오.

참고문헌

Andreas, L.(1984), "40 Days to the Due Date" by Willy Makeit: The Role of Capacity Management in MRP II, *Material and Capacity Planning*, APICS Reprints.

Blackstone, J. H. Jr.(1989), *Capacity Management*, South-Western Publishing Co.

Chapman, S. N.(2006), *The Fundamentals of Production Planning and Control*, Pearson Prentice-Hall.

Orlicky, J.(1975), *Material Requirements Planning*, McGraw-Hill.

Ptak, C. A.(1997), *MRP and Beyond*, Irwin.

Reid, R. D. and N. R. Sanders(2013), *Operations Management: An Integrated Approach*, Wiley.

Schroeder, R. G.(2000), *Operations Management*, Irwin McGraw-Hill

Stevenson, W. J.(1990), *Production/Operations Management*, Irwin.

Wemmerlov, U.(1984), *Capacity Management Techniques*, APICS.

08 Chapter 생산현장 및 협력업체관리

Production Operations Management

지금까지 살펴본 판매 및 생산계획, 기준생산계획, 자재소요량계획, 설비능력계획 등의 시스템을 통해 생산관련계획이 수립된다. 이렇게 무엇을, 언제, 얼마나 구매하거나 만들어야 하는지에 관한 계획이 마련되면, 이를 실행하고 그 실행과정을 모니터링하고 통제하는 시스템이 필요하게 된다.

이 장에서는 생산계획의 실행과 통제와 관련된 두 가지 주요 시스템체계에 대하여 기술한다. 즉 MRP 전개에서 생성된 계획주문(planned orders)이 회사 내부에서 가공 · 조립되어야 할 품목인 경우에는 생산지시(production orders)로 전환되어 생산현장에서 실행으로 이어지고, 계획주문의 내용이 회사 외부의 협력업체로부터 구매 · 조달해야 할 품목이면 구매주문(purchase orders)을 발행하여 구매관련 활동의 실행이 이루어진다. 그리고 구매주문에 의해 조달된 원재료와 부품을 활용하여, 생산현장에서 생산지시에 의거 가공 · 처리하여 완제품을 생산해내면, 이들 제품을 여러 유통과정을 거쳐 고객요구사항을 충족시키는 배송 · 물류과정을 거치게 된다. 그래서 이 장에서는 생산지시를 통하여 연결되는 생산현장관리시스템(PAC)과 구매주문으로 연결되는 협력업체관리시스템(VFS)에 대해서 살펴보기로 한다.

8-1 ››› 생산현장관리시스템(PAC)

생산현장활동을 관리하는 시스템(PAC: production activity control)은 단순히 공장현장통제시스템(SFC: shop floor control)이라고도 하고, 최근에는 생산지시관련 정보시스템뿐만 아니라, 현장 공정통제 및 품질관리기능까지 포괄하는 시스템의 개념으로 제조실행시스템(MES: manufacturing execution system) 또는 생산시점관리시스템(POP: point of production)이라고 하기도 한다.

생산현장관리시스템(PAC)의 목적은 생산현장에 생산지시(shop orders)를 발행하고, 이 지시가 계획된 시점에 맞추어 완료될 수 있도록 이행되는 과정을 관리하는 것이다. PAC시스템은 [그림 8-1]에 나타낸 것처럼 자재소요량계획(MRP)과 상세 설비능력계획(CRP) 등의 계획시스템(planning systems)과 보완적 관계

그림 8-1 계획 및 실행시스템의 연계

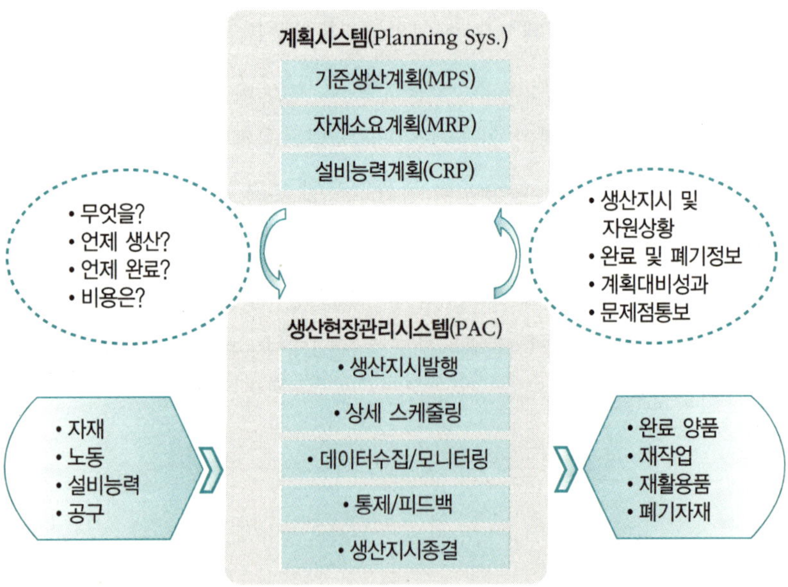

자료: Melnyk et al.(1985), p.4와 p.40의 내용을 축약 · 조정

에 있는 것으로, 생산현장의 노동력(labor), 기계설비능력(machine capacity), 치구 · 공구(tooling) 및 자재(materials) 등의 자원을 활용하여 생산지시사항을 효율적이고 효과적으로 완료할 수 있도록 도모하는 실행시스템이다.

[그림 8-1]에 표시된 것처럼 PAC의 주요 활동내역은 생산지시 검토 및 발행, 상세 스케줄링, 데이터수집 및 모니터링, 통제 및 피드백, 생산지시 종결처리 등이 포함된다.

1. 생산지시 검토 및 발행

생산지시 검토 및 발행(order review and release) 단계에서는 먼저 생산지시의 문서화, 부속도면 첨부 및 생산지시번호 부여 등과 같은 준비활동이 이루어진다. 그 다음 생산지시 이행을 위해 필요한 자재 및 설비능력 등이 가용한지 검토 · 평가하여 현장에 문제가 없는 것들에 대해서 지시가 발행되도록 하고, 아울러 현장에서 대기나 정체가 일어나지 않게끔 생산지시가 발행되도록 투입속도를 통제하는 활동을 하게 된다.

2. 상세 스케줄링

상세 스케줄링(detailed scheduling)은 여러 가지 생산지시에 대한 일정계획을 상세하게 설정하는 것으로, 생산현장관리시스템의 주요 부분을 차지하는 기능이다. 이 단계는 생산지시에 필요한 자원들이 최적으로 할당되도록 작업부하(loading)를 설정하고 우선순위(priorities)를 정하는 과정이라고 할 수 있다. 즉 작업장에 내려간 생산지시가 납기에 맞게 완료되고, 생산현장 업무의 효율성이 증진되고, 가능하면 작업장 간 업무부하가 균등하게 유지되도록 작업우선순위를 설정하는 과정이다.

우선순위 설정은 작업장에서 작업을 처리하는 순서를 정하는 것이다. 여러 가지 생산지시들 가운데 어떤 것을 먼저하고 어떤 것을 나중에 처리할 것인지 차례를 정하기 위해서는 선정기준(priority/dispatching rule)을 설정할 필요가 있다. 우선순위 설정과 관련해서 다양한 기준 또는 원칙들이 개발되어 있으나, 그 중 중요한 몇 가지를 소개하면 다음과 같다.

1) 선입선출원칙(FCFS: first come first served)

FCFS는 작업장에 지시가 전달된 순서대로 차례를 설정하는 방법이다. 즉 먼저 도착한 지시가 먼저 처리되도록 하는 것이다. 여기서는 납기나 처리에 소요되는 공정시간 등은 고려되지 않는다. 이 원칙은 다른 원칙들과 성과를 비교 · 평가할 때 비교기준으로 자주 사용되기도 한다.

2) 최단공정시간원칙(SOT: shortest operation time)

SOT 기준은 작업준비시간(set-up time)과 공정처리시간(run time)을 합친 공정시간(operation time)이 짧은 것을 우선시 하는 것이다. 이 원칙을 적용하면 일정기간 동안 처리 건수를 최대화할 수 있는 것으로 평가되고 있다. 그러나 장기의 공정시간을 요구하는 작업들은 무한정 지연되는 한계점을 지니고 있다.

3) 조기납기우선원칙(EDD: earliest due date)

EDD에서는 최종납기를 기준으로 우선순위를 설정하는데, 납기가 빠른 것을 먼저 처리하도록 하는 원칙이다. 이 기준은 납기준수를 장려하는 특성을 지니고 있다.

4) 공정납기기준(ODD: operation due date)

ODD는 최종납기를 기준으로 하는 EDD와 달리 공정납기가 빠른 것부터 처리하도록 하는 원칙이다. 공정납기는 후진 스케줄링 방법을 적용할 경우, 최종납기에서 시작하여 역산하여 공정별로 완료되어야 할 시점을 산정한 것을 의미한다. 따라서 ODD는 납기뿐만 아니라 공정시간도 고려한 기준이라고 할 수 있다.

5) 긴급율기준(CR: critical ratio)

CR은 납기까지 남은 시간을 남은 작업시간으로 나눈 비율을 의미한다. 즉 CR = 납기까지 남은 시간/남은 작업시간을 나타낸다. 여기서 납기까지 남은 시간은 (납기 – 현재시간)으로 산정하고, 남은 작업시간은 앞으로 해야 할 총공정시간을 말한다. 따라서 CR이 1보다 크면 남은 작업시간보다 여유시간이 길다는 의미이고, CR이 1과 같으면 여유가 없으므로 바로 작업을 시작해야 하는 상황이라고 할 수 있다. CR이 1보다 작으면 이미 늦은 상태임을 나타낸다. 따라서 이 기준에서는 CR이 작을수록 작업우선순위가 빨라지게 된다.

이처럼 각 기준의 특성이 다르므로 [표 8-1]에서 보듯이 같은 작업이라도 서로 다른 순위가 주어질 수 있다(A–B–C–D–E순서로 작업장 도착 가정).

| 표 8-1 | 우선순위 선정기준 비교

작업	현재 작업장 공정시간	남은 작업장 공정시간	납기 (현재 부터)	FCFS	SOT	EDD	ODD	CR
A	5시간	7시간	14시간	①	②(5)	①(14)	①(14–7=7)	②(14/12=1.17)
B	9	11	20	②	⑤(9)	③(20)	②(20–11=9)	①(20/20=1.00)
C	7	6	25	③	④(7)	⑤(25)	⑤(25–6=19)	⑤(25/13=1.92)
D	6	4	18	④	③(6)	②(18)	④(18–4=14)	④(18/10=1.80)
E	4	8	21	⑤	①(4)	④(21)	③(21–8=13)	③(21/12=1.75)

주: ( ) 속에는 해당 기준값을 표시한 것임.

앞에서 기술한 바와 같은 기준을 적용하여 작업의 우선순위가 설정되면, 작업시작과 종료시점을 명시하여 작업장으로 내려 보내야 할 작업지시의 목록(dispatching list)을 작성하여 통제하게 된다. 작업지시 목록에는 [그림 8-2]에서 예시한 바와 같이 작업장별로 할당되어 있는 작업들에 대하여 부품번호, 작업지시번호, 공정번호, 표준시간 및 우선순위정보 등이 명시된다. 아울러 앞으로 해당 작업장에 할당될 예정인 작업들에 대한 정보도 함께 제공된다.

그림 8-2 | 작업지시목록 예시

작업지시목록

작업장: WC100
설비능력: 16시간/일
공장달력일자: 250일

	작업지시 번호	부품 번호	주문 수량	작업준비 시간	공정처리 시간	합계 시간	완료 수량	잔여 부하	공정 시작	공정 종료
현재 할당 작업	101	A123	100	1.5	30	31.5	80	6.0	249	250
	–	–	–	–	–	–	–	–	–	–
	–	–	–	–	–	–	–	–	–	–
	–	–	–	–	–	–	–	–	–	–
향후 할당 예정	–	–	–	–	–	–	–	–	–	–
	–	–	–	–	–	–	–	–	–	–

자료: Arnold et al.(2001), p.165의 내용을 축약 · 조정

3. 데이터수집 · 모니터링

생산계획 및 통제시스템에서 가장 중요한 것이 정보의 흐름인데, MRP와 PAC 간의 정보는 양방향 흐름 형태를 취한다. 즉 주문취소 · 추가 또는 납기변경요청 등으로 인하여 계획정보가 변하면 MRP에서 PAC로 통보가 되어야 하고, 또한 현장에 이미 내려진 생산지시(open orders)의 진척상황에 관한 정보는 PAC에서 MRP 쪽으로 통지되어야 한다. 이러한 정보의 수집과 분석이 PAC의 데이터수집 · 모니터링기능에서 수행되는 것이다.

생산현장에서 수집되는 정보는 대체로 다음과 같은 내용들이 포함된다.

- 생산지시별 현재상태(위치, 완료상태 등)
- 생산현장 자원상태(설비, 인력, 도구 및 자재 등)
- 품질관련사항
- 비용(계획 대비 실적)
- 효율성 관련사항(자원사용실적 자료)

이와 같은 데이터들이 수집되면 분석이 이루어져야 한다. 분석을 위해서 생산

지시별 완료 여부 및 이행단계, 납기까지 남은 시간, 현재까지 발생한 비용실적, 폐기자재 발생실적 등의 측면에서 전기 또는 계획 대비 실적을 비교하는 활동들이 이루어진다. 그리하여 특별히 관리자의 관심 또는 결제가 요구되는 사항들을 포착할 수 있게 된다.

4. 통제 · 피드백

앞의 모니터링단계에서 실적성과가 부진할 경우에는 통제(control) 또는 피드백(feedback)의 형태로 조치를 취하게 된다. 여기서 통제는 실적성과가 사전에 정해진 관리한계 범위 내로 들어오게 할 목적으로 생산현장 감독자의 재량으로 단기적인 조정과정을 거치는 것을 말한다. 예를 들면, 작업률의 조정, 초과근무 또는 임시직 근로자의 활용, 완충설비능력의 활용, 대체공정순서, 로트분할, 초과업무를 외주처리하는 등의 조치가 이루어질 수 있는 것이다. 이런 조치활동은 주로 생산현장의 자원에 관한 문제(shop floor resource problems)일 경우에 취할 수 있는 설비능력통제(capacity control) 활동들이다.

한편 피드백은 생산지시 관련정보가 PAC에서 계획시스템 쪽으로 전송됨을 말한다. 이러한 정보연계는 현장에서 무엇이 일어나고 있는지를 계획시스템에서도 알 수 있도록 해주고, PAC의 조정통제로 해소되지 않는 문제일 경우에, 계획시스템이 개입하여 시정조치를 취하게 한다. 예를 들면 계획시스템을 통하여 공정납기조정, 생산지시취소, 유입부하감축, 지시물량조정 등의 조치를 취할 수 있게 하는 것이다. 이러한 조치활동은 생산지시에 관련된 문제(shop order problems)일 경우에 취할 수 있는 것들이다.

이와 같은 통제 · 피드백단계에서 중요한 것은 예외사항 보고체계를 활용하는 것이다. 예외사항 보고기능에서 관련정보를 해당 관리자에게 직접 전달되게 하여 실시간으로 필요한 조치를 취할 수 있게 하는 것이 중요하다.

5. 생산지시 종결처리

생산지시 종결처리(order disposition)는 최종적으로 PAC에서 생산지시 관련 사항을 마무리하는 것을 말한다. 이 종결처리는 두 가지 취지로 이루어지는데, 첫 번째는 생산현장에서 생산지시와 관련된 책무를 면하게 하는 것이고, 두 번째는 생산현장의 활동성과를 평가할 수 있는 정보를 회사 내 다른 부서에 제공하는 것이다.

먼저 종결처리를 하게 되면 해당 품목은 더 이상 생산현장 소관이 아니라, 두 가지 방법으로 처리가 이루어진다. 만약 산출물이 양품으로 완료된 경우에는 재고로 옮겨져 회계상 자산항목으로 처리되고, 그렇지 않고 불량품으로 폐기처리를 할 경우에는 손익계산서에 폐기비용으로 처리된다.

둘째, 생산지시가 종결처리되면 다양한 지표를 이용하여 생산현장의 성과를 평가할 수 있게 된다. 평가지표로 노동시간 투입실적(정규 및 초과근무 구분), 설비사용시간, 자재사용실적, 재작업 또는 폐기실적, 실제작업준비시간, 도구사용실적, 생산완료일자, 생산수량 등이 비용관련 보고서에 활용될 수 있게 된다.

아울러 종결처리된 생산지시를 검토하여 공정순서관련 표준정보(routing standards), 자재명세서(BOM), 실적원가 대비 표준원가 등의 정확도를 평가하여 재조정하는 데도 활용될 수 있도록 하여야 할 것이다. 그러기 위해서 공식적인 시스템을 통하여 생산지시 종결처리에 대한 정보를 관련부서에서 공유할 수 있도록 하는 것이 중요한 것이다.

8-2 ››› 협력업체관리시스템(VFS)

생산계획 및 통제시스템(MPCS) 구조에서 마지막 남은 블록이 협력업체관리시스템(VFS: vendor follow-up system)이다. 이는 생산계획 및 자재소요량계획의 실행을 위하여 필요한 부품이나 원재료를, 필요한 시점에, 필요한 양만큼, 적합한 공급업체로부터, 적정가격에 구매 · 조달하는 기능으로 MRP와 연계되는 시스템이다. VFS는 그 핵심기능이 구매활동이므로 구매시스템(purchasing system) 또는 협력업체와의 지속적이고 긴밀한 정보교류 및 관계관리가 정보시스템을 기반으로 이루어지므로 협력업체관계관리(SRM: supplier relationship management)라고 불리어지기도 한다.

1. 구매사이클(purchasing cycle)

VFS를 통하여 이루어지는 구매업무는 [그림 8-3]에 요약 · 도시한 것처럼 여러 활동들이 순차적으로 이어지는 사이클을 구성하며 진행된다.

그림 8-3 구매사이클

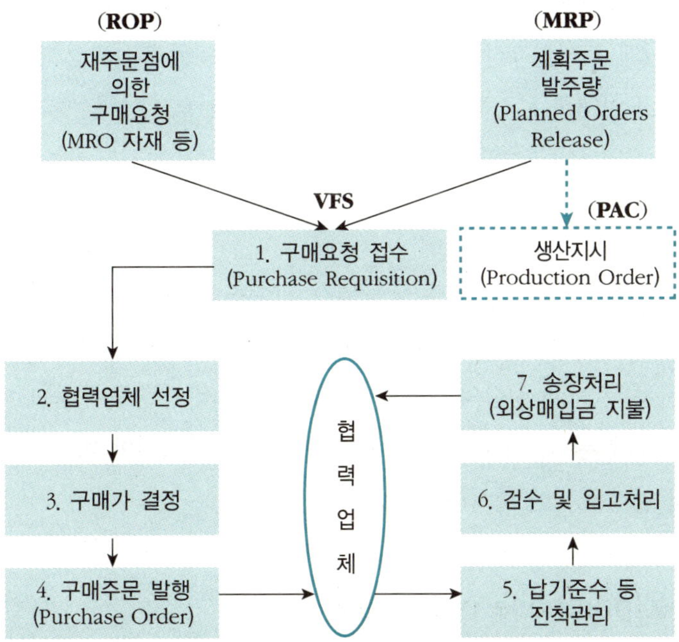

자료: Arnold et al.(2001), pp.178-180 내용을 축약하여 도시함.

1) 구매요청(purchase requisition) 접수

구매요청은 크게 두 가지 경로로 접수된다. 먼저 생산용 부품, 자재, 원재료 등 종속수요 항목들은 자재소요량계획(MRP)의 계획주문발주량(planned order release)에서 들어오고, MRO(maintenance, repair and operations)와 같은 비생산용 품목들은 독립수요 항목으로 재주문점(ROP)시스템을 통하여 들어오게 된다. 구매요청서에는 일반적으로 요청부서, 자재사양, 수량, 예상납기 및 입고 장소 등의 정보가 표시된다.

2) 협력업체 선정

구매담당조직의 입장에서는 구매품목을 공급해줄 업체를 선정하는 것이 매우 중요하다. 통상적으로 구매가 자주 이루어지는 품목 등은 기존에 거래선들이 확보되어 있는 경우가 많지만, 그렇지 못한 경우에는 잠재적인 협력업체들을 물색해야 한다. 그리고 견적요청서(RFQ: request for quotation)를 대상업체들에게 송부하고 견적서를 받아서 사양적합성, 가격, 납기, 기타 거래조건 등에 대해서 분석 · 평가하게 된다. 그리하여 업체별로 제조능력, 품질신뢰성, 사후 서비스 등도 고려하여 업체를 선정하게 된다.

3) 구매가 결정

협력업체가 선정되면 가격협상에 들어가 최적의 가격을 이끌어낼 수 있도록 노력하게 된다. 일반적으로 표준화된 품목일 경우, 공급업체도 다수가 있으므로 업체별 제품목록(catalog)상의 등재가격을 비교하면서 대량구매 등에 따른 할인 여부를 논의하게 된다. 하지만 주문제작(MTO)이 이루어져야 하는 품목은 여러 업체로부터 견적을 받아 협상할 수 있을 것이다.

4) 구매주문(purchase order) 발행

구매주문은 구매요청서, 견적서 및 기타 추가정보 등을 토대로 준비하여 한

부는 협력업체에 발송하고 복사본은 구매부서에 보관하며, 그 내용을 요청부서, 회계부서 및 창고관리부서 등 다른 관련 조직에도 통보하게 된다. 이 구매주문은 협력업체가 동의하고 접수하게 되면 구매계약조건에 따라 납품하기로 약속하는 법적 계약서가 되는 것이다.

5) 납품 등 진척관리

다음은 협력업체가 약속한 납기를 준수하도록 확인하면서 관리하여야 한다. 만약 협력업체 측에서 문제점이 나타나면 협력업체와 협의하면서 문제점 해결을 위해 노력하고, 때로는 스케줄 조정 등의 시정조치를 취하기도 한다. 또한 수요 측면에서 납품요건 등에 변화가 생길 경우, 협력업체와 협의하여 어떤 품목은 독촉하기도 하고, 어떤 품목은 납기를 뒤로 연장하여 조정하기도 한다. 따라서 구매부서와 협력업체는 어떤 품목이 언제 필요한지에 관한 정확한 정보의 교류가 이루어지도록 시스템적 지원이 필요하게 된다.

6) 검수 및 입고처리

주문한 품목이 도착하면 주문한 물품이, 주문한 양만큼, 양호한 품질상태로 들어온 것인지를 검수하는 과정을 거친 다음, 모든 조건을 만족하게 되면 입고처리를 하게 된다. 입고부서에서는 구매부서로부터 통보받은 구매주문 사본과 운송업체로부터 접수한 화물인수증(B/L)과 비교하면서 인수보고서를 작성하여 구매주문을 종결처리하고 구매부서로 통보하게 된다. 품질검사가 추가로 필요한 경우는 품질부서에서 그 결과를 구매부서로 통보하게 한다.

7) 송장(invoice) 결제

협력업체로부터 송장(invoice)이 접수되면, 구매주문 및 인수보고서 등과 일치 여부를 확인하여야 한다. 구매주문서의 수량, 가격 등을 비롯하여 여타 조건들이 송장과 일치하는지 검토한 후, 승인이 되면 송장을 회계부서로 송부하여 매입채무의 결제가 이루어지도록 한다.

2. 정보공유 및 협업

앞에서 기술한 구매사이클의 여러 단계별 활동들이 수작업으로 이루어지던 시대는 지나가고, 요즘은 대부분의 기업들이 EDI(electronic data interchange)와 같은 정보기술을 활용하여 효율적인 정보교류를 하고 있다. 구매하는 업체와 공급하는 협력업체 간에 구매주문서 및 송장 등의 서류를 상호 합의된 표준양식에 맞추어 서로 공유함으로써 문서처리에 따른 시간과 비용을 줄일 수 있게 된 것이다. 공유하는 정보유형에는 문서, 사양서 및 도면 등이 포함된다.

더 나아가 구매하는 업체와 협력업체들이 수요예측, 생산계획 및 수송일정 등의 정보를 공유하면서 공급사슬 전체의 재고 및 비용을 줄여서 효율성을 높이고자 하는 협업적인 계획, 예측 및 보충제도(CPFR: collaborative planning, forecasting and replenishment)와 같은 개념이 보급·적용되고 있다. 구매하는 업체의 웹사이트(web site)에 협력업체들의 접속을 허용하여 최신 스케줄을 알고 협력업체의 생산계획 및 작업 우선순위를 조정할 수 있게 해주기도 한다.

그리하여 최근에는 협력업체관계관리시스템(SRM: supplier relationship management)으로 진화해 가고 있는 것이다. SRM은 협력업체들과의 상호 거래 및 정보교류 활동들을 응용프로그램을 통하여 촉진시키는 통합적 시스템체계를 말한다. 이러한 SRM은 협력업체와 관련되는 업무 프로세스 및 정보교류를 간결하게 하여 효율적이고 투명한 관계관리가 유지되도록 하는 것을 그 목적으로 하고 있다.

3. 협력업체에 의한 재고관리(VMI)

앞의 구매사이클에서 살펴본 바와 같이 전통적으로 구매업체가 재고를 소유하며 계획하고 관리하는 주체이다. 그러나 최근 협력업체로 하여금 구매하는 고객사의 창고와 같은 시설을 이용해서 재고를 관리하도록 하는 제도인 VMI(vendor managed inventory)를 도입, 적용하는 사례가 늘고 있다. VMI를 적용할 경우 고객사에서 구매주문을 발행하지 않고, 납기도 정해져 있지 않다. 대신 협력업체가 재고를 보충하여 고객사를 위한 서비스수준을 유지하는 책임을 지게 되는 것이다 .

VMI제도가 모든 경우에 다 적합한 것이라고 하기는 힘들고 일반적으로 다음과 같은 경우에 권장된다.

- 협력업체 매출 중 상당한 비중을 차지하는 핵심 고객사인 경우
- 품목이 표준화된 것이고 반복거래가 이루어지는 경우
- 요구량의 유형이 급작스런 변동이 없는 안정적 수요품목인 경우
- 주문처리나 생산계획에 비용이 많이 드는 경우

이러한 경우에 VMI를 적용함으로써 얻는 이점은 다음과 같다. 먼저 고객사의 입장에서 보면 재고관리 및 구매업무를 담당하는 인력에 소요되는 인건비를 절감할 수 있다. 또한 협력업체에서 파견된 직원이 고객사에 상주하면서 고객사의 생산계획 및 생산현장과 관련된 상황변동을 감지하므로 신속한 대응을 받을 수 있다. 따라서 리드타임과 결품이 줄어들고, 재고수준이 감축되는 이점이 있다.

한편 협력업체의 입장에서도 고객사의 업무상황에 대한 통찰력이 향상되어 보다 정확하고 시의적절한 정보를 가지게 되므로 재고보충계획의 수준이 향상되는 이점을 얻을 수 있게 된다. 또한 협력업체의 판촉계획이나 로트크기 조정과 같은 내부적 업무효율성 증진을 위한 정책 등을 자체 생산계획에 반영하기가 용이해진다.

| 토론과제 |

1. 생산계획과 실행관련 시스템의 연계관계에 대하여 토론해보시오.
2. 생산현장관리시스템의 주요 기능들에 대해서 토론해보시오.
3. 우선순위 결정을 위한 긴급률(Critical Ratio)의 개념을 설명하시오.
4. 구매사이클(Purchasing Cycle)의 단계별 활동에 대하여 토론해보시오.
5. 협력업체와 정보교류 및 협업에 대하여 토론해보시오.
6. 협력업체관계관리시스템(SRM)의 개념에 대하여 설명하시오.
7. VMI의 개념과 이점에 대하여 설명하시오.

참고문헌

Andreas, L.(1984), "40 Days to the Due Date" by Willy Makeit: The Role of Capacity Management in MRP II, *Material and Capacity Planning*, APICS Reprints.

Arnold, J. R. Tony and S. N. Chapman(2001), *Introduction to Materials Management*, Prentice-Hall.

Blackstone, Jr. J. H.(1989), *Capacity Management*, South-Western Publishing Co.

Chapman, S. N.(2006), *The Fundamentals of Production Planning and Control*, Pearson Prentice-Hall.

Cox III, J. F. and J. H. Blackstone Jr.(2002), *APICS Dictionary*, APICS.

Keller, G. and T. Teufel(1998), *SAP R/3 Process Oriented Implementation*, Addison Wesley Longman.

Knolmayer, G., P. Mertens, A. Zeier and J. T. Dickersbach(2009), *Supply Chain Management Based on SAP Systems*, Springer.

Martin, A. J.(1990), *DRP: Distribution Resource Planning*, Oliver Wight.

Melnyk, S. A., P. L. Carter, D. M. Dilts and D. M. Lyth(1985), *Shop Floor Control*, Dow Jones-Irwin.

____(1987), *Production Activity Control*, Business One Irwin.

Proud, J. F.(1999), Master Scheduling, 2nd. ed., Wiley.

Schroeder, R. G.(2000), *Operations Management*, Int' l ed. McGraw-Hill.

Swink, M., S. A. Melnyk, M. B. Cooper and J. L. Hartley(2011), *Managing Operations Across the Supply Chain*, McGraw-Hill.

Part

2 생산경영의 주요 과제

09 Chapter 전사적 자원관리시스템 (ERP)

Production Operations Management

제6장에서 종속수요 항목에 대한 재고관리의 개념으로 자재소요량계획(MRP)을 살펴보았다. 이 MRP시스템이 MRP Ⅱ로 그 기능이 확장되고, 오늘날에 와서는 전사적 자원관리시스템(ERP)의 체제로 진화 · 발전되어 그 활용이 확산되고 있는 추세이다.

9-1 MRP I/MRP II/ERP

MRP I 은 [그림 6-10]의 가운데 위치하는 자재소요량계획(material requirements planning)을 말하며, 1970년대에 종속수요 항목의 재고관리기법으로 그 개념이 정립되었다. MRP I 의 특성 및 구체적인 기능에 대해서는 제6장에 자세히 서술되어 있다. 이러한 초기의 자재소요량계획을 MRP I 또는 작은 MRP(small MRP)라고 부르고, 후속적으로 1980년대에 이르러 통합적 기능으로 발전한 시스템을 큰 MRP(big MRP) 또는 MRP Ⅱ라고 구분하였던 것이다.

MRP Ⅱ는 제4장의 [그림 4-1]과 같이 MRP I 을 포함하여 생산계획, 설비능력계획 및 생산현장관리기능 등 여러 관련 기능들이 서로 연계된 체계를 말한다. 그리하여 MRP Ⅱ는 단순 재고관리기능이 아닌 통합적인 제조자원계획시스템

(manufacturing resource planning)의 의미를 지니게 된 것이다.

이어서 1990년대에 들어와 제조자원기획시스템은 재고, 설비능력, 재무자원, 인적자원 등 모든 형태의 자원을 계획하고 통제하는 전사적 자원관리시스템(ERP: enterprise resource planning)으로 진화하였다. ERP는 전사 공통의 데이터베이스를 바탕으로 제조자원기획시스템이 회계시스템, 판매 및 마케팅시스템, 인적자원관리시스템 및 재무시스템 등의 다른 정보시스템들과 통합되어 있는 체제로 확장된 것이다. 그리하여 사내 모든 관계자들이 공통된 데이터베이스를 기반으로 실시간 정보에 의해 업무를 처리할 수 있는 환경으로 발전하였다.

이들 시스템의 기능적 측면의 진화과정을 보면, 후속시스템이 전 단계 시스템의 기본적 기능을 더욱 보완 · 확충하는 방향으로 발전해 왔으며, 최근에는 EDI 및 웹(web) 등 정보기술의 발전을 활용하여 회사 내부뿐만 아니라 협력업체나 고객 등 외부 시스템과도 연계가 이루어지는 체제로 그 영역을 넓혀나가고 있는 추세이다. 이러한 시스템의 발전과정을 시대별 적용시기와 관련하여 요약해 보면 [그림 9-1]과 같이 나타낼 수 있다.

그림 9-1 MRP I, MRP II 및 ERP의 발전과정

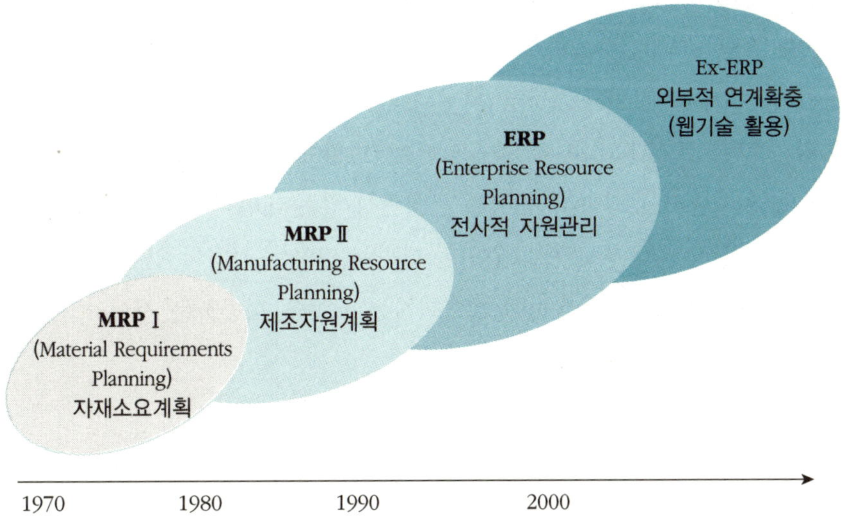

9-2 ERP의 개념

한 기업의 경영활동을 살펴보면 생산기능 이외에도 마케팅 및 영업, 자재구매, 재무 및 원가회계, 인적자원관리, 설비관리 등이 필요하며, 이들 업무기능들이 서로 연관성을 지니며 운영되어야 한다. 그런데 1980년대 이후 활용되어 오던 제조자원계획시스템(MRP Ⅱ)은 이전의 자재소요량계획(MRP Ⅰ)시스템에 비하여 확충된 체제이긴 했어도, 그 기능이 주로 생산활동을 중심으로 한 것이었다. 당시 정보기술로 다른 업무기능들과 연계된 통합시스템의 운용이 어려워 업무영역별로 별개의 시스템이 운영되었던 것이다. 즉 생산시스템, 영업시스템, 구매시스템, 재무·경리시스템, 인사시스템, 설비시스템 등이 각기 다른 하드웨어(hardware)에서 상호 통합되지 않은 독립적인 응용프로그램(application)을 활용했던 것이다.

그 이후 정보기술의 발전은 지속되어 클라이언트-서버(client-server)기술, 개방적 데이터베이스기술 등이 보급됨에 따라 상호연계가 되지 않았던 경영지원시스템들의 통합이 가능하게 되었다. 그리하여 기업경영에 필요한 여러 기능들을 포괄하는 통합정보시스템으로서 전사적 자원관리시스템 패키지(ERP package)가 상용화되어 보급된 것이다.

통합시스템으로서 ERP는 기업의 경영전략방향에 맞추어 영업, 생산, 자재관리, 회계, 인사관리 등의 여러 기능들을 일관성 있는 데이터 구조를 활용하여 통합적으로 지원하는 중추적 시스템이다. 따라서 ERP는 기업의 업무 프로세스와 데이터를 조직화하고 표준화하여 코드화하는 기능을 제공하는 것이라고 할 수 있다.

9-3 ERP의 특성

앞에서 서술한 바와 같이 공통된 데이터베이스를 활용하여 각 기능부서들을 관통하는 업무프로세스를 지원하는 통합시스템으로서 ERP는 다양한 특성을 지니고 있다. ERP의 특성을 데이터와 프로세스 측면으로 나누어 정리해보기로 하자.

1. 데이터 측면의 특성

우선 ERP는 기업경영을 위한 정보의 파이프라인(pipeline)이라고 할 수 있다. ERP시스템이 전사적인 관점에서 구축될 경우, 회사 내의 각 부문별 업무기능들이 일관된 데이터를 공유하므로, 각기 이루어지는 거래활동들에 대한 정보가 논리적 체계를 갖춘 업무프로세스의 흐름을 따라 신속하고 정확하게 전달되는 것을 기대할 수 있게 된다. 예를 들어 영업부문에서 제품을 판매하게 되면 이 정보가 곧바로 생산, 자재구매, 회계처리 등 기업 내의 다른 관련부분에 자동적으로 전송되어 관련정보에 대한 갱신이 실시간으로 이루어지는 것이다.

또한 ERP는 데이터저장고(data warehouse)의 역할을 하면서 데이터의 일관성을 유지할 수 있게 한다. 통합된 데이터베이스가 운용되므로 정보입력은 그 원천이 되는 곳에서 한 번만 하면 되고, 정보활용은 관련 모듈 담당자 모두에게 허용되는 점이 ERP의 두드러진 특성이라고 할 수 있다. 일반적으로 통합 데이터베이스는 관계형 정보저장고(relational information repository)로서 각 개체관련 정보들이 상호 연결되는 관계를 형성하도록 하여 불필요한 중복이 일어나지 않게 관리한다.

이와 같은 데이터의 최적화를 통하여 과거 기능부서별로 독립된 시스템이 운용되던 시절의 어려움을 해결할 수 있게 된다. 즉 여러 부서에서 중복적으로 입력 · 관리됨에 따른 정보의 부정확성을 염려할 필요가 없게 되는 것이다. 나아가 최적화된 데이터를 바탕으로 효과적이고 효율적인 경영의사결정이 이루어져 경영성과가 향상된다.

2. 프로세스 측면의 특성

프로세스적인 측면에서 ERP는 정보처리 논리에 의거 업무 프로세스의 통합적 재설계를 가능하게 해주는 촉매기술(enabling technology)로서 특성을 지니고 있다. ERP에는 다양한 프로세스 모델을 제공하면서 회사 내 업무흐름의 최적화를 위해 구조적으로 접근할 수 있도록 지원해주므로, ERP구축을 통하여 업무활동을 재설계할 수 있는 기회를 갖게 된 사례들이 늘어나고 있다.

대부분의 ERP패키지는 [그림 9-2]에 요약된 바와 같이 회계/재무, 생산, 물류, 영업/마케팅 및 인적자원관리 등의 주요 응용프로그램 모듈에 모범 업무사례

그림 9-2 ERP의 특성

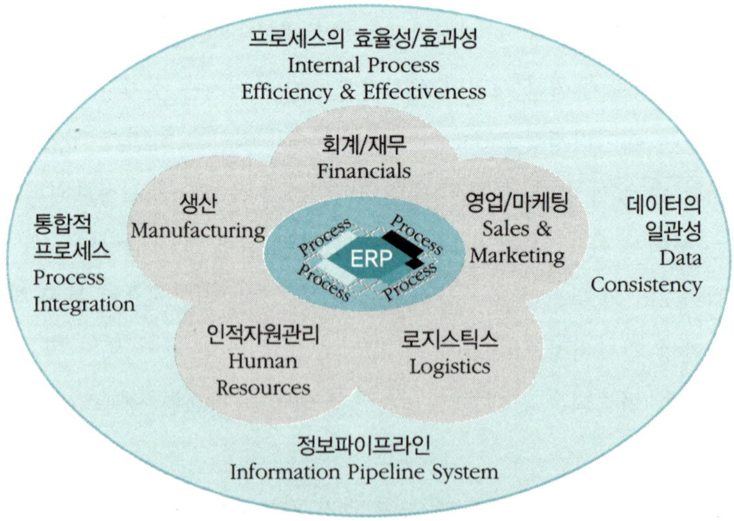

자료: Norris et al.(2000), p.26을 조정 · 보완함.

(best practices)들을 내장하고 있다. 따라서 전사적 차원에서 ERP를 구축함으로써 전체 업무프로세스에 대한 재설계도 병행추진할 수 있게 된다. 그리하여 부가가치가 없는 활동들은 제거하고, 조직구성원들이 진정한 가치창출을 위한 활동에 집중할 수 있도록 할 뿐만 아니라, 개별 기능부서의 목표보다 전사 경영목표에 대한 사고를 촉진시키므로 프로세스의 효과성과 효율성을 증대시켜 궁극적으로 기업경영성과의 향상을 기대할 수 있게 한다.

9-3 ERP의 응용프로그램 구성

통합패키지로서 ERP는 기업의 다양한 업무활동들을 지원할 수 있는 여러 가지 응용프로그램 모듈(module)들로 구성되어 있다. 즉 일관성을 지닌 기준 데이터(master data)를 활용하면서 생산 · 물류, 영업, 원가계산/회계처리, 인적자원관리 등의 기본적인 활동들을 통합적으로 지원하는 구조로 이루어져 있다. ERP 패키지마다 명칭은 서로 다르지만 기본적인 구조에는 큰 차이가 없다고 볼 수 있으므로, 대표적인 ERP패키지 가운데 하나인 SAP R/3의 기본시스템을 기준으로 ERP의 구성을 도시해보면 [그림 9-3]과 같이 나타낼 수 있다.

[그림 9-3]에 표시된 기본적인 모듈의 내용을 간략히 정리해보면 다음과 같다. 먼저 판매 및 유통모듈(SD)에서는 고객주문 및 납품일정 등을 기록 · 관리한다. 고객과 관련하여 가격, 주소 및 운송요건, 대금청구사항 등의 정보를 유지한다.

자재관리모듈(MM)에서는 협력업체로부터 원재료를 구매 · 조달하는 업무와 후속적인 원재료 재고관리를 관장한다. 즉 원재료 창고에서 재공품 상태를 거치고 그 후 완제품 출하단계에 이르기까지 흐르는 물자에 대한 관리를 다룬다. 생산계획모듈(PP)은 생산관련 정보를 유지 · 관리한다. 생산계획 및 일정계획 등이 이루어지고, 실제 생산활동들이 기록 · 유지된다. 또한 품질관리모듈(QM)에서는 제품검사 및 자재검증 등과 같은 품질관리활동을 계획하고 기록한다. 그리고

그림 9-3 ERP의 구성

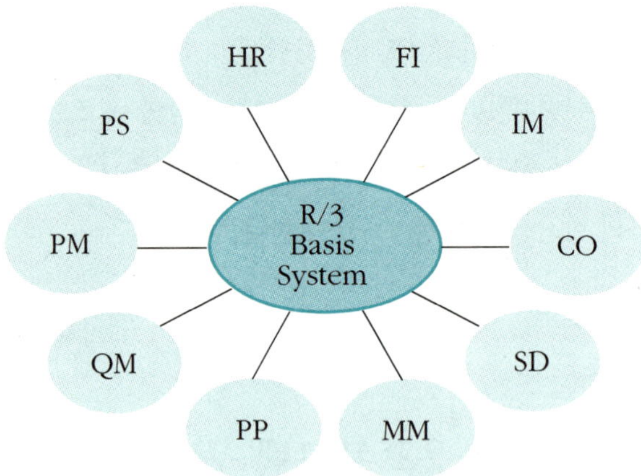

자료: Keller and Teufel(1998), p.68.
주) HR: Human Resources FI: Financial Accounting IM: Investment Management
CO: Controlling SD: Sales and Distribution MM: Material Management
PP: Production Planning QM: Quality Management PM: Plant Maintenanc
PS: Project System

설비보전모듈(PM)에서는 설비보수를 위한 자원을 관리하며, 기계설비의 고장을 최소화하기 위한 예방정비활동을 계획한다.

자산관리모듈(AM)은 공장설비 및 기계 등과 같은 고정자산 구매와 관련된 감가상각 등을 관리한다. 한편 재무회계모듈(FI)에서는 총계정원장에 거래활동들을 기록하며, 외부보고 목적의 재무제표를 작성한다. 또한 재무통제모듈(CO)은 내부관리를 지원하는데, 제품별로 또는 비용센터별로 제조원가를 할당하여 수익성분석이 가능하도록 하며, 내부 의사결정을 지원하는 기능을 수행한다.

인적자원관리모듈(HR)에서는 종업원 공모, 채용 및 훈련 등의 업무를 처리하며, 급여지급 및 후생복리업무도 지원한다. 마지막으로 프로젝트관리모듈(PS)은 신규 연구개발, 건설, 마케팅 프로젝트 등을 계획하고 통제하는 활동을 지원한다. 이는 주로 조선이나 항공기 등과 같이 물량은 적지만 매우 복잡한 구조를 지닌 품목들의 주문 제작활동을 지원하기도 한다.

9-4 ERP의 발전방향

많은 기업들이 회사 내에서 가치사슬을 따라 정보를 신속하게 연계시켜주는 ERP의 특성을 활용하여 내부 업무프로세스의 효과성과 효율성을 제고하는 성과를 얻고 있다. 아울러 이들 기업들이 ERP의 기본골격은 유지하면서 최근 발전하고 있는 웹(web)기술 등을 활용하여 외부의 고객사 및 협력업체와 연계시키는 공급사슬관리(SCM: supply chain management) 개념으로 확대·발전시켜 나가는 노력을 하고 있다.

예를 들면 [그림 9-4]에 도시한 것과 같이 e-구매, ERP 그리고 e-판매시스템 등을 연계하여 외부적으로 통합된 기업(extraprise)의 개념으로 발전해 가고 있다. 이처럼 ERP를 기반으로 협력업체 및 고객사와 협업(collaboration)을 강화해 나가는 SCM에 대한 관심이 늘어나고 있다. SCM의 기본개념 및 핵심 과제는 제10장에서 기술된다.

그림 9-4 ERP와 웹 기술의 접목

자료: Norris et al.(2000), p.37.

| 토론과제 |

1. MRP I 에서 MRP II, 그리고 ERP로 발전한 진화과정을 설명하시오.
2. ERP의 기본개념에 대해서 토론해보시오.
3. ERP 특성을 데이터와 프로세스 측면으로 구분하여 설명하시오.
4. ERP의 응용프로그램 구성에 대해서 토론해보시오.
5. 향후 ERP의 발전방향에 대하여 토론해보시오.

참고문헌

양종택 · 강성룡(2003), 생산운영관리, 법문사

Arnold, J. R. T., S. N. Chapman(2001), *Introduction to Material Management*, 4th. ed., Prentice-Hall.

Bowersox, D. J., D. J. Closs and M. B. Cooper(2010), *Supply Chain Logistics Management*, 3rd. ed., MacGraw-Hill.

Chapman, S. N.(2006), *The Fundamentals of Production Planning and Control*, Pearson Prentice-Hall.

Hopp, W. J. and M. L. Spearman(2001), *Factory Physics*, 2nd. ed., Irwin McGraw-Hill.

Keller, G. and T. Teufel(1998), *SAP R/3 Process Oriented Implementation*, Addison Wesley Longman.

Martin, A. J.(1990), DRP: *Distribution Resource Planning*, 2nd. ed. Oliver Wight.

Monk, E. and B. Wagner(2013), *Concepts in Enterprise Resource Planning*, 4th. ed., Course Technology.

Norris, G., J. R. Hurley, K. M. Hartley, J. R. Dunleavy and J. D. Balls(2000), *E-Business and ERP*, Wiley.

Reid, R. D. and N. R. Sanders(2013), *Operations Management: an Integrated Approach*, 5th. ed., Wiley.

Schroeder, R. G.(2000), *Operations Management*, Irwin McGraw-Hill.

Swink, M., S. A. Melnyk, M. B. Cooper and J. L. Hartley(2011), *Managing Operations Across the Supply Chain*, McGraw-Hill.

Wight, O. W.(1981), *Manufacturing Resource Planning: MRP II*, Oliver Wight.

10 Chapter 공급사슬관리(SCM)

Production Operations Management

제9장에서 서술한 바와 같이 ERP가 최근 발전하고 있는 EDI, 웹(web) 등 정보기술의 발전에 힘입어 내부 업무프로세스뿐만 아니라 외부의 고객사 및 협력업체 등과 연계된 공급사슬관리(SCM: supply chain management) 개념으로 확대 · 발전해가고 있다. 이 장에서는 SCM의 개념 및 핵심과제 등에 대하여 기술한다.

10-1 공급사슬의 개념과 구성

공급사슬(supply chain)은 최종 고객에게 완제품 형태로 부가가치를 창출하여 전달하는 과정의 업무활동에 관여하는 여러 조직 및 기능들의 연결된 네트워크 관계를 말한다. 광의의 공급사슬은 [그림 10-1]에서 나타낸 것처럼 물류, 정보 및 재무흐름으로 연결되는 둘 이상의 조직단위로 구성되어 있는 연결고리 관계라고 할 수 있다. 이러한 연결고리 관계인 공급사슬의 구성을 살펴보면 원재료 및 부품을 공급하는 1, 2차 협력업체, 원재료 및 부품을 가공 · 처리하여 완제품을 생산하는 제조업체, 완제품 생산업체의 고객사, 그리고 고객사의 고객 등 다수의 조직단위가 서로 네트워크를 형성하고 있다.

그림 10-1 공급사슬의 구성

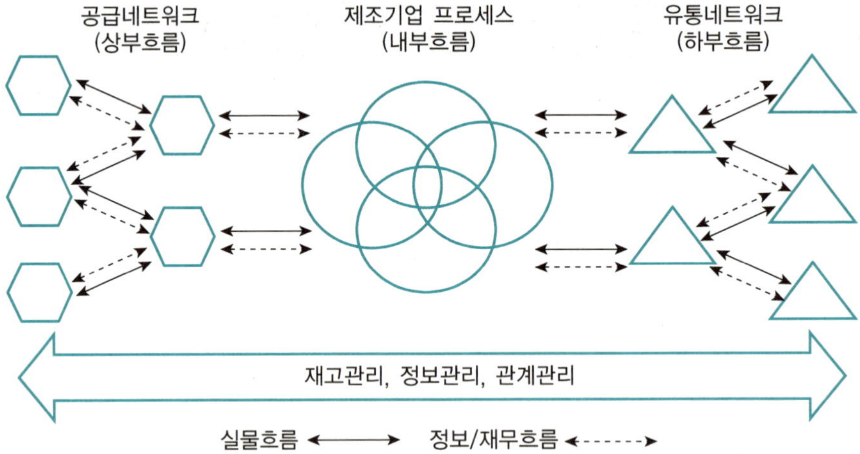

자료: Handfield and Nichols, Jr.(2002), p.38을 조정하여 정리함.

[그림 10-1]에서 원재료, 부품 및 제품의 흐름인 물류(실선으로 표시)는 주로 협력업체에서 고객에 이르기까지 전방으로 흘러가는 것이 일반적이지만, 경우에 따라서 반품 또는 회수되어 되돌아오는 것이 있으므로 양방향 화살표로 표시하였다. 그리고 정보와 재무흐름(점선으로 표시)은 주로 고객으로부터 제조업체, 그리고 협력업체로 이어지는 후방흐름을 취하는 것이 일반적이지만, 고객의 주문에 관한 추적정보는 다시 고객에게 되돌아가야 하므로 이 또한 양방향 화살표로 연결되어 있음에 유의할 필요가 있다.

이와 같은 물류, 정보 및 재무흐름은 공급사슬을 구성하는 각 조직단위 내부(intra-organization)에서 그리고 조직단위 사이(inter-organization)에 상호 연결되어 이루어지는 업무 프로세스와 연계하여 이해되어져야 한다. 예를 들어 제조기업의 주요 업무프로세스를 요약해보면, 원재료 및 부품을 조달(source)하여, 이를 가공 · 조립하여 완제품을 생산(make)하고, 생산된 제품을 배송(deliver)하여 고객에게 전달하게 되며, 문제가 있는 제품이나 부품 등은 다시 반송(return)되는 과정을 거치는 물류관리 프로세스가 있으며, 이들 각 프로세스가 원활하게 이루어지도록 계획(plan)하는 업무프로세스 등으로 구성되어 있다. 이러한 조달, 생산, 배송, 반송 및 계획 등의 업무프로세스는 제조기업의 협력업체나 고객사에서도 마찬가지로 일어나고 있는 활동들이다.

따라서 공급사슬은 협력업체, 제조업체, 고객사 등의 단순한 조직단위의 고리라기보다는 이들 조직단위 내·외적 업무프로세스 간의 연계적인 고리관계라고 할 수 있는 것이다. 간혹 네트워크로 구성되는 조직들 간의 업무프로세스 연계관계를 광의의 공급사슬이라고 하고, 개별조직 내부의 업무프로세스 간의 연계관계를 협의의 공급사슬로 구분하여 설명하기도 한다.

10-2 ››› SCM의 정의와 목적

1. SCM의 정의

공급사슬을 이루는 조직단위 내부 기능 및 외부 조직단위 간의 연관관계를 통합(integrating)하고, 이와 관련되는 물류(material flows), 정보의 흐름(information flows) 및 재무적 흐름(financial flows)을 조정(coordinating)하는 과정을 공급사슬관리(SCM)라고 정의할 수 있다. 즉 공급사슬을 구성하는 기업조직 간에 장벽을 극복하고, 전략적인 조화를 이룩하며, 상호 간의 물적 흐름과 정보 및 재무흐름이 신속하게 이루어지도록 하는 것이 공급사슬관리의 주요 과제라고 할 수 있는 것이다.

2. SCM의 목적

공급사슬 전체에 걸쳐서 조직 내·외부적인 연관관계를 통합(integration)하고 물류 및 정보 등의 흐름을 조정(coordination)하는 것은 [그림 10-2]에서 나타낸 것과 같이 궁극적으로 고객의 수요를 효과적이고 효율적으로 충족시킴으로써 공급사슬 전체의 경쟁력을 향상시키는 데 그 목적이 있는 것이다.

이와 같이 공급사슬 전체의 경쟁력 향상을 목적으로 삼고 있는 것은 오늘날과 같이 격심한 경쟁상황하에서 기업이 생존하고 지속적인 성장을 기하기 위해서는 개별기업만의 능력으로는 한계가 있기 때문이다. 즉 어느 기업이나 기업내부의 업무프로세스는 상부의 협력업체로부터 유입되는 흐름과 하부의 고객에게 이르기까지 흐름의 유기적인 조화가 이루어지지 않고서는 그 성과를 향상시킬 수 없다는 점을 인식하고 있는 것이다.

그림 10-2 SCM의 목적

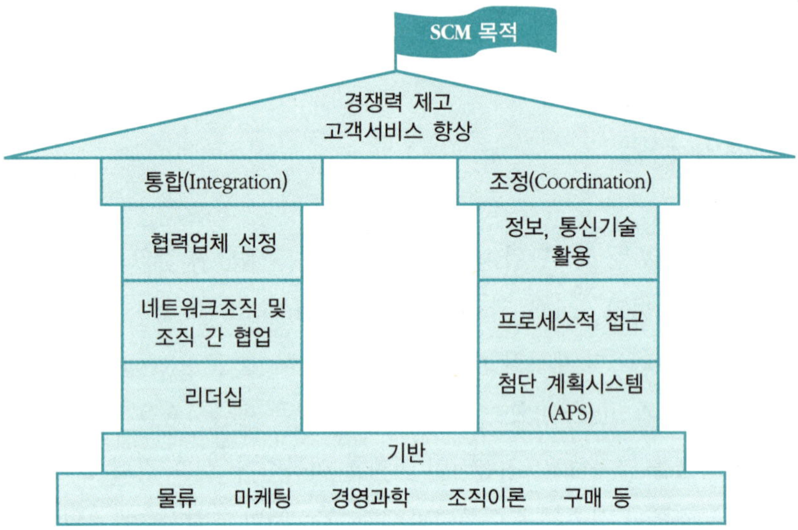

자료: Stadler and Kilger(2000), p.10.

10-3 ››› SCM의 대상영역

공급사슬에서 핵심적인 역할을 하는 기업의 관점에서 보면 공급사슬관리의 주요 대상영역은 아래와 같이 구분할 수 있다.

- 기업내부의 기능적 활동(internal functions)
- 협력업체로부터 유입되는 상부흐름(upstream flows)
- 고객으로 이어지는 하부흐름(downstream flows)
- 반송, 회수 등의 역방향흐름(reverse flows)

1. 기업내부의 기능적 활동(internal functions)

기업내부의 물자 및 업무흐름은 협력업체 네트워크를 통해 들어오는 투입물(inputs)을 가공 · 조립하여 산출물(outputs)로 전환시키는 데 관련되는 활동들을 말한다. 예를 들어 자동차 생산업체에서 엔진, 미션, 차대 등의 부품 및 반제품을 가공 · 처리하여 완성차로 조립하기까지의 과정에 관련되는 여러 가지 업무들이 회사내부의 기능적 활동의 흐름을 구성한다.

이와 같은 회사내부 활동들의 흐름을 계획하고 조정하는 일이 그리 단순한 것은 아니다. 예를 들면, 자동차회사의 고객주문처리 관리자는 고객의 요구사항을 파악하여 실제 판매주문으로 이어지도록 하는 것이 주된 임무인데, 이를 수행하기 위해서 고객들과 접촉하는 과정에서 가격견적, 납기에 대한 일정약속, 배송 스케줄 등을 확인하여야 할뿐만 아니라, 판매대리점 직원들이 고객에 대한 서비스를 효과적으로 수행할 수 있도록 이들과 지속적인 교류관계를 유지하여야 한다.

또한 내부의 기능적 활동 중에 중요한 것은 고객의 구매주문을 생산활동으로 전환하는 생산계획업무인데, 여기에는 자재소요계획시스템, 작업일정계획 및 설비능력계획시스템 등이 활용된다. 이와 같은 내부 업무흐름에 대한 관리를 앞에서도 언급한 바와 같이 협의의 공급사슬관리라고도 한다.

2. 상부흐름(upstream flows)

상부흐름에 대한 관리는 협력업체로부터 들어오는 자재 및 부품의 흐름을 관리하기 위한 활동들을 말한다. 이를 위해서 구매관리자는 협력업체의 선정, 이들 업체들의 성과평가, 이들과의 계약관리 및 우호적인 관계유지 등을 위한 활동에 대하여 책임을 지고 있으며, 상호 협력증진을 위하여 연락책임자 역할을 수행한다.

이어서 자재관리자는 협력업체로부터 들어오는 자재 및 부품 등의 물자흐름에 대해서 예측하고, 계획하고, 일정을 관리하기 위해서 사내의 생산계획담당자와 긴밀한 연계성을 유지하면서 업무를 수행한다. 그렇게 함으로써 생산활동에 필요한 품목이 협력업체로부터 필요한 시간에 필요한 현장으로 공급될 수 있도록 하는 것이다. 즉 협력업체가 고려해야 할 부품의 생산계획 및 납품일정에 대한 사항들을 미리 예시해 줌으로써 원활한 물자흐름이 이루어지도록 한다.

3. 하부흐름(downstream flows)

상부흐름의 반대 쪽에서는 물류관리자가 완제품이 고객의 손에 들어가기까지의 과정을 담당한다. 즉 완제품의 포장, 보관 및 인도 등의 물자흐름에 대한 관리뿐만 아니라 창고 및 소매점 관리도 관장한다.

아울러 유통 네트워크 간 제품의 운송을 위하여, 회사가 소유하고 있는 운송수단에 대한 관리와 함께 외부의 트럭, 철도, 항공 및 선박 등의 운송업체를 선정하고 관리하는 업무도 물류관리자가 담당하는 하부흐름에 포함된다.

4. 역방향흐름(reverse flows)

마지막으로 역방향흐름은 품질보증업무와 고장수리, 그리고 반품 및 회수 등에 관련되는 업무활동들을 말한다. 최근 고객에게 제품이 납품되고 난 후의 상황까지도 고려하는 확장된 개념의 유통경로를 관리대상으로 여기는 기업들이 늘어나고 있다. 그리하여 제품판매 후 품질보증 및 고장수리관련 업무를 위한 수리네트워크의 확충이 중요시되는 경향을 보이고 있다.

아울러 반품 및 회수관련 물류업무도 최근 환경경영(green management) 또는 지속가능경영의 중요성이 강조되면서 관심을 많이 끌게 되었다. 예를 들면 신제품을 구매한 고객이 기존에 사용하던 제품을 회수하여 분해한 다음 일부 부품들의 재활용방안을 강구하여 환경보존에도 기여하는 기업들이 늘어나고 있다.

10-4 》 SCM의 핵심 과제

효과적이고 효율적인 공급사슬관리를 위하여 경영관리자가 고려해야 할 주요 핵심 과제로 공급사슬 전체에 걸친 재고관리, 정보관리 및 조직 간 관계관리가 강조되고 있다.

1. 재고관리

제6장에서 다루어진 재고관리 개념은 하나의 창고, 판매점 등 단일조직단위의 관점에서 다루고 있다. 그래서 단일조직단위를 전제로 한 재고관리의 개념을 공급사슬의 재고관리에 그대로 적용하기는 힘들다.

왜냐하면 앞서 공급사슬의 개념과 구성에서 살펴보았듯이 공급사슬은 원재료 또는 부품을 공급하는 협력업체, 이들 원재료와 부품으로 완제품을 가공·조립하는 생산업체, 그리고 이 완제품을 고객에게 전달하기 위한 배송센터, 창고, 판매점 등 유통경로상의 조직까지 포함하고 있기 때문이다. 즉 공급사슬상의 재고는 그 형태가 원재료, 반제품, 재공품, 완제품 등으로 다양할 뿐만 아니라, 공급사슬을 구성하는 각 조직단위 간의 상호 연관성 등을 고려해야 한다.

그러므로 개별 조직단위가 아니라 공급사슬 전체적인 관점에서 비용을 최소화하고 동시에 고객에 대한 서비스 수준을 향상시킬 수 있도록 하기 위한 생산관리, 배송관리 및 재고관리 체제를 구축해야 한다. 바꾸어 말하면 공급사슬에 대한 재고관리는 앞에서 언급한 바와 같이 상부흐름, 기업내부의 기능적 활동, 하부흐름 및 역방향흐름 등을 포함하는 공급사슬 전체의 관점에서 어떻게 하면 효과적이고 효율적으로 관리할 것인가 하는 과제로 그 개념이 확대되는 것이다.

공급사슬 전체를 효과적으로 통합하여 효율적으로 관리함으로써, 사슬을 구성하고 있는 조직 및 기능 사이에 물류정체를 최소화하고 순조롭게 흐르도록 해야 한다. 즉 전체 사슬에 걸친 재고를 감축하여 리드타임을 줄이면서 고객요구에 민첩하게 대응함으로써 공급사슬 전체의 경쟁력을 향상시키도록 해야 하는 것이다. 그러기 위하여 Handfield 등(1999)은 [표 10-1]에 열거하는 바와 같은 일련의 업무활동에 대하여 면밀히 검토한 다음 개선책을 마련하는 공급사슬 업무프로세스의 재정비가 이루어져야 한다고 주장하고 있다.

❙ 표 10-1 ❙ 공급사슬 재고에 영향을 주는 업무프로세스

- 자재계획 및 일정관리
- 구매주문사이클
- 유입물류(inbound) 운송관리
- 자재입고 및 검수
- 자재인출활동
- 제조프로세스
- 고객주문처리
- 창고관리업무
- 배송물류(outbound) 운송관리
- 반송 및 역방향 물류관리

자료: Handfield and Nichols(1999), p.57.

공급사슬 전체에 걸쳐서 재고관리가 효과적이고 효율적으로 이루어지기 위해서 위에 열거한 활동들을 재정비하고, 이들이 원활하게 수행되도록 지원해주는 통합적 정보관리가 뒷받침되어야 한다.

2. 정보관리

공급사슬에 대한 통합적 관리를 위해서는 [그림 10-1]에서 표시한 바와 같이 물류와 관련된 재고관리뿐만 아니라, 사슬로 엮어져 있는 조직 간 정보의 흐름도 관리되어야 한다. 정보교류가 원활하게 이루어져야 공급사슬에 걸친 물류연계가 적시에(just in time) 이루어질 수 있기 때문이다.

그렇게 되어야 공급사슬 전체의 재고가 최소화되고, 고객요구사항에 민첩하게 대응하여 전체 공급사슬의 경쟁력이 향상될 수 있는 것이다. 예를 들면 판매시점의 실시간 정보가 공급사슬 전체에 걸쳐서 공유되어야 경영관리자가 시장추이를 파악할 수 있으며, 그 추이에 대비하여 필요한 설비능력에 대한 계획을 수립할 수 있게 되고, 필요한 자재를 적기적소에 할당하게 되며, 나아가 해당 공급업체와 그 정보를 공유하여 공급사슬의 고객대응력이 향상될 수 있는 것이다.

이렇게 공급사슬상에서 정보를 상호 공유함으로써 다음과 같은 효과를 기대할 수 있게 된다.

- 협력업체의 수요예측 정확도 향상
- 생산과 배송업체 간의 원활한 협조 가능
- 판매업체의 고객서비스 향상
- 상위흐름에 속한 업체의 공급차질에 대한 효과적인 대응
- 궁극적으로 고객요구에 대응하는 리드타임의 단축

그런데 이와 같은 효과를 얻기 위해서는 공급사슬을 구성하는 기업 내지 조직 간의 정보공유 노력도 필요하지만, 그에 못지않게 중요한 것은 공유되는 정보의 정확성을 유지하는 것이다. 공급사슬의 한쪽에서 정보의 왜곡이 일어나면, 그 왜곡된 정보가 다른 관련업체 및 조직에게 치명적인 악영향을 끼치기 때문이다. 공급사슬관리에서 흔히 강조되는 채찍효과(bullwhip effect)가 바로 이런 내용을

담고 있는 것이다. 채찍효과는 [그림 10-3]에서 나타낸 바와 같이, 수요에 대한 불확실성 또는 변동이 비록 미미하게 일어나더라도 공급사슬의 다른 부분으로 그 파장이 점점 증폭되어 일어나는 현상을 말한다.

그림 10-3 채찍효과 예시

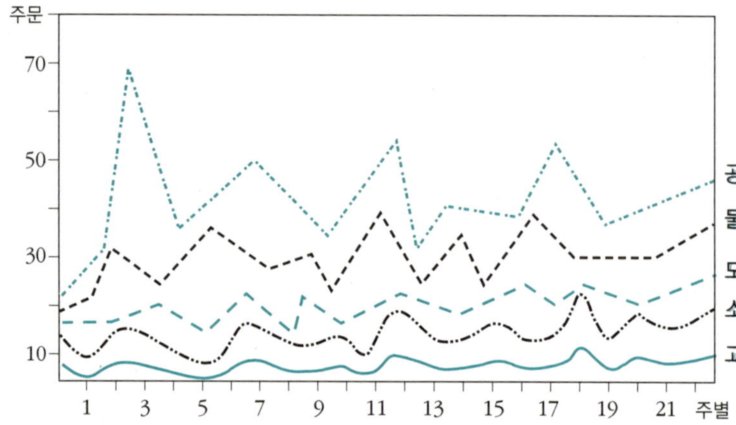

자료: Simchi-Levi et al.(2000), p.84.

정보가 왜곡되어 나타나는 이러한 채찍효과로 인하여 공급사슬 전체에 걸친 재고과잉, 고객서비스수준 저하, 매출액 감소, 설비능력계획의 오류, 운송차질, 생산일정계획의 변동 등 여러 가지 비효율적인 결과가 초래된다. 그러므로 정보 왜곡현상을 줄이기 위해 공급사슬을 이루는 조직 간 또는 조직 내부 기능부서 간 접점부분에서 일어나는 업무활동들을 단순화시켜 신속 · 정확하게 수행될 수 있도록 지원하는 다음과 같은 최신의 정보 및 통신기술의 활용이 늘어나고 있다.

- 전사적 자원관리시스템(ERP)
- 온라인 전자상거래(e-commerce)
- 바코드 및 스캔(bar coding and scanning)
- 데이터마이닝(data mining)
- 인터넷(internet)
- 인트라넷(intranet)

- 월드와이드웹(WWW)
- 첨단계획 및 스케줄링시스템(APS)

최근에는 이와 같이 다양한 정보 및 통신기술들을 SCM의 촉진수단(enabler)으로 활용하여, [그림 10-4]와 같은 구조의 통합화된 시스템으로 발전시켜 나가고 있는 실정이다. 아울러 공급사슬 전체에 걸쳐서 일어나는 서류업무를 줄임과 동시에 의사소통을 원활하게 함으로써 리드타임을 줄이고 비부가가치적인 활동들을 제거하고자 노력하는 기업들이 늘어나고 있다.

그림 10-4 | 통합적 공급사슬관리 정보시스템 구조

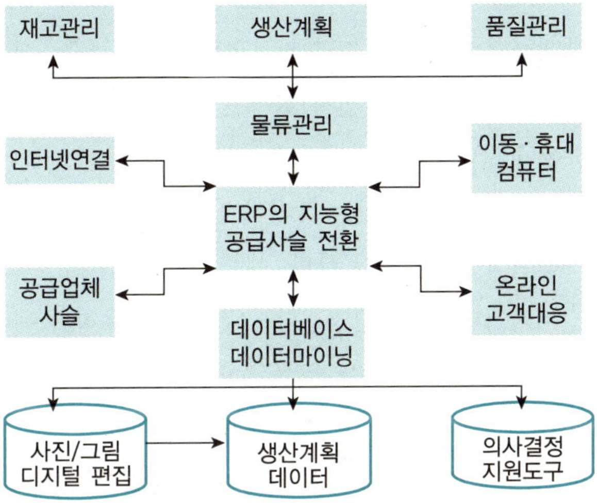

자료: Chorafas(2001), p.47.

3. 기업조직 간 관계관리

앞에서 기술한 바와 같이 공급사슬 전체에 걸친 물류에 관련되는 재고관리 및 정보관리가 제대로 이루어지려면, 사슬의 고리관계를 이루는 기업조직들 사이에 신뢰를 바탕으로 한 우호적인 관계가 정립되어야 한다. 만약 부품공급업체로부터 필요한 품목의 납품이 불안정하게 이루어진다면, 이는 생산라인에 악영향을 미쳐서 전체적인 리드타임이 장기화되고, 고객요구에 대한 대응이 지연되어, 결국 공급사슬 전체의 수익성을 저하시키는 결과로 이어지는 것이다.

이러한 문제를 방지하여 고객서비스를 향상시키기 위해서는 공급사슬을 구성하는 기업조직 사이에 상호 연계되어 있는 업무프로세스에 대한 이해를 증진시키고 품질과 납품성과에 대한 신뢰가 구축되도록 해야 한다. 그래야만 고객에서부터 부품공급 협력업체에 이르는 전체 조직들이 공동운명체 관계(co-destiny relationship)을 유지하면서 효과적인 커뮤니케이션 연계를 이룩하여 공급사슬 관점의 전체비용을 절감할 수 있게 되는 것이다.

공급사슬에 걸친 기업조직들의 관계를 효과적으로 유지하기 위해서는 호혜주의와 신뢰(mutual benefits and trust)가 기초가 되어야 한다. 기업조직 간 호혜주의와 신뢰를 조성하기 위해서는 분명하고 객관적인 성과측정시스템을 마련하여 서로 합의된 기대수준에 부응하면서 설정된 목표의 효과적인 달성을 추구하도록 각기 노력하여야 한다.

그리고 그 과정에서 야기될 수 있는 잠재적 갈등요인들에 대해서는 관련 기업들이 협동적으로 해결책을 강구해야 한다. 예를 들어 공동 혁신프로젝트팀을 구성하여 활동을 전개하거나, 서로 경영철학과 전략을 공유하기 위해 합동교육이나 워크숍(workshop)을 개최할 수도 있을 것이다. 또 다른 수단으로 관계기업들의 대표자로 구성되는 공급사슬관리위원회(supply chain council)를 활용할 수 있다. 이 위원회는 정기적으로 회합을 가지면서, 공급사슬상의 비용을 절감하고 비부가가치적인 프로세스를 혁신하는 것과 관련되는 방침조정이나 정보시스템 보완 및 표준화 방안 등에 관하여 최고경영진에게 건의하거나 개선방향을 제시하는 역할을 하게 된다.

이와 같이 공급사슬상의 기업조직 간 유대관계가 건전하게 유지되어야 상호 정보공유 및 물류관리가 효과적으로 이루어질 수 있는 것이다. 즉 서로 공동체의식을 갖고 상생전략(win-win-win strategy)을 전개할 때, 재작업이나 불량품폐기 및 재고과잉 등의 비부가가치적인 요인들을 파악하는 데 유용한 비용관련 정보까지 상호공유하게 되는 단계에 이를 수 있게 될 것이다.

| 토론과제 |

1. 공급사슬의 개념과 구성에 대하여 설명하시오.
2. SCM의 정의와 목적에 대해서 서술하시오.
3. 공급사슬의 구성을 도시하고, SCM의 대상영역에 대하여 토론해보시오.
4. 공급사슬의 재고에 영향을 미치는 업무프로세스에 대하여 토론해보시오.
5. SCM의 핵심과제로서 정보관리가 지니는 의의를 설명하시오.
6. 정보 및 통신기술을 활용한 SCM 정보관리방안에 대해 토론해보시오.
7. 채찍효과(bullwhip effect)의 개념을 설명하고, 그 원인 및 해소방안을 토론해보시오.
8. 효과적인 SCM을 위한 기업조직 간 관계관리방안에 대하여 토론해보시오.

참고문헌

양종택 · 강성룡 · 김지대 · 김성홍(2007), 생산운영관리, 법문사

Bowersox, D. J., D. J. Closs and M. B. Cooper(2010), *Supply Chain Logistics Management*, McGraw-Hill.

Chorafas, D. N.(2001), *Integrating ERP, CRM, Supply Chain Management and Smart Materials*, Auerbach.

Handfield, R. B. and E. L. Nicholas, JR.(1999), *Introduction to Supply Chain Management*, Prentice-Hall.

________________ (2002), *Supply Chain Redesign*, Prentice-Hall.

Knolmayer, G., P. Mertens and A. Zier(2002), *Supply Chain Management Based on SAP Systems: Order Management in Manufacturing Companies*, Springer.

________________ and J. T. Dickersbach(2009), *Supply Chain Management Based on SAP Systems: Architecture and Planning Processes*, Springer.

Norris, G., J. R. Hurley, K. M. Hartley, J. R. Dunleavy and J. D. Balls(2000), *E-Business and ERP: Transforming the Enterprise*, Wiley.

Reddy, R. and S. R. Reddy(2001), *Supply Chain to Virtual Integration*, McGraw-Hill.

Schroeder, R. G.(2000), *Operations Management*, McGraw-Hill.

Simch-Levi, D., P. Kaminsky and E. Simchi-Levi(2000), *Designing and Managing the Supply Chain*, McGraw-Hill.

Stadler, H. and C. Kilger (eds)(2000), *Supply chain Management and Advanced Planning*, Springer.

Swink, M., S. A. Melnyk, M. B. Cooper and J. L. Hartley(2011), *Managing Operations Across the Supply Chain*, McGraw-Hill.

11 Chapter 린(lean)시스템

린(lean)시스템의 역사는 일본 자동차공장의 적시생산시스템(JIT: just in time) 또는 도요타생산시스템(TPS: Toyota production system)으로 거슬러 올라간다. 제2차 세계대전 이후 부족한 자원의 한계를 극복하기 위해 도요타에서는 모든 업무영역에 걸쳐 낭비를 최소화하면서 제조공정을 정교하게 다듬기 위해 부단한 노력을 기울였다. 이러한 노력의 결과 1980년대에 이르러 서구 제조업체들을 능가하는 성과를 보임에 따라 여러 차원에서 관심을 끌기 시작하였다. 그리하여 JIT 또는 TPS의 비결이 되는 기술적 요소들에 대한 연구가 활발하게 이루어져 왔으며, 1990년대 이후 더욱 영역을 넓히면서 린시스템(lean system)이라는 개념으로 진화하였다.

이 장에서는 린시스템의 개념, 구성요소 및 기본원리에 대하여 살펴보기로 한다.

11-1 린시스템의 개념

린시스템의 토대가 된 JIT/TPS의 기본사상은 필요한 품목을, 필요한 때에, 필요한 양만큼 생산함으로써 생산에 불필요한 요소를 완전히 제거하여 비용절감의 목적을 이룩하는 것이었다. 이처럼 낭비를 제거하여 효율성을 증진한다는 기본 사상은 린시스템에서도 동일하다. 사전적으로 린(lean)이라는 말은 훌륭한 운동 선수가 군더더기 지방이 없이 알찬 근육으로 다져진 몸매를 지닌 상태를 의미한다. 이처럼 군더더기가 없는 효율적인 생산체제를 린생산이라고 부른 것이다.

다만 JIT가 상대적으로 현장과 경험중심적이라면, 린시스템은 생산뿐만 아니라 판매, 물류 등 전사 차원의 프로세스 최적화를 추구하는 특성을 지닌다고 할 수 있다. 즉 JIT가 제조업을 중심으로 개발된 기법인 데 비해, 린시스템은 비제조업분야까지 포함하는 확대된 개념으로 진화한 것이다.

린생산(lean production)이라고 하는 것은 1985년 MIT 연구팀을 중심으로 추진된 IMVP(international motor vehicle program)를 바탕으로 개념체계가 정립되었다. 그 과정에 1990년 Womack 등이 저술한 『The Machine that Changed the World』라는 저서가 출간된 후부터 린생산이라는 용어가 보편적으로 사용되었다.

이들이 말하는 린생산은 인적자원의 노력이나 제조공간 및 납품속도 등의 측면에서 지속적으로 낭비를 줄이고, 고객대응력을 고도화하면서 가장 효율적인 방법으로 양질의 제품을 생산하는 개념체계이다. 이와 같이 린사상의 핵심은 낭비제거이고, 적게 들여서 많이 얻어 내도록(doing more with less) 조직자원의 효용을 개선하는 개념이라고 할 수 있다.

린시스템에서 제거하고자 하는 낭비는 가치창출을 위하여 필요로 하는 최소한의 것보다 많이 들어가는 것을 의미하며, 그 대표적인 예로 7가지의 불필요한 것들이 많이 거론되고 있다. 즉 [그림 11-1]에 요약한 것처럼 불량, 불필요한 동작, 재고, 불필요한 가공, 운반, 대기 및 과잉생산 등이 7대 낭비요소들이다. 이러한 낭비는 기업의 자원을 사용하지만 고객을 위한 가치창출에는 기여하지 못하는 것들로 쓸모없고, 고르지 못하거나, 지나친 것들을 포함하고 있다.

그림 11-1 | 7대 낭비

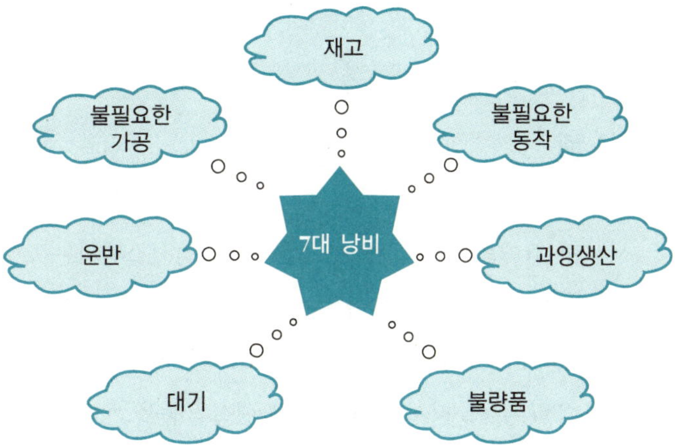

11-2 》》 린시스템의 구성요소

앞에서 서술한 바와 같은 여러 유형의 낭비를 찾아 제거하는 과정에 적용되는 도구나 기법도 다양하다. 일반적으로 많이 거론되는 대표적인 구성요소로 5-S운동, Pull시스템, 간판, 소로트생산, 작업준비시간 단축, 공급자와 긴밀한 협조관계, 평준화 생산, 다기능공 육성, 눈으로 보는 관리, 지속적 개선, 품질원류관리, 설비배치 개선과 예방정비, 인간존중 및 소그룹활동 등이 있다.

1. 5-S운동

5-S운동은 정리(seiri), 정돈(seiton), 청소(seisoh), 청결(seiketsu) 및 습관화(shitsuke) 등으로 구성된다. 이는 작업현장에서 낭비를 유발하는 요소들을 없애는 활동으로 작업자의 의식개혁까지 포함하고 있는 내용이다. 이러한 현장개선

활동을 통하여 생산공정을 안정화시키고 지속적인 개선활동이 이어지도록 하는 것이다.

2. 풀(pull)시스템

풀시스템은 생산과 판매과정에서 종래의 푸쉬(push)시스템과는 달리 고객 → 영업부 → 생산부 → 부품공급업자에 이르는 식으로, 후방부에서 전방활동을 끌어당기는(pull) 시스템이다. 푸쉬시스템은 미래수요에 대한 예측을 토대로 생산일정계획을 만들어 각 부분에 지시를 내보내어 생산활동을 시작하는 반면, 풀시스템은 간판과 같은 수단을 활용하여 수요가 생겨서 당겨 갈 때에 맞추어 그에 대한 반응으로 생산을 시작하는 점에서 차이를 보인다.

간판은 JIT생산에서 풀(pull)시스템을 실행하는 수단이라고 할 수 있는데, 어떤 품목(부품)이, 언제, 얼마나 필요한가를 알려주는 표지판이다. 간판에는 대표적으로 인수간판(withdrawal kanban)과 생산간판(production kanban) 두 종류로 구분되는데, 인수간판은 [그림 11-2]에서 보는 바와 같이 후속공정에서 선행공정으로부터 어떤 품목을 얼마나 인수해 가는지를 나타내는 것이고, 생산간판은 선행공정에서 어떤 품목을 얼마나 생산하는지를 명시하는 것이다.

그림 11-2 생산 및 인수간판의 흐름

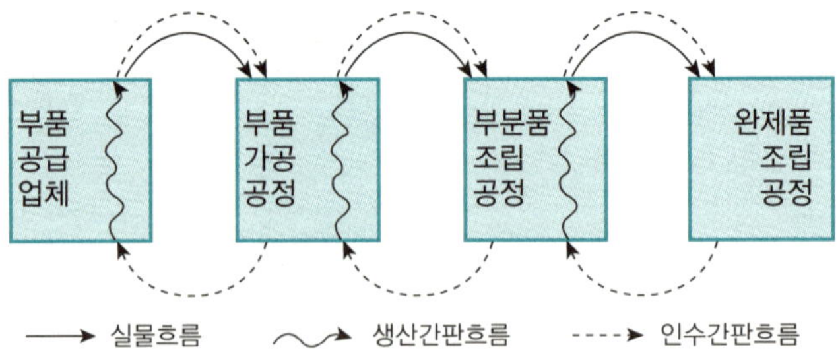

자료: Monden(1983), p.31.

3. 소로트(small lot)생산

소로트생산은 1회 생산수량을 가능한 작은 크기로 하는 것을 의미한다. 그렇게 함으로써 생산공정 내의 재공품을 줄이고, 리드타임을 단축시키며, 작업부하의 균일화를 도모하는 효과를 얻도록 하는 것이다. 아울러 고객수요에 신속하게 대응할 수 있게 하므로 유연성을 향상시켜주는 효과를 지닌다.

4. 작업준비시간 단축

작업준비시간(set-up time)의 단축은 소로트생산에 따라 작업준비횟수가 늘어나므로, 이에 따른 손실을 줄이기 위해서 1회당 소요되는 작업준비시간을 줄이기 위해 지속적인 개선활동을 추진하는 것을 말한다. 대표적인 방법이 내적 준비와 외적 준비를 구분하고, 가능하면 외적 준비활동을 늘려서 전체적인 준비시간을 줄이도록 노력하는 것이다. 내적 준비는 작업을 위해 기계설비의 작동을 중지시킨 상태에서 준비하는 활동들이고, 외적 준비는 기계설비를 정지시키지 않고 공정 밖에서 미리 준비하는 활동들을 말한다. 이러한 작업시간단축을 위해서 뒤에서 기술하는 품질서클과 같은 소그룹활동이 적극 활용된다.

5. 공급업체와 긴밀한 협력관계

이 개념도 소로트로 자주 생산하기 위해서 필요한 요건 가운데 하나로, 공급업체와 리드타임을 단축하고 지속적인 관계개선으로 상호 신뢰할 수 있는 거래관계를 형성해 나가는 것을 의미한다. 그리하여 필요한 때에, 필요한 부품이, 필요한 만큼, 필요한 장소에 공급되도록 하는 것이다. 아울러 협력업체와 장기에 걸쳐 긴밀한 파트너십(partnership)을 유지함으로써 공동으로 공정품질개선을 위해 노력하여 품질이 근원적으로 관리될 수 있게 되는 것이다.

6. 평준화생산

수요변동에 따른 잦은 생산공정의 변화는 효율성을 저하시킬 뿐 아니라 낭비를 유발하게 된다. 따라서 가능하면 일정기간 동안은 생산계획을 동결시킴으로써 공정활동의 변화를 최소화하는 것이 필요하다. 즉 일정계획구간에 걸쳐 생산계획을 평준화시키는 개념이 도입된다. 수요를 충족시키면서도 재고를 최소수준으로 유지하기 위하여 매일 동일한 제품구성으로 소로트생산을 하는 체제이다.

전통적 시스템에서 한번은 특정 제품을 대량으로 생산하고 다음 번에는 다른 제품을 대량생산하여 재고를 많이 유지하는 체제와 대비되는 특성이라고 할 수 있다.

이처럼 다품종 소량의 평준화가 이루어져서 균일한 작업부하를 유지함으로써 재고감축과 아울러 기계설비 가동률의 개선 및 공급업체와 협력증대 등을 가능하게 하는 것이다.

7. 눈으로 보는 관리

눈으로 보는 관리는 모든 낭비는 눈에 띄게 하여 이를 제거하기 위한 방안을 강구하게 한다는 것이다. 낭비를 보이지 않게 숨겨 놓으면, 그것을 잊거나 방치하게 된다는 것이다. 앞에서 본 5-S에 의한 현장관리가 눈으로 보는 관리의 대표적 적용 예이고, 품질관리를 위하여 그래프를 활용한 관리도를 작성 · 게시하여 관리상태를 가시적으로 파악할 수 있게 하거나, 생산라인에서 품질문제가 생길 경우 경고등이 켜져 함께 노력하여 즉각적인 조치가 이루어지게 하는 것도 눈으로 보는 관리의 예라고 할 수 있다.

8. 다기능공

소로트생산을 활용하여 다품종 소량생산이 가능하려면 다기능공(multi-functional workers)을 양성할 필요가 있다. 여러 가지 기계설비를 조작할 수 있는 기능을 보유할 수 있도록 종업원을 교육 · 훈련시켜야 하는 것이다. 그렇게 함으로써 작업자들이 필요한 곳으로 이동근무를 하도록 하여 수요변동에 대응하여 스케줄의 유연성을 확보할 수 있게 된다.

아울러 다기능공의 작업생산성을 높이기 위해 다른 기능을 지닌 기계들(machine group)이 U자 형태로 배치되어 있는 셀시스템이 활용되기도 한다.

9. 지속적 개선

지속적인 개선은 끊임없이 소규모 개선활동을 추진해 나가는 것을 의미한다. 어느 조직이나 완벽할 수는 없으나, 완벽을 향해 끊임없이 개선해나가야 경쟁력을 갖게 되는 것이다. 그래서 비용절감, 품질개선 및 낭비제거 등 모든 영역에서 더욱 나은 상태로 개선해 나갈 수 방안을 강구하기 위해 지속적인 활동을 펼쳐야 한다.

이러한 지속적인 개선활동은 장기에 걸친 대규모의 개혁적 프로젝트와 달리 현재 프로세스를 대상으로 단기에 성과를 실현할 수 있는 소규모 활동의 성격을 지닌다.

10. 품질원류관리

대표적인 낭비의 유형인 품질불량을 줄이기 위해 근본원인을 찾아 관리하도록 하는 것이 품질원류관리(quality at the source)이다. 불량품을 검사단계에서 찾아 조치를 취하는 것보다, 그 원천을 찾아 불량품이 생기지 않도록 하는 노력을 기울이는 것이다. 그 원천이 제품설계단계일 수도 있고, 제조공정 또는 원부재료를 공급하는 협력업체일 수도 있는 것이다. 특히 품질관리는 모든 조직구성원의 책무로 인식하고, 작업 중 품질문제가 발생하면 작업자가 공정을 정지시킬 수 있는 권한을 부여하는 자동화(autonomation) 제도가 적용되고 있다.

11. 설비배치 개선 및 예방정비

소로트생산으로 공정 내 정체가 최소화되므로 재공품재고의 저장을 위한 창고 등이 없어져서 공정흐름이 간결한 특성을 지닌다. 특히 많은 기업들이 집단기술(group technology) 개념에 입각하여 유사한 부품군(part family)을 제3장 [그림 3-5]에서 예시했던 것과 같이 U자 형태로 기계설비들이 배치된 셀(cell) 안에서 가공 · 처리하는 셀 배치를 활용하여 작업준비시간 및 리드타임을 단축하는 효과를 얻도록 하고 있다. 집단기술과 셀제조시스템은 제12장에서 자세히 기술하기로 한다.

설비배치의 개선뿐만 아니라, 기계설비에 대한 정비에도 각별한 노력을 기울여야 한다. 재고가 최소화된 상태에서 만약 앞공정의 기계가 고장이 나면 후속공정의 작업도 중단될 우려가 있으므로, 항상 최상의 조건으로 설비상태가 유지되도록 닦고, 조이고, 기름을 치는 예방정비활동에 투자를 하고 있는 것이다.

12. 인간존중 및 소그룹활동

근본원인을 찾아 품질 및 공정개선 등을 지속적으로 추진하기 위해서는 모든 사람들이 함께 참여해야 한다. 그래서 조직구성원들의 역할이 강조된다. 가장 보편적으로 볼 수 있는 팀활동이 품질서클(quality circle)이다. 품질서클은 소그룹의 종업원들이 자발적으로 참여하여 주기적인 회합을 가지면서 자체적으로 품질문제를 해결하고 그 효과를 다른 그룹들과 공유하는 활동을 전개한다.

이처럼 JIT/TPS 등에서 사용되어온 기법들이 린시스템에서도 적용되지만, 기법적인 차원에서만 접근하면 기대하는 성과를 제대로 실현하지 못하는 경우가 많으므로, 이들의 바탕에 흐르는 린사고(lean thinking)의 원리가 강조되고 있다.

11.3 »» 린시스템의 기본원리

린시스템을 제창한 Womack & Jones(1996)는 낭비를 찾아 지속적으로 개선하는 데 성공한 기업체들을 방문하여 연구한 후 어떤 분야에서든지 적용가능한 5단계의 기본원리를 도출하였다. 그들이 제시한 기본원리를 살펴보면 다음과 같다.

1. 고객의 관점에서 가치를 구체적으로 정의하라

어떤 제품이든지 납기나 가격 및 품질 등의 차원에서 고객이 원하는 사항을 만족시켜야 한다. 고객이 원하고 필요로 하는 바를 정확하게 파악하라는 기본원리를 이해하지 못하고, 그저 간판 등과 같은 기법만을 신경쓰다보면 고객이 원하지 않는 제품을 아주 효율적으로 만들기 위해 열심히 애를 쓰는 꼴이 되고 만다. 따라서 고객의 관점에서 기꺼이 대가를 지불할 수 있는 가치를 명확하게 정의해야 한다.

고객관점에서 가치를 정의하려면 조직구성원들이 고객위주로 접근하는 의식구조와 행동양식이 필요하며, 나아가 업무 프로세스까지 재정비해야 할 필요도 생기게 된다. 이러한 관점은 제조업 경영혁신의 기본이 되고 있을 뿐만 아니라, 서비스분야에서도 서비스마케팅의 핵심사항을 이루기도 한다.

2. 각 제품 또는 서비스에 대해 전체적 가치흐름을 파악하고 낭비를 제거하라

여기서 가치흐름이라고 하는 것은 제품의 개념설계에서부터 완제품의 납품에 이르기까지 필요한 구체적인 활동들의 연결관계를 나타낸 것이다. Womack & Jones(1996)는 가치흐름을 비즈니스에서 핵심적으로 중요한 3가지 유형의 활동으로 이루어진다고 하였다. 즉 개념설계에서 시작하여 상세설계 및 신제품 출시에 이르는 제품 정의단계의 흐름과, 주문접수에서 납품 스케줄에 이르는 정보관리의 활동 및 원재료에서 시작하여 완제품의 납품에 이르는 물리적 전환과정의 흐름을 포함한다고 하였다.

이러한 가치흐름을 대상으로 상호 연관된 관계를 검토하면서 불필요한 단계나 재작업 또는 폐기물 등의 낭비가 발생하지 않도록 각 요소들이 동기화된 체제로 조직적인 활동을 전개하는 린기업(lean enterprise)으로 발전해 가야 한다고 주장한다. 여기서 말하는 린기업은 개별기업 내의 조직구성원 및 기능부서의 관계뿐만 아니라 법적으로 독립된 회사 간의 연결관계를 포괄하는 것으로 가치흐름에 의해 규정된다고 한다.

가치흐름을 파악한다는 것은 고객의 입장에서 전체 프로세스를 최적화하는 의미를 지닌다. 고객의 관점에서 바라볼 때 고객에게 가치를 부가하면서 꼭 필요한 활동들과 부가가치를 증진시키지는 못하지만 필요한 활동 및 부가가치도 창출하지 못하고 불필요한 활동들을 구분할 수 있게 되기 때문이다. 그리하여 불필요한 낭비활동은 제거하거나(eliminate), 불확실성을 줄이거나(reduce), 그렇지 못한 것은 보다 효과적인 방법으로 개선하는(improve) 노력을 강구할 수 있게 된다.

3. 고객가치를 증진시키는 활동단계들은 흐름체제를 확보하라

가치흐름분석에서 낭비를 제거하고 남게 되는 활동들은 가치증진에 필요한 것들이므로, 이들은 시작부터 종료될 때까지 활동단계 간에 대기나 정체, 고장 또는 폐기 등이 일어나지 않고 지속적으로 흐르도록 해야 한다는 것이 세 번째 원리가 나타내는 의미이다. 흐름체제가 확보되면 프로세스 처리시간의 감축이 이루어지게 된다.

전통적인 제조환경에서처럼 뱃치생산체제 속에서 대규모 대기행렬이 생기든지 또는 병목공정이 생기게 되면, 프로세스가 흐르지 않고 정체되고 대기가 발생하여 프로세스 처리과정의 소요시간이 길어지게 된다. 이러한 현상은 앞에서 열거한 7대 낭비의 대표적인 예에 속하는 것들이므로 제거되어야 할 요소들이다. 가장 이상적인 것은 개별단위의 흐름(unit flow)이 고객수요에 맞추어 이루어지는 경우라고 할 수 있을 것이다.

4. 고객이 원하는 것을 고객이 원하는 때에 맞추어 설계하고 제공하라

이는 적시생산 환경에서 강조되고 있는 '당겨가는(pull) 체제' 로서 수요변화에 대응하는 개념을 강조한 것이다. 고객이 원하는 것을 원하는 때에 맞추어 설계하고 제공하지 않고 제품을 미리 설계하여 진부화되거나, 사전에 생산하여 과잉 완제품 재고를 유지하는 낭비를 야기하게 되는 것이다. 이 또한 앞에서 서술한 7대 낭비의 전형적인 예가 된다.

이러한 수요대응 유연성은 앞단계에서 서술한 바와 같이 꼭 필요한 가치활동들이 대기나 정체함이 없이 신속하게 이루어질 때 확보될 수 있는 것이다.

5. 지속적 개선노력으로 완벽을 추구하라

린시스템에서는 고객이 진정으로 원하는 바에 최대한 근접하는 산출물을 제공하면서 투입되는 노력, 공간, 비용 및 실수 등을 최소화하기 위해 끊임없이 노력하는 것이다. 고객가치에 대하여 보다 정교하게 정의하면서 가치흐름의 각 단계를 더욱 신속하게 진행되도록 하는 방안을 면밀히 검토하다 보면 또 다른 낭비를 찾게 되기 때문이다. 즉 현재상황에 안주하지 않고 지속적인 개선과정을 밟게 되는 것이다.

이처럼 조직구성원들의 의식과 행동 측면에서 고객가치를 증진시키지 못하는 요소들을 찾아 제거해 나가는 과정을 지속적으로 추진하여 완벽하게 투명한 운영시스템이 되도록 노력하여야 한다. 그러기 위해서는 앞의 네 가지 기본원리들과 상호 연계하여 선순환과정을 밟도록 해야 할 것이다. 이런 맥락에서 다섯 가지의 기본원리는 [그림 11-3]과 같이 요약될 수 있다.

그림 11-3 린시스템 기본원리의 순환관계

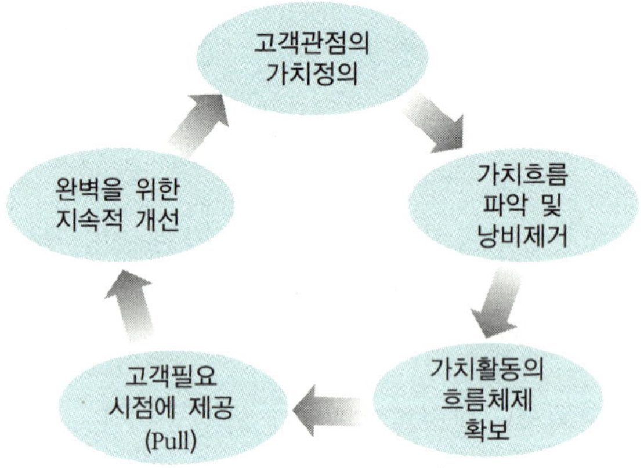

11-4 ⟫ 린시스템의 효과

앞에서 서술한 린시스템의 기본원리와 기법들을 적용함으로써 얻는 효과는 다양하게 보고되고 있다. 대표적으로 다음과 같은 효과를 들 수 있다 .

- 재고감축
- 품질향상
- 요구되는 공간의 축소
- 리드타임 단축
- 저렴한 생산원가
- 생산성 향상
- 기계가동률 향상

그림 11-4 TPS의 목적과 구성요소

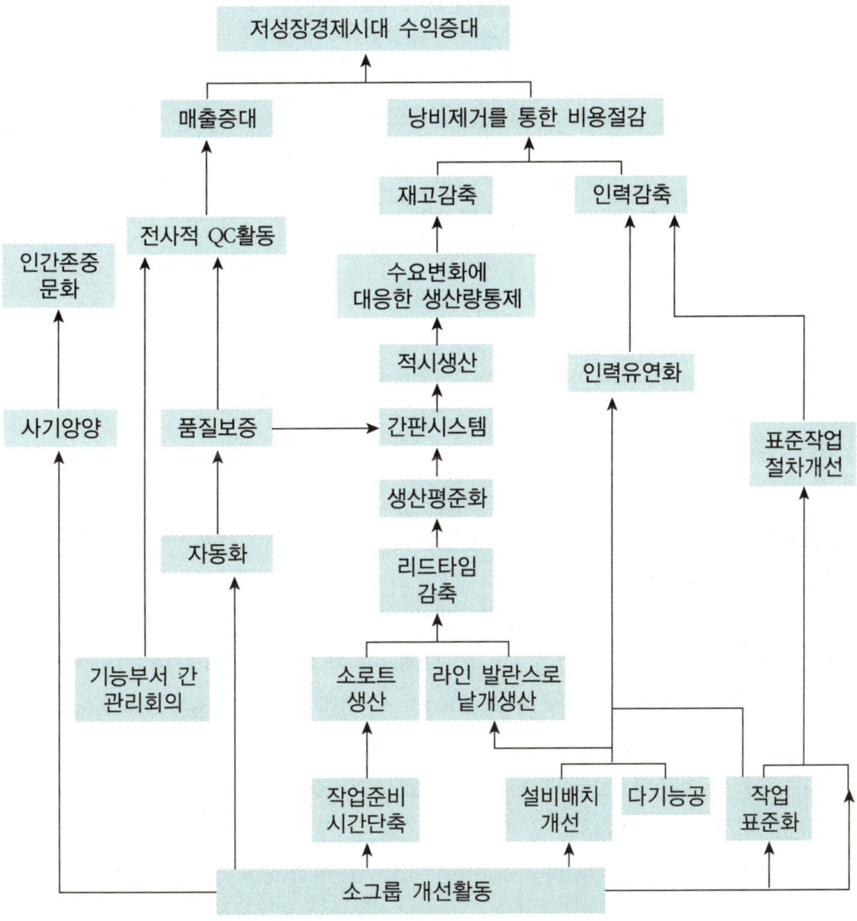

자료: Monden, Y.(1983), p.3.

• 유연성 확대

이와 같은 효과는 일찍이 TPS 구성요소 간의 관계와 목적에 대해서 Moden(1983)이 제시한 바와 같이([그림 11-4] 참조), 어느 특정 기법에 의해 단독적으로 얻어지는 것이 아니라, 낭비제거를 위하여 적용되는 기본원리와 기법들이 상호 연계되어 나타나는 결과라고 할 수 있다.

| 토론과제 |

1. 린시스템의 기본개념을 설명하시오.
2. 7대 낭비에 대하여 토론해보시오.
3. 린시스템을 구성하는 요소들에 대하여 토론해보시오.
4. Pull시스템과 Push시스템의 특성을 비교 · 설명하시오.
5. 린시스템의 5가지 기본원리에 대하여 설명하시오.
6. 린시스템의 효과에 대하여 설명하시오.

참고문헌

강성룡(2011), "린(Lean) 시스템의 원리와 서비스분야 적용," 산업과 경영, 제24권 제2호, pp.115-131.

양종택 · 강성룡 · 김지대 · 김성홍(2007), 생산운영관리, 법문사

Abdi F., S. K. Shavarini and S. M. S. Hoseini(2006), "Glean Lean: How to Use Lean Approach in Service Industries?" *J. of Services research*, Vol.6, Special Issue, pp.191-206.

Chapman, S. N.(2006), *The Fundamentals of Production Planning and Control*, Pearson Prentice-Hall.

Demers, J.(2002), "The Lean Philosophy," *CMA Management*, October, pp.31-33.

Holweg, M.(2007), "The genealogy of lean production," *J. of Operations*

Management, Vol.25 Issue 2, pp.420-437.

Meredith, J. R. and S. M. Shafer(2002), *Operations Management for MBAs*, Wiley.

Monden, Y.(1983), *Toyota Production System*, Industrial Engineering and Management Press.

Reid, R. D. and N. R. Sanders(2013), *Operations Management: An Integrated Approach*, 5th. ed., Wiley.

Schroeder, R. G.(2000), *Operations Management: Contemporary Concepts and Cases*, McGraw-Hill.

Scott, W. M. and D. A. Walton(2010), "Maximizing Case Efficiency: Lessons Learned from Lean - A Process management Philosophy Utilized in Automotive Manufacturing," *FOCC Quarterly*, Fall. Vol.61, pp.2-16.

Swink, M., S. A. Melnyk, M. B. Cooper and J. L. Hartley(2011), *Managing Operations Across the Supply Chain*, McGraw-Hill. No.3, pp.301-315.

Womack, J. P. and D. T. Jones(1994), "From Lean Production to Lean Enterprise," *Harvard Business Review*, March-April, pp. 93-103.

____________________ (1996), "Beyond Toyoda: How to Root Out Waste and Pursue Perfection," *Harvard Business Review*, September-October, pp. 140-158.

____________________ and D. Roos(1990), *The Machine That Changed The World: The Story of Lean Production*, Harper Perennial.

Wood, N.(2004), "Lean thinking: what it is and what it isn't," *Management Services*, February, pp.8-10.

12 Chapter

셀제조시스템

제11장에서 언급한 바와 같이 셀배치(cellular layout)는 린시스템(lean system)의 한 구성요소이기도 하지만, 최근에는 독립적인 관점에서 셀제조시스템(cellular manufacturing system) 자체에 대한 관심이 커지고 있는 추세이다. 이 장에서는 셀제조시스템의 배경인 집단기술(GT: group technology)의 사상, 셀제조시스템의 기본개념, 기대효과 및 셀설계방법 등에 대하여 살펴보기로 한다.

12-1 GT사상

집단기술(GT)에 관한 고전이라고 할 수 있는 Burbidge의 저서 『The introduction of group technology(1975)』에서는 GT를 프로세스 산업이나 대량생산과 같은 라인흐름(line flow)을 적용함으로써 얻는 것과 유사한 경제적 절감효과를 뱃치 또는 잡샵에서 얻고자 하는 접근법이라고 하면서, 이를 통해 노사관계의 향상도 기대할 수 있는 유효한 산업사회시스템(a social system for industry)을 제공하는 개념이라고 기술하고 있다.

또한 Hyer and Wemmerlov(1984)는 GT를 집단에 대한 지식을 응용하는 것으로 정의하고, 구체적으로 유사성을 파악하고 활용하는 개념이라고 하였다. 이들은 유사성을 파악하게 되면, 첫째 유사한 활동을 함께 수행할 수 있고, 둘째 유사한 활동을 표준화할 수 있게 되며, 셋째 반복되는 것에 대한 정보를 효율적으로 저장하고 검색할 수 있어 유용한 개념으로 정리하고 있다.

아울러 미국 생산 및 재고관리협회(APICS)는 집단기술(GT)에 대하여 다음과 같이 정의하고 있다.

> "GT는 부품의 공통적인 공정절차와 같은 물리적 유사성을 파악하고, 이들에 대한 효과적 생산을 도모하는 제조 및 엔지니어링 철학이다. GT를 활용함으로써 기존 디자인 정보를 신속히 검색할 수 있고, 셀 배치를 촉진시킨다."

이처럼 GT의 핵심사상은 제품 또는 부품들이 유사성(similarity)을 지니고 있으면 이를 최대한 활용하자는 것이다. 즉 제품이나 부품의 디자인 및 공정순서 등이 유사하면 이들을 동일한 집단(group)으로 묶음으로써 업무활동의 효율성을 향상시키고자 하는 사상이다. 그 대표적인 것이 셀배치 또는 셀제조시스템이라고 할 수 있다.

그런데 GT사상은 생산공정이나 제품디자인에만 국한되는 것이 아니라, [그림 12-1]에서 요약된 것처럼 여러 분야에 영향을 미치는 개념이다.

그림 12-1 GT사상의 응용영역

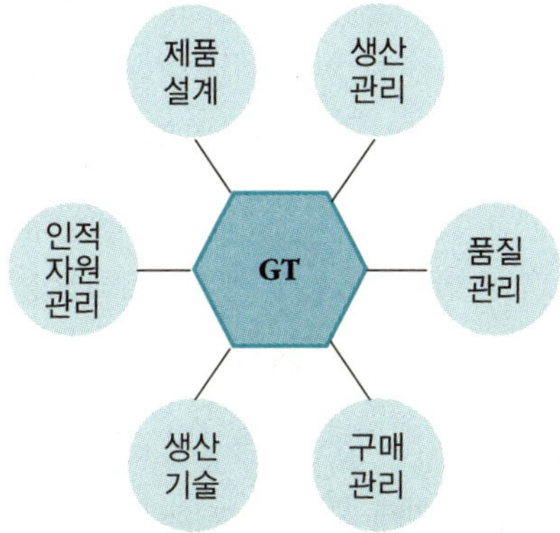

자료: Brandon(1996), p.129.

우선 제품 또는 부품 설계부문에서 유사성을 기반으로 한 분류 및 코드체계(classification and coding)를 활용하게 되면, 기존의 유사한 디자인을 쉽게 검색 · 파악할 수 있으므로 불필요하게 디자인정보가 늘어남을 억제할 수 있다. 따라서 제품 또는 부품의 합리화(product rationalization)가 촉진될 수 있고, 품목의 다양성이 줄어들며, 표준화가 향상될 수 있다.

둘째, 생산관리부문이 GT 응용효과가 가장 많이 실현되는 영역이기도 하다. 생산흐름분석(production flow analysis) 등을 통하여 공정관련 통계자료들을 분석하여 유사한 부품군(part families)을 파악하고 이를 가공 · 처리하는 전용 기계설비그룹(machine groups)을 배치하여 운영하는 셀제조시스템을 구축할 수 있게 된다.

셋째, 셀제조시스템에서 자재 및 부품흐름이 단순화되고, 복수공정처리능력을 지닌 작업자들이 셀 내에 활동함으로써 품질관리절차 또한 단순화되는 이점을 기대할 수 있다. 공정별로 각기 다른 감독자가 있는 것이 아니라, 셀 내에 단일 감독자가 프로세스 전체를 관리하므로 품질의식 또한 제고된다.

넷째, 구매부문은 부품 또는 제품디자인과 관련된다. 디자인이 단순화되고 부품표준화가 이루어지면, 표준부품을 대량구매함으로써 가격할인의 효과를 기대할 수 있게 된다. 또한 공통부품이 늘어나면 제품원가에 미치는 가격변동의 영향도 추정하기가 용이해진다.

다섯째, 생산기술부문의 작업도구 디자인이나 도구준비 등의 측면에서 GT의 효과가 크게 나타난다. 유사한 작업도구나 작업준비를 지닌 부품군을 처리하기 위해 공통의 그룹 지그(jig) 또는 고정장치(fixtures)를 설계하고, 개별품목 특성에 따른 조정기(adapters)를 활용하게 된다. 그리하여 작업준비의 표준화도 이루어지게 된다.

끝으로, GT는 인력자원관리 측면에서 기술영역 간의 경계가 완화되고 현장감독체계에 영향을 미치게 된다. 앞의 품질관리영역에 미치는 영향에서도 언급하였듯이, 셀 내에서 인접하게 배치된 기계설비들을 복수기술을 지닌 작업자가 운용하게 되고, 감독자는 셀 전체를 감독하는 체계로 전환된다. 따라서 셀 내 근무자들의 품질 및 생산성 향상에 대한 인식전환을 위한 교육훈련체계 및 보상제도에도 영향을 미치게 된다.

이처럼 GT가 영향을 미치는 부분이 다양하지만, 그 가운데 특히 생산관리분야의 셀제조시스템이 대표적이므로 아래에서는 이를 중심으로 기술하고자 한다.

12-2 »» 셀제조시스템의 기본개념

셀제조시스템은 GT사상을 응용하여 형상 또는 공정절차상 유사한 특성을 지닌 제품이나 부품군(part family)을 구분하고, 이 부품군을 전담처리할 수 있도록 서로 다른 기능을 수행하는 기계설비들을 인접하도록 배치한 시스템을 말한다. 이는 불연속적인 잡샵(job shop) 생산체제에서 흐름생산(flow shop)의 운영이점을 누릴 수 있게 하므로, 경쟁력을 향상시켜주는 전략적인 수단으로 인식되고 있다.

셀제조시스템으로 전환하게 되면, [그림 12-2]에서 예시한 것처럼, 전통적인 기능별 잡샵체제의 혼잡스런 물류(jumbled flows)가 마치 흐름생산체제의 물류와 유사하게 단순화된다. 동일한 기능을 수행하는 기계설비들이 동일한 장소에 배치되어 있는 전통적 잡샵에서는 작업물이 공정순서에 따라 이동하므로 [그림 12-2]의 상단에 표시한 것처럼 혼잡스러운 흐름을 지니는 것이 일반적이다. 그러나 [그림 12-2]의 하단에 예시한 것처럼 공정순서가 동일하거나 유사한 P1, P2, P3, P4는 PF1으로, P5, P6, P7을 PF2로 묶어서 각각 셀1과 셀2에서 가공 · 처리하도록 하면 물자의 흐름이 훨씬 단순해지게 된다.

그림 12-2 셀제조시스템의 물류단순화

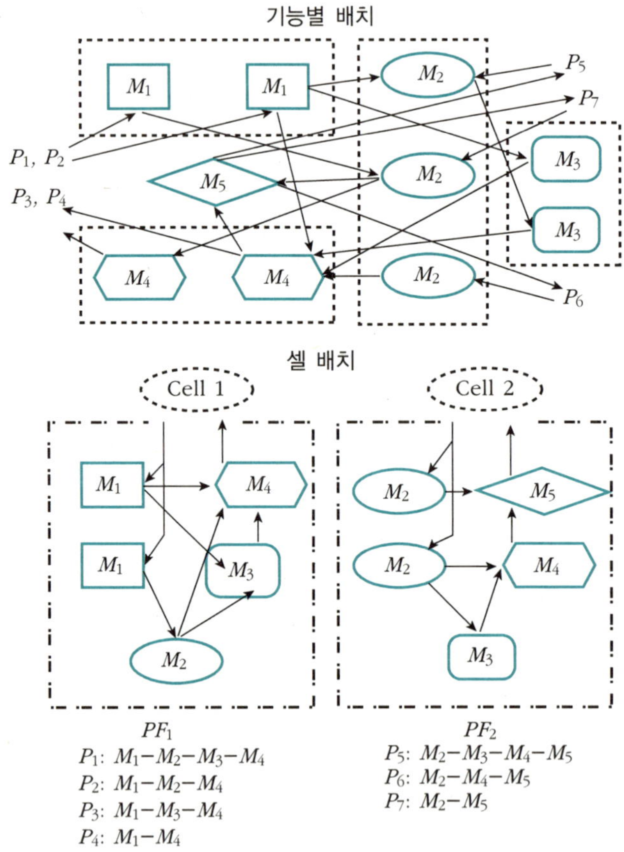

12-3 셀제조시스템의 효과

앞에서 기술한 바와 같이 공정절차가 유사한 품목들을 동일한 부품군으로 그룹화하고 이들을 전담처리하는 기계설비들을 셀 내에 배치함으로써 여러 가지 전략적 효과를 기대할 수 있다. 셀제조시스템에서 물류 및 생산관리가 단순화되므로 나타나는 대표적인 효과로 작업준비시간의 단축, 가공처리 소요시간의 단축, 재고의 감축, 품질향상 및 원가절감 등을 예상할 수 있을 것이다.

셀 내에서 처리되는 부품군은 공정처리 특성의 유사성을 지닌 것이므로 작업준비시간이 단축될 수 있다. 그리고 셀 내에 전용설비들이 인접배치되어 부품군을 가공 · 처리하므로 물자의 이동거리 및 시간이 줄어들게 된다. 이렇게 작업준비시간 및 이동시간이 감축되면 전체 가공처리에 소요되는 시간 또한 감축되게 마련이다. 총소요시간이 감축됨에 따라 재공품의 수준도 줄어들게 된다. 또한 셀 내의 작업자들은 전체 프로세스 관점에서 작업물의 흐름을 관리할 수 있으므로 품질수준 또한 향상될 것이며 따라서 제조원가를 절감하는 효과도 기대할 수 있다.

이러한 기대효과는 셀제조시스템을 도입함으로써 실현된 구체적인 성과에 대한 실증분석에서도 동일하게 보고되고 있다([표 12-1] 참조).

표 12-1 셀제조시스템의 효과

성과지표	평균향상률(%)
이동거리 및 시간의 단축	61.3
총공정처리 소요시간의 단축	61.2
고객주문 대응시간의 단축	50.1
재공품의 감소	48.2
작업준비시간의 단축	44.2
완제품재고의 감소	39.3
부품/제품 품질향상	28.4
제조원가의 절감	16.0

자료: Wemmerlov and Johnson(1997).

12-4 셀설계방법

셀설계(cell formation)는 유사한 특성을 지닌 부품군을 파악하고, 이들을 가공 · 처리할 기계설비 그룹을 형성하는 것이다. 셀시스템을 적용할 부품군과 기계설비그룹은 상호 밀접한 관련성을 지닌다. 즉 셀 내에 배치된 기계설비들에 의해서 가공·처리되는 부품들은 서로 연관성을 갖게 되며, 역으로 셀을 통과하는 유사한 부품군을 가공·처리해야 하는 기계설비들도 연관성을 지니게 되는 것이다.

셀시스템을 설계하기 위한 부품군과 기계설비그룹을 파악하는 방법은 매우 다양하지만, 크게 분류해보면 제품 또는 부품의 디자인특성(design attributes)을 활용한 접근방법과 제품 또는 부품의 제조·가공특성(manufacturing attributes)을 활용하는 접근방법으로 구분할 수 있다.

1. 디자인특성 활용법

디자인특성을 활용한 방법은 부품군을 먼저 파악하고 관련되는 기계설비들을 셀에 배치하는 부품위주의 셀설계방법을 말한다.

디자인특성을 활용하는 접근방법 가운데 비교적 단순한 접근방법으로 부품의 명칭(nomenclatures)이나 기하학적 형상이 유사한 것들을 부품군으로 묶는 방법을 생각할 수 있다. 유사한 형상을 지닌 부품들을 찾아서 묶기 위한 수단으로 사진을 촬영하여 모양이나 규격이 유사한 것을 구분하여 부품군을 설계하는 사례가 보고되고 있다.

또한 유사한 특성을 지닌 부품들을 찾는 체계적인 방안으로 GT사상에 입각한 분류 및 코드체계(classification and coding system)를 활용하는 방법도 있다. 부품의 주요 특성을 기준으로 품목분류를 정하고 각 품목분류별로 코드를 부여하게 되면, 코드조합을 통하여 유사한 분류에 속하는 부품들을 컴퓨터에서 쉽게 검색해낼 수 있게 된다.

이처럼 부품의 특성을 기준으로 부품군을 파악하게 되면, 기존의 공정처리절차(routing)를 그대로 활용하지 않고, 부품군에 적합한 셀 내 공정처리절차를 고안하여 표준화할 수 있다는 점이 긍정적으로 평가되기도 한다.

2. 제조 · 가공특성을 이용한 방법

제조 · 가공특성을 활용하는 접근방법은 작업공정 및 필요한 기계설비 등에 관한 내용을 담고 있는 공정순서(routing) 정보를 바탕으로 셀시스템을 설계하는 방법을 말한다. 이 방법은 또 다시 설비에 주안점을 두는 방법과 부품 · 설비를 동시에 고려하는 방법으로 나누어 볼 수 있다.

1) 설비에 주안점을 둔 방법

설비위주의 셀설계 방법은 앞의 디자인특성을 바탕으로 한 부품위주 방법과는 다르게, 기존의 공정절차정보(routing)를 활용하여 기계설비그룹을 정하고 그에 따른 부품군을 형성하는 절차를 취하는 것이다. 대표적인 예로 핵심기계(key machine) 활용법과 기계설비 유사성계수(similarity coefficient) 활용법을 들 수 있다.

핵심기계라 함은 소수의 부품을 가공 · 처리하는 설비로 복수의 셀에 배치할 수 없는 것을 말한다. 이러한 핵심기계를 파악하고, 이 핵심기계에서 가공 · 처리되는 부품들을 찾은 다음, 그 부품들을 처리하는 데 필요한 다른 설비들을 핵심기계와 함께 묶는 방법을 취한다. 이렇게 핵심기계를 중심으로 설비와 부품을 묶은 기본모듈들을 비교 · 분석한 후, 동일유형의 설비들을 지닌 모듈들을 일정한 셀 크기(예: 작업자의 숫자에 대한 한계치 설정)가 될 때까지 결합하여 셀을 설계하면 된다.

기계설비그룹을 묶는 또 다른 방법은 유사성계수가 높은 기계들을 파악하는 것이다. 대표적인 유사성계수 산정방법은 다음과 같다

$$S_{ij} = B_{ij} / (B_{ij} + O_{ij})$$

여기서 S_{ij} = 기계설비 i와 j의 유사성계수
B_{ij} = 기계설비 i와 j를 모두 사용하는 부품의 숫자
O_{ij} = 기계설비 i와 j 둘 중에서 하나만 사용하는 부품의 숫자

유사성계수가 높은 기계설비들을 묶어서 그룹을 형성해 나가는데, 그룹과 그룹의 결합은 가장 높은 유사성계수를 지닌 짝의 계수를 기준으로 묶는 단일연결 군집분석(single linkage cluster analysis)을 적용하거나, 셀 간 이동에 대한 한계치를 설정하여 조정할 수도 있다.

2) 부품 · 설비 동시고려 방법

부품과 설비를 동시에 고려하는 대표적인 방법은 생산흐름분석(production flow analysis)이다. 이는 부품을 가공 · 처리하는 데 필요한 설비자원을 분석하여 부품군과 기계설비그룹을 형성하는 방법이다. 간단하게 예를 들어 설명하자면, [그림 12-3]의 좌측과 같이 부품 · 설비의 관계를 매트릭스형태로 정리한 후, 이 매트릭스의 행과 열을 조정하면서 [그림 12-3]의 우측과 같이 서로 독립적인 블록으로 셀을 형성하는 것이다. 이 방법의 한계점은 모든 부품이 [그림 12-3]의 우측부분과 같이 완전히 독립된 부품군으로 구분되지 않고, 부분적으로 복수의 셀에 걸치는 예외적인 부품들이 생기는 경우에 이를 해결하는 방안을 추가적으로 모색해야 한다는 것이다.

그림 12-3 행렬조정에 의한 독립 셀 파악

	M_1	M_2	M_3	M_4	M_5
P_1	1		1		1
P_2		1		1	
P_3	1		1		
P_4				1	
P_5	1				1

→

	M_1	M_3	M_5	M_4	M_2
P_1	1	1	1		
P_3	1	1			
P_5	1		1		
P_2				1	1
P_4				1	

이상에서 설명한 셀설계 방법은 각 부품이 단일공정절차를 지닌 것으로 가정하고 있다. 그러나 각 부품의 공정절차가 반드시 하나로 고정되어 있는 것은 아니므로, 복수의 공정절차 정보를 가정한 셀구축 방법들도 많이 연구되어 왔다.

복수의 공정절차를 감안한 셀구축 방법은 상대적으로 복잡한 구조와 알고리즘을 내포하고 있어 본 교재에서는 자세한 설명은 생략한다. 대신 일반적으로 셀시스템을 구축하는 과정에 염두에 두어야 할 고려사항을 아래에서 기술하기로 한다.

12-5 셀시스템 구축 시 고려사항

앞에서 기술한 바와 같이 셀제조시스템을 통하여 얻고자 하는 기대효과도 다양하고, 셀설계 또한 복합적인 과제이다. 따라서 셀제조시스템을 구축하는 과정에 전략적 목표달성을 위한 구조적 측면과 그 시스템의 운영적인 측면에서 제기되는 사항들도 함께 고려되어야 한다.

1. 구조측면의 고려요소

셀제조시스템을 통하여 기대할 수 있는 효과는 앞에서 언급한 바와 같이 이동거리 및 시간의 감소, 총공정처리 소요시간의 단축, 고객주문 대응시간의 단축, 재공품의 감축 및 작업준비시간의 단축 등을 들 수 있다. 이러한 기대효과는 흐름생산체제에서 얻을 수 있는 장점들로서, 셀설계 시에 그 효과가 최대한 확보될 수 있도록 아래와 같은 관점의 지표들을 고려하여야 한다.

1) 셀 내 부품의 유사성

셀을 설계하는 과정에 유사성이 최대화되도록 부품군을 형성함으로써 작업준비시간의 단축을 기대할 수 있게 되고, 아울러 셀 내 기계설비들이 서로 인접배치되어 이동거리 및 시간이 감소되므로 총공정처리 소요시간 및 고객대응시간의 단축을 기대할 수 있다. 이렇게 시스템 내 체류시간이 단축되므로 셀 내 쌓이는 재공품이 줄어들게 된다. 그러므로 적절한 형태의 유사성계수를 산정하여 셀설계 과정에 고려함이 바람직하다.

2) 물류단순화

셀설계 과정에 고려되어야 할 또 다른 중요사항은 물류단순화이다. 물류가 단순해야 고객대응의 신속화가 가능하게 된다. 셀제조시스템에서 물류를 단순화하기 위해서는 셀 간의 독립성이 최대한 확보되는 것이 바람직하다. 셀 간의 독립성을 측정하는 하나의 수단은 셀 내에서 가공 · 처리 프로세스가 완료되는 부품의 숫자 또는 부하량을 산정하는 것이다.

3) 셀의 크기

셀의 크기도 고려되어야 하는 주요 사항이다. 셀의 규모가 너무 크면 전통적인 잡샵에서 지적되던 비효과적 현장통제라는 한계점을 극복할 수 없게 되고, 너무 작게 되면 셀의 개수가 늘어나 한정된 공간과 자원으로 상호 독립적인 셀을 구성하기가 쉽지 않게 된다. 따라서 물리적으로 관리가 가능하고 경제적으로도 타당한 크기의 셀을 구성하는 것이 중요하게 된다. 셀의 크기를 측정하는 수단으로 셀 내 기계설비의 숫자나 부품군을 형성하는 부품의 숫자 등을 지표로 사용할 수 있다.

2. 운영측면의 고려요소

셀시스템을 구축할 때 위에서 서술한 구조측면의 요소들을 고려하여 긍정적 효과를 최대화함과 아울러, 셀시스템으로 전환함에 따라 운영측면에서 우려되는 잠재적 한계점들을 최소화하도록 노력하여야 한다. 셀시스템으로 바뀜에 따라 우려되는 부정적인 측면은 설비가동률의 저하, 설비 간 부하의 불균형, 설비 및 공구필요량의 증대 및 유연성의 감소 등이 지적되고 있다. 이와 같은 우려사항은 기존에 운영해 오던 설비들을 독립된 셀로 분할 · 배치함에 따라 제기되는 것들이다. 그러므로 다음과 같은 운영측면의 요소들도 함께 고려되어야 할 것이다.

1) 설비가동률

기능별 배치에서 동일한 공간에서 함께 운영되어 오던 설비들이 독립된 셀에서 해당 부품군들을 가공 · 처리하기 위한 전용설비로 구분됨에 따라, 일부 설비는 가동률이 저하되기도 하고, 또 다른 일부 설비는 가동률이 상승하기도 할 것이다. 그러므로 셀설계 시에 최대 또는 최소가동률에 대한 제한을 설정할 필요가 있게 된다. 최대가동률의 제한은 실질적인 셀의 운용가능성을 확보하기 위한 것이며, 최소가동률의 제한은 추가적 설비투자의 경제적 타당성을 확보하기 위해서 중요시되는 것이다.

최대, 최소가동률 제한과 아울러 셀 내 설비 간 가동률의 균형도 중요한 사항이다. 왜냐하면 특정 설비의 과부하로 병목현상이 생기면 셀시스템으로 전환하여 얻고자 하는 흐름생산체제의 이점을 누리는 데 한계를 보이기 때문이다.

2) 추가적 설비투자

셀시스템으로 전환하면서 추가적 설비투자가 요구되지 않으면 바람직하겠지만, 독립적 셀을 형성하여 물류를 단순화시키고 각종 시간요소들의 감축을 도모하려면 추가적 설비투자가 필요할 수도 있게 된다. 설비투자가 필요할 경우, 그 소요액을 최소로 하는 것이 바람직할 것이다. 투자규모에 대한 측정지표로 추가설비의 대수 또는 설비구입비용 등을 고려할 수 있을 것이다.

3) 유연성(flexibility)

셀제조시스템에서는 독립된 셀에 배치된 기계설비그룹은 해당 셀의 부품군을 위한 전용설비가 되므로 잡샵에 비해 유연성의 저하가 우려된다. 특히 물량(volume)유연성 및 공정절차(routing)상의 유연성이 중요시된다.

수요변동폭이 큰 품목의 경우, 필요하면 다른 셀에 배치된 설비의 활용이 허용되는 셀구조를 갖게 되면 물량유연성의 저하를 방지할 수 있을 것이다. 따라서 물량유연성을 측정하기 위해서는 셀 간 이동이 허용되는 부품의 개수 또는 비중을 산정하는 방법을 생각할 수 있다. 한편 공정절차상의 유연성을 확보하려면 같은 기능의 설비를 복수로 배정하는 방안을 고려할 수 있을 것이다. 그러므로 이를 측정하는 수단으로 셀별로 할당된 동종설비의 숫자 또는 비중을 산정하여 활용할 수 있을 것이다.

| 토론과제 |

1. GT사상 및 응용영역에 대하여 토론해보시오.
2. 셀제조시스템의 기본개념을 설명하시오.
3. 셀제조시스템의 기대효과에 대해서 토론해보시오.
4. 디자인특성에 기반을 둔 셀설계 방법을 설명하시오.
5. 제조 · 가공특성을 활용한 셀설계 방법들에 대해서 토론해보시오.
6. 기계설비의 유사성계수를 설명하시오.
7. 생산흐름분석에 의한 셀설계 절차를 설명하시오.
8. 셀제조시스템 구축 시 고려해야 할 구조 및 운영측면의 요소들에 대하여 토론해보시오.

참고문헌

강성룡(1996), "전략적, 운영적 제 요소를 고려한 다단계 셀제조시스템 설계에 관한 연구," 한국생산관리학회지, 제7권 제1호, pp.181-201.

Brandon, J. A.(1996), *Cellular Manufacturing: Integrating Technology and Management*, John Wiley & Sons Inc.

Burbidge, J. L.(1975), *The Introduction of Group Technology*, John Wiley & Sons.

Ham, I., K. Hitomi and T. Yoshida(1985), *Group Technology: Applications to Production Management*, Kluwer-Nijhoff Publishing.

Hyer, N. L. and U. Wemmerlov(1989), "Group Technology in the US manufacturing industry: a survey of current practices," *Int. J. Prod. Res.*, Vol.27, No.8, pp.1287-1304.

Meredith, J. R. and S. M. Shafer(2002), *Operations Management for MBAs*, Wiley.

Reid, R. D. and N. R. Sanders(2013), *Operations Management: an Integrated Approach*, Wiley.

Wemmerlov, U.(1986), *Production Planning and Control Procedures for Cellular Manufacturing Systems: Concepts and Practice*, APICS.

________________________ and D. J. Johnson(1997), "Cellular manufacturing at 46 user plants: implementation experiences and performance improvement," *Int. J. Pro. Res.*, Vol.35, No.1, pp.29-49.

13 Chapter 제약이론(TOC)

앞에서 서술한 과제들과 더불어 생산계획 및 설비능력관리 분야에서 최근 관심을 끌고 있는 개념이 제약이론(TOC: theory of constraints)이다. TOC는 [그림 13-1]에서 나타낸 것처럼, 시스템적 관점을 강조하는 경영철학 또는 사상(principles)으로서 의미를 지니기도 하며, 또한 이러한 사상을 각 경영분야에 적용하는 과정에서 도출되는 응용개념(applications)의 측면도 갖고 있다. 아울러 TOC는 각 영역에서 문제점을 인식하고 개선하기 위해 필요한 사고과정(thinking process)을 다루기도 하므로 문제해결방법론 또는 도구로 활용되기도 한다. 이번 장에서는 이러한 TOC의 종합적 구도 중에서 기본사상과 생산관리 영역의 응용개념을 중심으로 기술하고자 한다.

그림 13-1 TOC의 종합적 구도

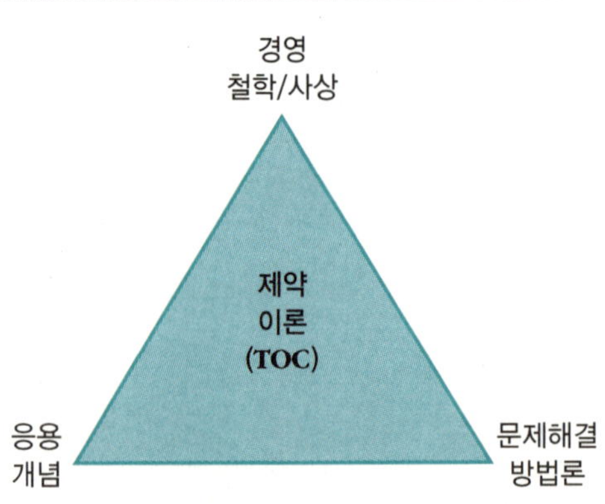

자료: 강성룡(2004), p.38.

13-1 TOC의 기본사상

TOC는 1980년대 초 제조기업의 스케줄링 문제를 해결하기 위한 소프트웨어인 OPT(optimized production technology)라는 이름으로 등장하였다. 이 패키지는 Goldratt이 개발하여 보급한 것으로, 그 기본개념은 병목공정이 시스템의 산출을 좌우하므로 병목공정을 찾아서 그 병목공정의 산출이 최대화되도록 스케줄을 설정해야 한다는 것이었다. 그 후 이 개념은 『The Goal(1986)』과 같은 서적 및 관련문헌들을 통하여 더욱 널리 소개되었다.

이렇게 OPT 원칙에서 시작된 TOC는 점차 그 개념체계가 발전되어 생산스케줄뿐만 아니라 물류관리, 프로젝트관리, 원가회계, 마케팅, 경영전략 및 사고과정 등의 개선을 지원하는 개념으로 확산 · 진화하였다. 여러 응용분야로 발전해 온 TOC의 바탕을 이루는 개념은 현상 및 원인을 설명하는 서술적 측면의 기본사상과, 개선방안에 대한 지침으로서 적용할 수 있는 처방적인 원칙들로 나누어 기술할 수 있다.

1. 서술적 기본사상

TOC는 시스템적 관점을 기본사상으로 강조하고 있다. 시스템은 서로 연결된 사슬과 같은데, 사슬을 구성하는 고리들이 독립적으로 존재하는 것이 아니라 서로 연계되어 전체 목적을 달성하는 데 상호의존적으로 기능하는 것을 말한다. 이러한 시스템적 철학을 토대로 TOC는 몇 가지 중요한 원칙들을 제시하고 있는데, 그 핵심은 다음과 같이 10계명으로 요약된다(Chase and Aquilano, 1985; Goldratt and Fox, 1986; Watson et al., 2007).

(1) 설비능력의 균형이 아니라, 흐름이 균형을 이루도록 하라

생산시스템 전체에 걸쳐 물류가 신속하고 원활하게 진행되도록 하여 성과산출(throughput)을 향상시키는 것이 중요하지, 설비능력의 균형이나 기계 또는 인적자원 가동률이 중요한 것은 아니라는 의미이다. 설비능력의 완벽한 균형은 불가능하고, 공정단계별 사이클타임이 통계적 분산을 지니므로 물류정체가 여러 곳에서 생기게 된다. 따라서 흐름의 균형에 초점을 맞추어야 한다는 것이다.

(2) 비병목 자원의 가동률은 자체 잠재력에 의해 정해지는 것이 아니라, 시스템 내 다른 제약요인에 의해 결정된다

이 원칙에서는 병목이 아닌 공정이나, 작업자 또는 기계는 앞단계의 병목공정, 작업자 또는 기계에서 나오는 산출물에 종속되어 있으므로 자체적으로 지닌 최대능력으로 작동할 수가 없다는 점이 강조된다.

(3) 자원을 작동하는(activating) 것과 가동하는(utilizing) 것은 동의어가 아니다

자원을 유효하게 가동하는(utilizing) 것은 시스템 목적을 향상시키는 방향으로 활용하는 것을 의미하고, 시스템의 성과가 향상되지 않아도 기계를 돌리는 것은 자원을 단순히 작동시키는(activating) 것이라는 뜻이다. 일반적으로 비병목공정은 초과 설비능력을 지니고 있는데, 이런 비병목공정은 최대한 작동시키는 것보다 필요한 때에만 가동함이 바람직하다는 의미이다.

(4) 병목공정의 한 시간 손실은 시스템 전체의 한 시간 손실이 된다

시스템의 성과산출(throughput)은 병목공정을 통과하는 작업물의 속도에 좌우된다. 시스템의 목적을 최대로 달성하고자 한다면 병목공정을 최대한 유효하게 가동(utilizing)해야 한다. 따라서 병목공정의 기계가 작업물이 없어 유휴상태로 있는 경우, 또는 병목공정에 해당하는 작업자가 자리를 비우는 경우에는 시스템 전체의 성과산출이 저해되므로 병목자원의 낭비가 생기지 않도록 관리해야 한다는 의미가 된다.

(5) 비병목공정의 한 시간절약은 허상(mirage)일 뿐이다

이는 위의 네 번째 원칙을 역으로 서술한 것이다. 즉 시스템의 성과산출은 병목공정에 의해 결정되므로 병목공정의 개선을 위해 투자해야지, 일반적으로 초과능력을 지닌 비병목공정의 시간절약을 위해 투자하는 것은 무의미하다는 것이다.

(6) 병목공정이 성과산출 및 재고의 크기를 결정한다

병목이 되는 자원이 시스템의 성과산출(throughput)을 결정한다. 그리고 그 병목공정의 지속적인 가동을 위해 시스템에서 필요한 재고의 크기가 정해진다는 의미이다.

(7) 이동뱃치(transfer batch)와 공정처리뱃치(process batch)의 크기는 동일할 필요가 없다

이동뱃치의 크기는 앞공정에서 다음 공정으로 옮기는 물량을 말하며, 공정처리뱃치의 크기는 특정 공정에서 작업도구를 교체하지 않고 처리하는 물량이다. 공정처리뱃치가 전부 완료될 때까지 대기하는 것이 아니라, 처리가 끝난 일부 물량을 다음 공정으로 이동시키면 수요에 대응하는 시간이 줄어들게 된다는 것이다.

(8) 공정처리뱃치의 크기는 고정된 것이 아니라 변동되어야 한다

공정처리뱃치의 최적치는 공정에 따라 변동한다. 그러므로 시스템 내의 기계설비에 따라 달라진다는 의미이다. 시스템 전체의 처리 뱃치가 동일할 필요가 없다는 것이다.

(9) 스케줄은 모든 제약요건을 동시에 고려하면서 설정되어야 한다. 리드타임이라는 것은 사전에 정해져 있는 것이 아니라 스케줄의 결과로 나타나는 것이다

전통적으로 뱃치의 크기가 결정되면 리드타임을 산정하여 우선순위를 결정하고 나서 설비능력의 제약을 고려하며 조정하는 순차적 과정을 밟아서 스케줄을 작성했다. 그러나 작업공정에서 우선순위를 설정할 때 전체 시스템의 성과산출이 반드시 고려되어야 한다는 의미다. 즉 스케줄을 설정할 때 시스템 성과산출을 좌우하는 제약요인들을 함께 고려하여야 한다는 것이다.

(10) 부분최적의 합은 전체최적과 반드시 동일한 것은 아니다

개별공정 입장에서 최선이라고 하는 것들이 전체 시스템의 성과산출을 최적화하는 것은 아니라는 뜻이다. 비병목공정의 자체 생산성만 고려하여 기계를 작동시키면 재공품만 쌓이지 전체 성과산출을 최대화하는 것이라고 볼 수 없는 것이다. 따라서 시스템적 관점에서 전체 시스템의 성과산출을 최대화하기 위해서는 병목공정과 같은 핵심 요인을 파악하여 이를 관리하여야 함을 강조한 것이다.

2. 처방적 원칙

앞에서 살펴본 서술적 원칙들을 기반으로 무엇을 어떻게 해야 하는지에 대한 지침을 제시하는 처방적인 원칙도 TOC사상의 한 부분을 이루고 있다. TOC에서는 처방적 원칙으로 시스템의 목적달성 성과를 향상시키기 위해서 [그림 13-2]에 요약한 바와 같이 5단계의 집중적 절차(5 focusing procedures)가 필요하다고 설명한다.

이 5단계 절차 가운데 첫 번째 단계는 시스템의 제약요인을 파악하라는 것이다. 시스템의 성과는 병목공정과 같은 핵심요인에 의해 좌우되므로, 제일 먼저 해야 할 일은 시스템의 목적달성을 저해하는 가장 중요한 근본요인이 무엇인지 파악하는 것이라는 것이다. 이는 곧 개선활동의 초점을 잡아야 한다는 의미이기도 하다.

두 번째 단계는 앞 단계에서 파악된 시스템 제약요인이 지닌 잠재능력을 최대한 활용하는 방안을 모색하라는 것이다. 병목공정에서 한 시간을 쉬게 되면 시스템 전체에 그만큼 손실을 끼치므로, 병목공정의 능력이 손실되지 않고 최대한 활용될 수 있도록 하는 방안을 마련해야 한다는 의미가 된다. 예를 들면 병목공정에서 작업준비에 따른 시간적 손실을 최소화할 수 있도록 스케줄을 작성하면 추가적인 설비투자 없이도 기존의 병목설비가 지닌 능력을 최대한 활용하여 시스템의 성과산출을 향상시킬 수 있게 된다는 것이다.

세 번째 단계에서는 제약요인이 아닌 다른 사항들은 제약요인에 맞추어 종속시키라고 한다. 병목공정이 전체 시스템의 성과산출을 결정하므로, 병목공정이 필요로 하는 자재, 부품 등을 병목공정의 상태에 맞추어서 관리 · 통제해야 한다는 의미다. 즉 비병목공정에서는 자체의 부분 최적화를 위해 독립적으로 노력할 것이 아니라, 병목공정의 흐름에 종속되도록 하여 전체 최적화를 위해 지원하도록 하라는 의미가 된다.

네 번째 단계에 와서 필요하면 제약요인을 확충하라고 한다. 앞단계에서 병목공정이 최대한 능력을 발휘할 수 있도록 조치를 강구하고, 다른 공정들은 병목공정에 종속시켰는데도 병목이 되는 제약요인이 여전히 문제가 된다면, 이때 추가적 설비투자를 통해서 시스템능력을 확충할 필요가 있다는 것이다. 이렇게 시설확충을 위한 재무적 투자가 이루어지면 기존의 제약요인은 해소가 되고, 새로운 요소가 제약요인으로 나타나게 될 것이다.

다섯 번째, 기존의 제약요인이 해소되고 나면, 처음 단계로 되돌아가 새로운 제약요인이 무엇인지를 또 파악해야 한다고 강조한다. 이때 타성에 젖지 않도록 하라는 경고를 하고 있다. 앞의 4단계 절차를 거치면서 당초 문제시되었던 사항이 해결되고 나면, 할 일을 다했다고 안주할 것이 아니라, 새로 대두되는 제약사항을 찾아서 지속적으로 개선활동을 이어가라는 의미가 된다. 그리하여 [그림 13-2]에서 표시한 것처럼 순환과정을 거치면서 지속적인 시스템 개선이 이루어지도록 해야 한다는 것이다.

그림 13-2 | TOC의 5단계 처방적 원칙

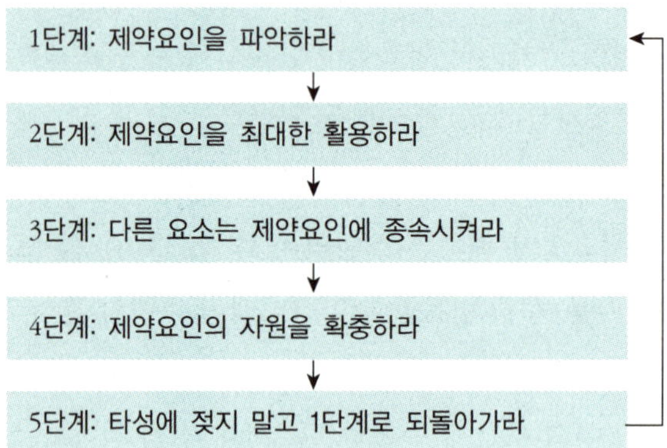

자료: Goldratt, E. M.(1990), pp.5-8 요약

13-2 》 TOC사상의 응용: DBR

앞에서 언급한 바와 같이 TOC는 생산의 스케줄링 문제에 대한 해결을 지원하는 소프트웨어로 시작하여, 점차 그 범위를 넓혀 경영관리의 사상 및 철학으로, 그리고 논리적인 사고과정의 문제해결 방법론으로 진화 · 발전하였다. 그 적용분야도 생산관리분야 이외에 프로젝트관리, 관리회계 및 성과측정지표, 마케팅 및 경영전략, 정보시스템 및 조직변화관리 등의 영역으로 확대되어 가고 있다.

이 장에서는 TOC의 발원처라고 할 수 있는 생산관리분야의 대표적인 응용개념으로 DBR(drum-buffer-rope)기법에 대하여 살펴보기로 하자. DBR은 TOC의 서술적 기본사상과 처방적인 원칙에 토대를 둔 스케줄링 개념이라고 할 수 있다.

1. DBR의 구성요소

앞의 기본사상에서 설명했듯이 TOC에서는 생산라인을 여러 공정으로 구성된 시스템적인 관점으로 본다. 이 시스템의 성과산출은 여러 공정 가운데 병목공정에 의해 좌우되므로, DBR은 병목공정을 중심으로 스케줄링 문제를 풀어가는 접근방법을 취하고 있다.

DBR 기법은 [그림 13-3]에서 도시된 바와 같이, 시스템의 제약요인인 병목공정의 속도가 전체 시스템의 맥박이 되도록 드럼(drum)을 치게 하고, 그 빠르기에 맞추어 생산라인의 초기공정에 원재료가 투입되도록 로프(rope)를 묶어 통제함으로써 병목공정의 맥박에 맞추어 비병목공정을 종속시키는 원칙을 응용하고 있다. 특히 병목공정 앞에 적절한 버퍼(buffer)를 확보하여 투입재료의 품절로 인하여 병목공정의 능력을 활용하지 못하는 유휴시간의 손실을 방지하는 접근방법을 취하고 있다.

그림 13-3 DBR의 구성

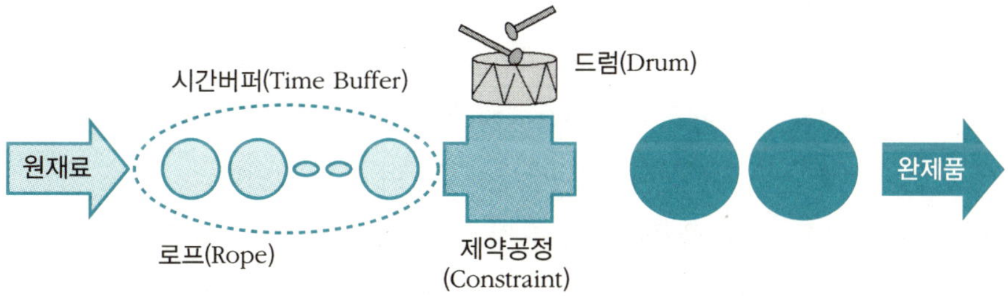

자료: Goldratt and Fox(1986), p.99.

여기서 드럼(drum)은 병목공정의 생산계획과 같은 기능을 한다. 이는 곧 전체 시스템의 성과산출 속도와 같은 것으로, 마치 행군대형의 행군속도를 정하는 드럼주자의 역할과 같은 것이다. 이 드럼소리에 맞추어 비병목공정들은 병목공정의 기능을 지원해야 한다.

버퍼(buffer)는 제약요인인 병목공정 앞에 설정된다. 병목공정이 일거리가 없어 쉬는 일이 없도록 병목공정 앞에 시간버퍼(time buffer)를 설정하는 것이다. 시간버퍼라고 하는 이유는 제약요인 앞에까지 도달하는 데 소요되는 최소 공정 처리시간 이전에 미리 자재가 시스템 안으로 투입되도록 시간여유를 설정하는 개념이기 때문이다.

로프(rope)는 시스템을 통제하는 메커니즘과 관련되는 것으로 시스템 내 제약자원의 진행속도에 맞추어 비병목공정을 통하여 공급되는 자재의 수준이 적정하게 유지되도록 하는 기능을 한다. 마치 병목공정에서 당겨가는(pull) 것처럼 생각할 수 있는데, 적기에 아주 정교하게 조화를 이루면서 시스템 안으로 자재가 투입되도록 비병목공정의 운영스케줄을 병목공정에 종속시켜 통제해 나가면 되는 것이다.

2. DBR의 절차

DBR은 제약요인을 중심으로 이루어지는 스케줄링 방법이며, 구체적인 절차는 다음과 같이 요약된다.

먼저 시스템의 제약요인인 병목공정을 찾아 상세하게 스케줄을 작성한다. 제약요인은 앞에서도 설명하였듯이 시스템의 목적에 비추어 파악되어야 한다. 기업의 경우 수익창출을 저해하는 자원이 병목공정이 되는 것이다.

두 번째는 시간버퍼의 위치와 크기를 설정한다. 시간버퍼는 병목공정 앞과 그 외 조립공정 및 출하단계에도 설정될 수 있으며, 그 크기는 해당 공정능력의 통계적 산포(statistical fluctuations)를 감안하여 정해지게 된다.

끝으로 위의 절차에 의해 파악된 제약자원의 스케줄과 그 앞에 설정되는 시간버퍼의 동태적인 변동에 맞추어서 원자재 투입 스케줄을 유도하여 운영한다.

이러한 3단계 과정은 앞에서 기술한 처방적인 5단계 원칙의 전반부 3단계 절차를 밟는 것과 같다. 즉 제약자원을 파악하고, 그 제약자원이 최대한 능력을 발휘할 수 있도록 하고, 나머지는 제약자원에 종속시키는 것과 동일한 과정을 나타낸다.

이와 같이 병목공정을 중심으로 생산라인을 운영하게 되면 전체 시스템이 동기화된 생산체제(synchronized manufacturing system)가 될 수 있다. 즉 병목 이전의 선행공정들은 병목공정의 효율적인 가동을 지원하기 위하여 일종의 풀(pull)시스템으로 운영되고, 병목 이후의 후속공정은 병목공정에서 산출되어 나오는 대로 처리하는 푸시(push)시스템으로 운영되는 것과 유사하게 된다. 이처럼 DBR은 전통적 생산관리 관점에서 논의되어 온 설비능력의 균형화(capacity balance) 개념보다, 시스템 전체의 관점에서 물류의 균형화(flow balance)의 개념을 강조함으로써, 다품종 생산시스템의 복잡한 스케줄링 과제와 물류관리 문제의 복잡성을 단순화시켜 효율성향상을 추구하는 개념이라고 할 수 있다.

13-3 ››› MRP, Lean, TOC의 특성비교

제6장과 제11장에서는 MRP와 Lean의 개념과 특성을 설명하였고, 이 장에서는 TOC의 기본사상과 원칙 및 DBR 개념에 대하여 기술하였다. 이들은 생산계획 및 통제에 관련된 개념들로서 공통적으로 고객대응력을 향상, 재고감축 및 비용절감 등을 추구하고 있음을 볼 수 있다. 그런데 실무관리자들의 입장에서는 이들 가운데 아무 것이나 채택하여 적용해도 되는지, 아니면 생산환경에 따라 차이가 나는지에 대한 관심을 갖게 된다. 여기서는 각 개념들의 특성과 부합되는 환경에 대해서 살펴보기로 하자.

1. MRP

MRP는 제6장에서 기술하였듯이 본질적으로 앞을 내다보고 계획하는 선행적(forward-looking) 시스템의 특성을 지닌 것이다. 기준생산계획(MPS)을 토대로 언제 완제품이 필요할지를 예측하고, 그 제품을 만드는 데 소요되는 부품과 원재료를 언제 구매하고 가공해야 하는지를 자재명세서(BOM) 및 품목기준정보 등을 활용하여 추정한다. 이처럼 선행적 특성을 지니므로 MRP는 제품디자인 및 제조공정의 변화가 많은 환경에서 매우 효과적이라는 평가를 받는다. 그러나 MRP는 데이터에 의존적이라는 한계점을 지닌다. 즉 관련 데이터가 정확해야 하고 최신정보로 갱신되어 있어야 한다.

2. Lean(Kanban)

Lean체제에서 활용되는 간판시스템은 MRP와 반대되는 특성을 지닌 환경에 적합하다. 간판체제에서는 사전에 모든 것을 계획해두는 것이 아니라, 반응적(reactive) 시스템의 성격을 지닌다. 제11장에서 기술하였듯이 고객 또는 후속공정에서 제품을 당겨(pull) 가면, 이를 보충하기 위해 간판이 앞 공정으로 전달되어 생산이 시작되는 것이다. 따라서 간판시스템은 생산환경이 상대적으로 안정적일 경우에 MRP처럼 데이터관리에 많은 노력을 기울이지 않고도 적용할 수 있는 이점이 있다. 반면에 고객수요, 제품믹스 및 공정의 변화가 심한 환경에서는 간판시스템이 효과적으로 적용되기 힘들다는 한계점을 지닌다.

3. TOC(DBR)

TOC는 앞에서 서술하였듯이 시스템의 제약요인을 중심으로 한 개념이므로, 어느 공정이 제약요인(병목공정)인지 파악이 되고 그 병목공정이 효과적으로 관리될 수 있을 정도로 일정기간 지속된다는 것을 전제로 하고 있다. 이러한 조건이 갖추어질 경우 매우 효과적인 생산통제시스템이라고 평가를 받고 있다. 그러나 제품믹스의 변화가 심하여 병목공정이 자주 달라지면 효과적으로 제약요인을 관리하기가 쉽지 않게 된다.

이상에서 살펴본 것처럼 MRP, Lean(Kanban)시스템 및 TOC(DBR)는 서로 다른 특성을 지니고 있으나, 경우에 따라 복합적인 환경에서는 서로 결합하여 적용함으로써 더욱 효과를 얻을 수 있을 것이다. 예를 들면 MRP-Lean의 혼합체제를 들 수 있다. 장납기 자재의 조달계획이나 제품디자인 및 공정설비능력의 확충에 따른 변화가 있을 경우에는 MRP를 활용하여 선행적으로 계획을 수립하고, 일단 자재나 설비능력에 대한 계획이 갖추어지게 되면, 실행은 간판을 이용하여 고객주문이나 재고보충요구에 대해서 신속하게 대응할 수 있게 된다.

또한 TOC-Lean의 혼합체제도 가능하다. 앞에서 언급하였듯이 TOC에서는 제약요인이 시스템의 산출성과를 좌우하는 핵심 사항이라고 강조하는 바, 시스템의 개선활동들에 대한 우선순위를 책정하는 데 TOC개념을 적용할 수 있다. Lean시스템에서 강조하는 지속적인 개선활동을 한꺼번에 여러 가지를 공략하는 것보다, TOC개념에 입각하여 파악된 제약요인에 대해서 Lean시스템에서 강조하는 지속적인 개선활동을 전개하면 더욱 효과적인 성과를 기대할 수 있게 될 것이다.

| 토론과제 |

1. 제약이론의 기본개념에 대하여 설명하시오.
2. TOC의 서술적 원칙들에 대하여 토론해보시오.
3. TOC의 5단계 처방적 원칙에 대하여 설명하시오.
4. DBR의 개념을 설명하시오.
5. TOC, MRP 및 Lean시스템의 특성을 비교 · 설명하시오.
6. TOC, MRP, Lean시스템의 혼합체제에 대하여 토론해보시오.

참고문헌

강성룡(2004), "TOC의 개념과 응용," 산업과 경영, 제16권 2호, pp.35-61.

Aggarwal, S. C.(1985), "MRP, JIT, OPT, FMS?", *Harvard Business Review*, Sep.-Oct., pp.8-13.

Arnold, J. R. Tony and S. N. Chapman(2001), *Introduction to Materials Management*, 4th. ed., Prentice-Hall.

Chapman, S. N.(2006), *The Fundamentals of Production Planning and Control*, Pearson Prentice-Hall.

Chase, R. B and N. J. Aquilano(1985), *Production and Operations Management*, Irwin.

Dettmer, H. W.(1997), *Goldratt's Theory of Constraints*, ASQC QualityPress.

Goldratt, E. M. and J. Cox(1986), *The Goal*, Revised ed., North RiverPress, Inc.

____________ and R. E. Fox(1986), *The Race*, North River Press, Inc.

____________ (1990), *Theory of Constraints*, North River Press, Inc.

Meredith, J. R. and S. M. Shafer(2002), *Operations Management for MBAs*, Wiley.

Reid, R. D. and N. R. Sanders(2013), *Operations Management: an Integrated Approach*, 5th. ed., Wiley.

Swink, M., S. A. Melnyk, M. B. Cooper and J. H. Hartley(2011), *Managing Operations Across the Supply Chain*, McGraw-Hill.

Watson, K. J., J. H. Blackstone and S. C. Gardiner(2007), "The evolution of a management philosophy: The theory of constraints," Vol.25, No.2, pp.387-402.

14 Chapter 6시그마 경영혁신

Production Operations Management

최근 기업들이 경쟁력을 향상시키는 방안으로 고객위주의 품질경영활동을 강조하면서, 그 실행수단으로 6시그마 경영혁신을 적용하는 사례가 늘어나고 있다. 이 장에서는 6시그마 품질수준의 개념, 6시그마 경영혁신의 3차원, 6시그마 추진방법론 및 전문가 양성체계 등에 대하여 살펴보기로 하자.

14-1 》 6시그마 품질수준의 개념

6시그마 경영에서 말하는 시그마(σ)는 그리스문자로 통계학에서 나오는 표준편차를 나타낸다. 이는 데이터의 흩어진 정도, 즉 산포의 크기를 나타내는 통계량으로 품질수준의 척도로 활용된다. 시그마(σ)로 측정되는 품질수준을 향상시킨다는 말의 뜻은 산출되는 모든 제품이나 서비스의 품질산포가 고객이 원하는 사양(specification)의 허용치 범위 내에 들어가도록 프로세스를 개선해 나감을 의미한다. 따라서 시그마(σ) 수준이 높아질수록 프로세스의 산출물 중에서 품질불량이 적게 발생한다는 의미를 지니게 되는 것이다.

전통적 품질관리 차원에서 만족스러운 수준으로 인식되던 3σ 수준의 품질은 프로세스의 변동이 없는 경우 불량률이 0.27% 정도가 되고, 장기적인 관점에서 프로세스의 평균이 1.5σ만큼 변할 경우에는 불량률이 6.7%가 된다. 반면에 [그림 14-1]에서 나타낸 것처럼 6σ 수준일 경우, 프로세스 변동이 없을 때는 0.002ppm(parts per million), 즉 10억 개당 2개 정도가 불량이고, 프로세스 평균이 1.5σ 이동하더라도 3.4ppm, 즉 100만 개당 3.4개 정도의 불량만 생기는 것이다.

그림 14-1 | 시그마 품질수준과 불량률

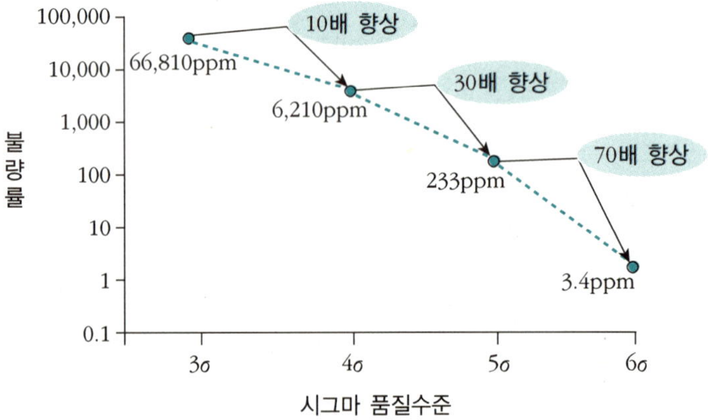

자료: Breyfogle III(1999), p.10.

그러므로 6σ 품질수준이란 장기적인 관점에서 프로세스 평균치의 이동이 있더라도 제품이나 서비스의 품질산포가 고객이 원하는 사양범위 내에 들어가는 완벽에 가까운 품질수준을 말하는 것이다. 이와 같은 완벽한 품질수준을 달성하기 위해서는, [그림 14-2]에서 나타낸 것처럼 프로세스 능력의 불안정성을 나타내는 산포를 감축하여 고객이 원하는 규격 임계치 안으로 들어가도록 하는 개선 방안을 강구하여야 한다.

그림 14-2 | 산포감축에 의한 품질향상

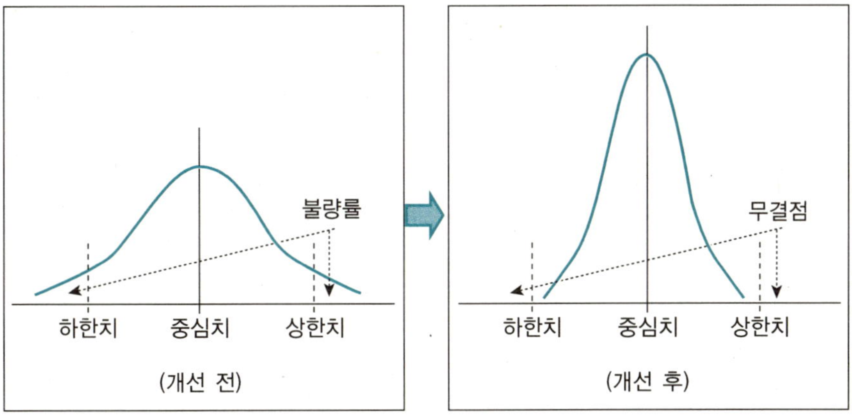

14-2 »» 6시그마 경영의 3차원

6시그마 경영의 개념과 기법은 1980년대 미국의 Motorola사에서 개발 · 적용된 이래 1990년대 GE, Sony, Allied Signal 및 삼성 등 다른 기업들도 적용하여 혁신적인 성과를 이룩함에 따라 더욱 확산되게 되었다.

이러한 발전과정을 밟아온 6시그마는 다양한 측면에서 논의된다. 우선 6시그마는 앞에서 서술한 것처럼 통계적 기호 또는 척도로서의 의미를 지닌다. 그뿐만 아니라 6시그마는 품질관련 비전과 목표를 나타내기도 하고, 기업의 품질확보를 위한 경영철학 및 전략의 의미를 지니기도 한다. 아울러 6시그마는 품질관련 문제해결의 과정에 대한 방법론을 제시해 주는 기법 또는 도구로서 인식되기도 한다. 이처럼 다양한 측면을 3가지 핵심적 차원으로 요약하면 [그림 14-3]과 같이 통계적 척도, 경영철학 및 전략, 문제해결방법론의 차원으로 정리할 수 있다.

그림 14-3 6시그마 경영의 3차원

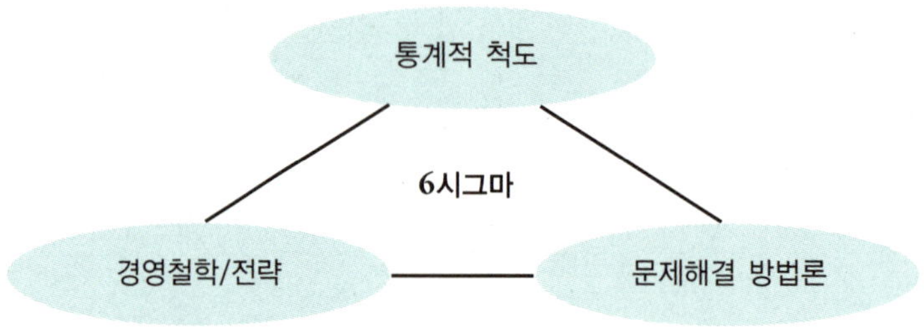

자료: Harry(1994), pp.2.2 - 2.8의 내용요약

먼저 산포와 관련된 통계적 척도인 시그마를 이용하여 기업의 제품, 서비스 및 프로세스의 현재 수준을 계량적으로 측정할 수 있으므로 경쟁사와 수준비교가 가능하도록 해준다. 아울러 6시그마는 목표수준으로서 의미를 지니며, 총체적인 고객만족을 이룩할 수 있는 수준의 바람직한 모습으로 발전하기 위하여 나아가야 할 방향을 제시해 주기도 한다.

그리고 경영철학으로서 6시그마는 '부지런히 일하는 것'(working harder)이 아니라, 고객만족을 위하여 '현명하게 일하는 것'(working smarter)을 강조한다. 이는 제품제조과정뿐만 아니라, 경영관련 모든 활동에서 산포의 근본적인 원인을 찾아 안정화시킴으로써 실책과 결함을 지속적으로 감축하여 기업의 프로세스 능력을 향상시켜 나가는 과정을 의미한다. 아울러 시그마수준을 향상시킴으로써 제품 및 서비스의 품질이 향상되고 원가가 절감되어 고객을 만족시키는 경

표 14-1 전통적 조직과 6시그마 조직

구분	전통적 조직	6시그마 조직
조직목표	회사 수익	고객만족
관리초점	제품	프로세스
행위특성	사후적	사전적
문제해결	수리위주	예방위주
논리근거	경험적 기반	통계적 기반
분석관점	점추정치	산포

자료: Harry(1994), p.2.24 요약

쟁우위전략을 확보하는 방향으로서 의의를 지니기도 한다. 이러한 전략방향으로 6시그마 경영을 펼치는 기업조직과 전통적인 조직은 여러 가지로 차이를 보이는데, 대표적인 특성을 비교하면 [표 14-1]과 같이 요약할 수 있다.

마지막으로 6시그마 프로젝트의 수행은 일반적으로 정의, 측정, 분석, 개선, 관리를 나타내는 DMAIC 문제해결 프로세스를 활용하고 있다. 이는 품질관련 문제를 정의하고, 그에 관련된 객관적인 데이터를 측정하고 분석하여 그 원인을 규명하고, 이에 대한 개선책을 과학적인 실험계획 등을 통하여 마련한 다음, 이를 적용하고 관리해 나가는 체계적인 프로젝트 수행절차를 의미한다. DMAIC 프로세스에 대해서는 아래 6시그마 경영혁신 추진절차에서 구체적으로 기술된다.

14-3 ››› 6시그마 경영혁신 추진절차

6시그마 경영혁신 프로젝트는 DMAIC 프로세스, 즉 정의(define), 측정(measure), 분석(analyze), 개선(improve), 관리(control)로 이어지는 5단계의 절차를 통하여 추진된다. 이 중에서 앞의 세 단계에서는 현재 프로세스에 대해 연구 · 분석하는 일들이 체계적으로 이루어지고, 뒤의 두 단계에서는 프로세스의 개선활동에 관한 것들을 다루고 있는데, 각 단계의 활동내용을 살펴보면 다음과 같다.

1. 정의(define)

첫 번째 정의단계에서는 프로젝트 팀원들이 다루어야 할 문제를 제대로 이해하도록 정리하는 과정이다. 또한 팀조직과 목적, 역할 및 추진일정 등을 명시하는 것도 이 단계에서 할 일이다.

정의단계에서 이루어지는 구체적인 활동을 요약하면 다음과 같다.

- 문제정의
- 고객파악
- 고객의 관점에서 핵심품질요소(CTQ: critical to quality) 파악
- CTQ에 이르는 프로세스지도(process map) 작성
- 프로젝트 범위 및 프로젝트 강령(charter) 작성

2. 측정(measure)

측정단계에서는 현행 프로세스 성과에 관련된 데이터를 수집하는 기법 및 절차를 설정하게 된다. 이 단계에서 프로세스의 핵심 투입변수를 파악하고, 산포 등을 측정하여, 프로세스 능력 및 시그마 수준에 대한 현재 상황을 가늠한다.

측정단계에서 이루어지는 구체적인 활동을 요약하면 다음과 같다.

- 측정치와 산포유형 및 요인(공통요인, 특이요인) 파악
- 데이터유형(계수치, 계량치) 결정
- 데이터수집 계획작성
- 계측시스템분석(MSA: measurement system analysis) 실시
- 데이터수집 실행
- 그래프분석 실시
- 현재수준 분석(baseline analysis)

3. 분석(analyze)

분석단계에서는 앞 단계에서 수집된 데이터를 면밀히 분석하여 품질문제의 원인을 찾아 개선의 기회를 찾는 활동을 한다. 통계적 기법을 활용한 데이터 분석을 통해 개선의 대상이 될 근본원인을 파악하게 된다.

분석단계에서 이루어지는 구체적인 활동을 요약하면 다음과 같다.

- 공정능력분석 실시
- 분석도구 선정
- 그래프분석도구 적용
- 산포의 요인 파악

4. 개선(improve)

개선단계에서는 앞의 분석단계에서 파악된 주요 핵심 요인들(the vital few X's)을 이해하고, 개선 아이디어를 도출하여, 개선 후 프로세스의 모습을 작성하고, 그에 대한 검증활동을 한다. 이 단계에서 실험계획법, 시뮬레이션 또는 최적화기법 등을 활용하여 개선책을 강구하게 된다.

개선단계에서 이루어지는 구체적인 활동을 요약하면 다음과 같다.

- 개선대안 도출
- 개선 후 바람직한 프로세스지도 작성
- 고장모드영향분석(FMEA: failure mode effect analysis) 수행
- 비용 · 수익분석 실시
- 소규모 파일럿(pilot) 수행
- 시그마값 측정으로 개선안의 타당성 검증

5. 관리(control)

마지막 단계에서는 개선안을 적용하고, 이를 유지하기 위하여 품질관리도 등을 활용하여 지속적으로 모니터링하면서 관리하는 활동을 수행한다. 이 단계에서 프로젝트팀에서 강구된 개선책이 현업으로 이양된 후에도 제대로 유지 · 관리되도록 필요한 조치를 취하거나 지침을 마련한다.

관리단계에서 이루어지는 구체적인 활동을 요약하면 다음과 같다.

- 실수방지대책(fool proof) 강구
- 장기적 계측시스템분석(MSA) 계획 작성
- 품질관리도(control charts) 적용
- 관리이탈(out-of-control) 시 대처요령 개발
- 업무지침 및 교육계획 조정

지금까지 기술한 DMAIC 프로세스의 단계별 주요 활동내용 및 활용도구를 요약하면 [그림 14-4]와 같이 나타낼 수 있다.

그림 14-4 DMAIC 프로세스 요약

추진절차	주요 활동과제/내용	주요 도구
정의 (Define)	• 고객이 무엇을 원하는가? –CTQ 선정 –프로젝트 선정 –추진조직체계	설문/인터뷰, QFD Process Mapping
측정 (Messure)	• 우리의 수준은 현재 어떤 상태인가? –CTQ 관련 데이터 수집 –측정방법의 명확화	Stratification Sampling Gauge R&R
분석 (Analyze)	• 공정능력을 향상시킬 수 있는 중요 인자들은 무엇인가? –원인인자 명확화 –개선방향의 모색	특성요인도, 상관관계분석 그래프분석, 가설검정
개선 (Improve)	• 공정능력을 최대화할 수 있는 중요 인자들의 최적조합은? –개선안 도출 –개선안 검정	실험계획법 분산분석, 회귀분석
정의 (Control)	• 향상된 능력을 지속적으로 유지하기 위한 방법은? –Audit system 구축	SPC X-bar/R관리도 등

자료: Stamatis(2003), pp.36-37을 요약함

14-4 》 6시그마 전문가 양성

6시그마 경영혁신의 또 다른 특성은 혁신 프로젝트에 참여하는 전문가의 체계적 양성과 경영진의 적극적인 참여 및 지원을 들 수 있다. 프로젝트 전문가를 양성하기 위해 초기에는 외부 컨설턴트들을 활용하여 6시그마 품질경영의 철학·전략 및 각종 통계적 기법 등에 대하여 집중적으로 교육·훈련시킨다. 그 후에는 양성된 전문가들이 사내 다른 조직구성원들을 대상으로 교육·훈련을 지속해 나가면서 프로젝트 전문가들을 양성해 나간다.

6시그마 전문가교육은 회사에 따라 차이가 있을 수 있지만, 일반적으로 교육·훈련 내용과 프로젝트 수행경력에 따라 챔피언, 마스터 블랙벨트, 블랙벨트 및 그린벨트 등으로 구분된다. 이처럼 서로 다른 색깔의 벨트자격을 소지한 전문가들이 수행하는 역할은 다음과 같이 요약할 수 있다.

1. 챔피언(champion)

챔피언은 일반적으로 임원급으로서 블랙벨트와 경영진 간의 가교역할을 하며, 총괄적인 책임을 지는 사람이다. 블랙벨트가 프로젝트를 추진하는 데 걸림돌이 되는 요소들을 파악하여 제거해주며, 프로젝트를 적기에 완료할 수 있도록 지원해주는 역할을 한다.

2. 마스터 블랙벨트(MBB: master black belt)

MBB는 6시그마 개념 및 방법론에 대한 전문적 식견과 많은 프로젝트 수행경험을 지니고 있는 사람으로서, 다른 6시그마 전문가를 양성하는 역할을 한다. 아울러 블랙벨트들이 프로젝트를 선정하고 수행하는 데 코치역할도 수행하며, 프로젝트 단계별 검토회의에 참여하여 기술적 자문도 제공한다.

3. 블랙벨트(BB: black belt)

BB는 6시그마 프로젝트 전담 관리자로서 팀원들을 이끌어 프로젝트를 수행하는 책임을 지고 있다. 프로젝트에 적용할 유효한 도구를 결정하여, 데이터를 분석하고, 혁신적 전략에 대한 전문적 식견을 갖추어야 한다. 또한 BB는 프로젝트를 수행하면서 그린벨트들에 대한 교육 · 훈련도 담당한다.

4. 그린벨트(GB: green belt)

GB는 BB를 도우면서 6시그마 프로젝트에 실무적으로 참여하는 사람을 말한다. BB는 소정의 교육과정을 통하여 DMAIC 각 단계별로 활용하는 통계적 기법에 대한 기초적인 실무지식을 갖추어야 한다.

| 토론과제 |

1. 6시그마 품질수준의 개념에 대하여 설명하시오.
2. 6시그마 경영의 3가지 차원에 대하여 설명하시오.
3. 6시그마 경영혁신의 추진절차인 DMAIC의 단계별 과제내용과 활용도구에 대하여 토론해보시오.
4. 6시그마 전문가로서 챔피언, MBB, BB, GB가 수행하는 역할에 대하여 설명하시오.

참고문헌

강성룡(2002), "L사의 6σ 경영혁신 사례연구," 산업과 경영, 제14권 2호, pp.19-33.

Brefogle III, F. W.(1999), *Implementing Six Sigma*, John Wiley and Sons, Inc.

Dedhia, N. S.(2005), "Six Sigma Basics," *Total Quality Management*, Vol.16, No.5, pp.567-574.

Harry, M. J.(1994), *The Vision of Six Sigma: A Roadmap for Breakthrough*, 4th. ed., Tri Star Printing & Visual Communications.

Reid, R. D. and N. R. Sanders(2013), *Operations Management: An Integrated Approach*, Wiley.

Schroeder, R. G., K. Linderman, C. Liedtke and A. S. Choo(2008), "Six Sigma: Definitions and Underlying Theory," *Journal of Operations Management*, pp. 536-554.

Stamatis, D. H.(2003), *Six Sigma for Financial Professionals*, Wiley.

Swink, M., S. A. Melnyk, M. B. Cooper and J. L. Hartley(2011), *Managing Operations Across the Supply Chain*, McGraw-Hill.

Tomas, S.(1990), "What is Motorola's Six Sigma Product Quality?", *CPIM Reprints*, APICS.

찾아보기

국문

[ㄱ]

[ㅈ]

[ㅊ]

[ㅋ]

[ㅌ]

[ㅍ]

영문

[Q]

[R]

[S]

[T]

— 저자약력 —

■ 강성룡

연세대학교 상경대학 경영학과 졸업
University of Oregon 경영학 석사(MBA)
University of Wisconsin–Madison 경영학 석사(MS)
University of Wisconsin–Madison 경영학 박사(Ph.D.)
현, 충북대학교 경영대학 경영학부 교수

■ 손기형

고려대학교 정경대학 졸업
University of Wisconsin–Milwaukee 경영학 석사(MS)
University of Wisconsin–Madison 경영학 석사(MBA)
University of Wisconsin–Madison 경영학 박사(Ph.D.)
현, 전남대학교 경영대학 경영학부 교수

생산경영 –핵심 개념과 주요 과제–

2015년 8월 20일 1판 1쇄 발행
2019년 9월 10일 1판 2쇄 발행

저 자 | 강성룡 · 손기형
발 행 인 | 이수영
발 행 처 | 도서출판 청람
서울시 마포구 독막로 288(대흥동, 세양상가 109호)
전 화 | 02)3272-2601(대)~2
팩 스 | 02)3272-2603
이 메 일 | crbooks@daum.net
홈페이지 | www.crbooks.co.kr
등 록 | 2000년 8월 26일 제6-0509호

ISBN 978-89-5972-468-0 93320 [정가 19,000원]